法律人的智能体
ChatGPT与DeepSeek

张力行　编著

中国政法大学出版社

2025·北京

声 明　1. 版权所有，侵权必究。
　　　　2. 如有缺页、倒装问题，由出版社负责退换。

图书在版编目（CIP）数据

法律人的智能体：ChatGPT 与 DeepSeek/ 张力行编著. -- 北京：中国政法大学出版社，2025.6. -- ISBN 978-7-5764-2121-7
Ⅰ . D9-39
中国国家版本馆 CIP 数据核字第 20251RT818 号

书　名	法律人的智能体：ChatGPT 与 DeepSeek FALÜREN DE ZHINENGTI: ChatGPT YU DeepSeek
出版者	中国政法大学出版社
地　址	北京市海淀区西土城路 25 号
邮　箱	bianjishi07public@163.com
网　址	http://www.cuplpress.com（网络实名：中国政法大学出版社）
电　话	010-58908466(第七编辑部) 010-58908334(邮购部)
承　印	固安华明印业有限公司
开　本	880mm×1230mm　1/32
印　张	10.625
字　数	240 千字
版　次	2025 年 6 月第 1 版
印　次	2025 年 6 月第 1 次印刷
定　价	56.00 元

ChatGPT 与 DeepSeek 跨越技术鸿沟，使每个人都可以成为 AI 能手

ChatGPT：我很喜欢你这本书，并非常高兴为你这本书做一首诗。

法律智能新篇章

AI智能入门篇，法律人士喜开颜。
从浅入深实战练，精通之路不遥远。
人工智能话沧桑，图灵梦想今实现。

法律AI不是梦，公平正义开新篇。
智能问答胜百科，不厌其烦好帮手。
合同审核智能化，案件预判知胜负。

智能工具可赋能，提示技巧需掌握。
文书撰写案例搜，效率提升业务忙。
实战案例多琢磨，理论实践相结合。

法学教育迎变革，AI融入课堂里。
因材施教个性化，与时俱进勇创新。
法律人才复合型，未来职场显身手。

听听业界怎么说，智慧碰撞出火花。
书中妙法多琢磨，实践运用见真章。
AI治理不可少，造福人类是福祉。

DeepSeek：很乐意为本书奉上一首诗。

DeepSeek 法律智能赞

DeepSeek 横空出，法律世界添光彩。
智能助手显神威，古老法律换新颜。

卷宗如山轻松理，法条如海任遨游。
案例检索快如风，法律咨询随时答。

合同审查更精准，数据分析显神通。
文书生成一键成，风险预警早提醒。

智能判案效率高，疑难案件不用愁。
法律助手不离手，办案高效又省心。

智能科技来赋能，法律为民不是梦。
DeepSeek 与你行，法律未来更光明。

PREFACE | 序

人类历史上，每一次科学的重大突破都带来了深远的社会变革。2024年诺贝尔物理学奖和化学奖出乎意料地颁给了将人工智能用于物理和化学领域的科学家们，标志着人工智能在科学研究中的广泛应用和巨大潜力，揭开了 AI for Science 的序幕，正如蒸汽机和电力引发的工业革命，以及计算机、通信技术和互联网引发的信息革命，人工智能正在引领新一轮的科技启蒙。而在这场变革中，法律领域也迎来了前所未有的机遇与挑战。

《法律人的智能体：ChatGPT 与 DeepSeek》一书，正是基于这一背景应运而生。它不仅为法律专业人士提供了全面的人工智能知识，还详细探讨了 ChatGPT 与 DeepSeek 在法律领域的具体应用，旨在帮助读者更好地理解和利用这一先进技术，提升工作效率和专业水平。

本书内容丰富、结构严谨，涵盖了以下几个主要部分。

首先，书中回顾了人工智能的发展历程，介绍了人工智能的基本概念和主要技术，帮助读者建立起对人工智能的全面认识。通过了解人工智能的简史，读者可以更好地理解当前技术的来龙去脉及未来发展趋势。

接下来，书中详细探讨了 ChatGPT 与 DeepSeek 在法律实务中的应用。无论是法律研究与数据分析、法律咨询、合同审查、客户管理，还是智能审判，ChatGPT 与 DeepSeek 都展现出强大的功能和广泛的应用场景。通过具体案例和操作指南，读者可以直观地了解如何在实际工作中应用 ChatGPT 与 DeepSeek，提高工作效率和准确性。

在法学教育方面，ChatGPT 与 DeepSeek 同样具有重要的应用价值。书中介绍了如何利用 ChatGPT 辅助教学，提升学生的学习体验和教学效果。通过智能对话系统，学生可以进行模拟法庭辩论、法律文书写作等实践训练，从而更好地掌握法律知识和技能。

然而，任何技术的应用都伴随着风险和挑战。书中深入分析了 ChatGPT 与 DeepSeek 在法律应用领域可能面临的法律、伦理和技术问题，并提出了相应的解决方案和建议。通过了解这些内容，读者可以在实际应用中规避风险，确保技术的安全和合规使用。

法律提示词和提示方法部分是本书的核心内容之一。书中详细介绍了如何编写和优化提示词，以最大化 ChatGPT 与 DeepSeek 的效能。通过这些方法，读者可以更精准地引导 ChatGPT 与 DeepSeek 生成高质量的法律文本。

AI 治理问题是当前人工智能应用中不可忽视的重要议题。书中探讨了 AI 治理的基本原则和实践，强调了法律人在使用人工智能技术时应遵循的伦理和法律规范。希望通过这些内容，读者能够在享受技术带来便利的同时，坚守法律和道德底线。

附录部分的人工智能法律法规、法律提示词集词汇表，为读者提供了实用的参考工具，方便在实际工作中查阅和使用。

总之，《法律人的智能体：ChatGPT 与 DeepSeek》一书，致力于为法律专业人士提供全面、系统的人工智能知识和实践指南。希望通过这本书，读者能够更好地理解和应用ChatGPT与DeepSeek，赋能法律实务和法学教育，迎接人工智能时代的挑战和机遇。

愿这本书成为你在人工智能时代的得力助手，助你在法律事业中不断前行，取得卓越的成就。

FOREWORD 前 言

2022年11月30日,美国旧金山的一家小型科技公司(OpenAI),发布了一款轰动全球的聊天机器人(ChatGPT),其智慧程度接近人类。短短2个月,用户数量突破1个亿。而DeepSeek却在7天时间里,用户数量突破1个亿。相比之下,iPhone和TikTok分别用了2年和8个月的时间。ChatGPT是继2016年,AlphaGo战胜围棋世界冠军李世石后,人工智能领域又一次的重大突破,再次掀起了人工智能的热潮,并开启了生成式人工智能(AIGC)的时代。亨利·基辛格博士在他与前谷歌董事长埃里克·施密特、MIT教授丹尼尔·胡滕洛赫尔合著的《人工智能时代与人类未来》一书中写道:"这是人类历史上又一次科学启蒙。"比尔·盖茨也表示:"ChatGPT的威力将超过互联网和iPhone。"这个大型语言模型可以将知识创造的边际成本降至最低水平,对脑力工作者来说,这是一次伟大的工业革命,具有划时代的意义。

ChatGPT发布才短短1年多的时间,OpenAI就连续发布了GPT-4.0 Turbo和模拟物理世界的世界大模型Sora,突破了人类的物理极限。你只要输入一句话或一张照片,就能在几十秒内生成一个逼真的视频。OpenAI最强有力的竞争对手Anthropic也在几个月前推出了跟ChatGPT不相上下的Claude 3.5 sonnet。众多人工智能科创公司也不甘落后，比如，文生文的Jasper；文生图的Midjourney、Stable Duffusion；文生视频的Pika Labs和Runway，以及最近推出的AI程序员Devin。转瞬之间，我们已经从PGC和UGC时代，进入了文生文、文生图、文生视频的AIGC时代。

ChatGPT的出现对人类社会产生的影响是革命性的，同时也引发了新一场中美之间的人工智能领域的军备竞赛。这是数据、算力、算法，特别是顶尖人才的激烈竞争，也是国力的较量。在追赶美国大模型的竞赛中，国内的大模型不仅如雨后春笋般涌现，更在技术路径和应用场景上实现多维突破，形成了"百团大战"的创新格局。百度"文心一言"，阿里"通义千问"，腾讯"混元"，百川智能"悟道"、智普清言"ChatGLM"、科大讯飞"星火"等模型持续迭代升级，月之暗面推出的Kimi凭借200万字的上下文输入能力惊艳业界。而深度求索（DeepSeek）推出的通用智能大模型DeepSeek-R1则凭借其独特的MoE（专家混合）和MoF（任务微调）双引擎架构，在复杂逻辑推理与多模态任务处理能力上达到国际先进水平，其开源版本更是在全球开发者社区引发热烈反响。

在传统的法律领域，ChatGPT与DeepSeek同样带来了前所未有的变革、机遇与挑战。作为一种先进的自然语言处理技术，它不仅能够理解和生成人类语言，还能在法律研究、法律咨询、法律文本生成、合同审核、诉讼策略、法律翻译等方面为法律人提供巨大帮助。它可以为法律人节省大量宝贵时间，让他们从繁重的重复性工作中解放出来，提高工作效率、降低运营成本，并提升生产力。

如同人类发明的任何先进工具和技术一样，ChatGPT与

DeepSeek 等 AI 也不是十全十美的，它也有局限性，比如，它需要超大数据、超大算力、超大算法，电力的消耗也相当惊人，即使是回答一个非常简单的问题也需要耗费巨大资源。它有时会一本正经地胡编乱造，这在准确度、容错率要求颇高的法律领域是一个绕不过去的障碍。此外，数据安全、隐私、法律伦理等问题，也需要从技术上和法律制度层面予以解决，才能让这个先进的工具赋能法律人。

ChatGPT 与 DeepSeek 的横空出世也带来了一个小型化的趋势。正如 OpenAI 的创始人 Sam Altman 所说，今天的 AI 技术可以让几个人就能创造几个亿，甚至几十个亿估值的公司。小型化趋势将对企业、初创公司，乃至律师行业产生不小的影响。ChatGPT 与 DeepSeek 的浪潮正在重塑各行各业，熟练掌握 ChatGPT 与 DeepSeek 的法律人将具有更强的竞争优势和更广阔的职业发展空间。

我们正在见证碳基生命创造的硅基智能体。有可能在技术奇点（Technological Singulartity）到来的那一天，硅基智能体超越了碳基生命的智慧，科幻电影中的那一幕将变成现实。我们希望作为碳基生命的人类可以让硅基智能体永远是驯服的工具。

"这是最好的时代，也是最坏的时代。"以 ChatGPT 与 DeepSeek 为代表的生成式人工智能（AIGC）正在深刻地影响并冲击着传统的法律领域。我从 20 世纪 80 年代在北大开发法律数据库，再到 2016 年退休后投身法律人工智能研发至今，亲身经历了科技对传统法律领域的巨大影响，但是从来没有经历过像这次一样如此伟大的技术突破。传统的法律范式正在发生前所未有的颠覆性变革，我们必须以开放的心态迎接 AIGC 时代的到来。可喜的是，越来越多的律师开始学习并使用 AI 工具了，特别是那些平均年龄不到 30 岁的年轻律师，他们已经可以熟练地用 AI 工具做法律研究、法律咨询以及审核、起草合同与法律文件，甚至是案件预测或预判等，工作效率随之大幅提升。可以预见，很快就有很多小型超级"AI 律所"出现，他们可以用最高效、最精准、最节俭的方式为客户服务。传统的法律领域正在发生巨大的变革，其速度之快超出我们的想象。

在人工智能蓬勃发展，前景一片光明的同时，我们也面临着技术安全性、可靠性、伦理道德，社会和法律以及哲学等问题的挑战。如何确保技术的安全运行，造福人类社会；如何有效处理技术发展带来的上述问题，将是未来人工智能发展中必须关注和解决的关键课题。只有我们直面并妥善解决这些挑战，人工智能技术的健康发展才能得到切实保障。为此，我邀请北京天元（广州）律师事务所何杰华律师，专门撰写一章关于 AIGC 的法律挑战和应对措施，并将联合国、美国、欧盟，以及我国有关大模型的法律法规和政策作为本书的附录，以便读者了解这方面的动态和面临的问题。

2024 年的诺贝尔物理学奖和化学奖出人意料地颁给了将人工智能应用于物理和化学领域的科学家们。这标志着 AI for Science 时代的正式开启。随着 AI 技术在科学领域的突飞猛进，AI for Law 的时代也即将拉开序幕。2024 年诺贝尔化学奖的两位得主研发的 AlphaFold，其可以预测人类 2 亿多蛋白质的三维结构，我们同样可以大胆地期待利用 AI 技术来解析和优化复杂的法律制度。这将不仅提升法律工作的效率和准确性，更将开创法律 AI 的新纪元。

AIGC 的时代已经开启，历史的经验多次证明，每次科技革命到来时，那些率先看到并顺应潮流的人，成功的机会远大于

前 言

那些悲观、恐惧甚至拒绝变革的人。因此，我衷心希望这本书能对对生成式人工智能在法律领域应用感兴趣的法官、检察官、律师、法务、法学院教师和学生，以及非法律界的朋友有所启发。未来已来，在这个充满无限可能的人工智能领域，让我们法律人以开放、创新和探索的心态，拥抱未来，一起开启 AIGC 时代的科学之旅！

张力行

2025 年 1 月

于北京

CONTENTS 目　录

第一章　人工智能简史 …………………………………… 1

第一节　一切始于计算 ………………………………… 3

第二节　人工智能的萌芽 ……………………………… 5

第三节　人工智能的诞生 ……………………………… 6

第二章　ChatGPT 的诞生 ………………………………… 11

第一节　ChatGPT 开启生成式 AI 时代 ……………… 13

第二节　ChatGPT 的技术框架 ………………………… 16

第三节　ChatGPT 的工作原理 ………………………… 17

第四节　ChatGPT 的应用领域 ………………………… 19

第五节　AI 工具集 ……………………………………… 22

第六节　ChatGPT 的局限性与面临的挑战 …………… 24

第三章　ChatGPT 在法律领域的应用与未来 …………… 27

第一节　ChatGPT 对法律领域的深刻影响 …………… 29

第二节　ChatGPT 在法律领域的应用范围 …………… 31

第三节　ChatGPT 成为法律智能体 …………………… 33

第四节　ChatGPT 催生 AI 律师和 AI 律所 …………… 36

　　第五节　ChatGPT 法律应用的风险防范 ……………… 36

第四章　ChatGPT 的法律提示词与提示方法 ………… 39

　　第一节　基本概念 ……………………………………… 41

　　第二节　提示的秘诀 …………………………………… 42

　　第三节　法律提示词和提示规则 ……………………… 44

　　第四节　法律文件翻译 ………………………………… 46

第五章　ChatGPT 的法律实战案例 ……………………… 47

　　第一节　法律工作流程和任务需求 …………………… 50

　　第二节　法律提示词及提示方法示例 ………………… 52

　　第三节　律师 AI 大模型使用指南 …………………… 55

　　第四节　法律实战案例及解析 ………………………… 60

第六章　ChatGPT 在法学院教育中的应用与未来 …… 139

　　第一节　背景与构想 …………………………………… 141

　　第二节　智能法律课程和提示方法 …………………… 144

　　第三节　ChatGPT 的法律课程实战 ………………… 148

　　第四节　ChatGPT 如何辅助法律学生学习 Python 编程 … 166

第七章　DeepSeek 的法律实战案例 …………………… 175

　　第一节　DeepSeek 带来的变革和机遇 ……………… 177

　　第二节　DeepSeek 为法律人带来的助力 …………… 184

目 录

第三节　DeepSeek 法律实战 …………………… 191

第四节　DeepSeek 在法学院的应用 …………… 232

第五节　如何用 DeepSeek 搭建法律知识库和

　　　　智能体？ ……………………………… 238

第六节　如何用 DeepSeek 开发法律智能体？ ………… 247

第七节　如何用 DeepSeek 开发法律工作流？ ………… 256

第八章　听听法律人怎么说 …………………… 261

第九章　AI 大模型时代的伦理与治理 ………… 275

附　录 ……………………………………………… 286

附录1　人工智能法律法规 ……………………… 286

附录2　法律提示词集 …………………………… 289

附录3　词汇表 …………………………………… 309

参考文献 …………………………………………… 317

第一章

人工智能简史

从中国的算盘到差分机，再到第一台计算机 ENIAC 和图灵测试，随后达特茅斯会议的召开标志着人工智能学科的正式诞生。人工智能经历了多次起伏：连接主义取代了符号主义和专家系统，机器学习、神经网络、深度学习技术逐步走向成熟。尽管发展过程跌宕起伏，但科学家们不断探索创新，为后来人工智能的爆发式发展积累了宝贵经验，催生了以 ChatGPT 和 DeepSeek 为代表的 AI 大模型的诞生。

> 长久以来，人类一直试图创造出具有生命特征和人类思维的机器。
>
> ——杨立昆

探索未知是人类的本能。早在公元前大约 3 世纪，古希腊人就大胆地提出过制造能思考的机器的想法，这或许是人类对人工智能（Artificial Intelligence，AI）最早的梦想。人工智能的发展历程是一部充满风险、挑战与创新的史诗。作为人类历史上又一次科学启蒙，人工智能正在引爆一场伟大的科技革命。ChatGPT 与 DeepSeek 不仅是一项了不起的技术，更是人类智慧的结晶。人工智能作为一个跨越多个学科的技术，能有今天的成就，是无数科学家和工程师们经过长期科学探索得来的。只有了解计算机和人工智能发展的历史和人类艰难、曲折的探索历程，才能更好地理解计算机与人工智能之间千丝万缕的联系，并珍惜我们今天所拥有的一切，从而像前人一样不断地探索人工智能的未知领域，创造更美好的未来。

第一节 一切始于计算

一、中国的算盘

人工智能的出现离不开计算技术和互联网的发展。计算技术的发展最早可以追溯到中国元代（约 14 世纪），中国古人发明的手动计算工具——算盘。算盘能够做四则运算，包括乘方、开方等，甚至可以计算土地面积，但它本身并不具有人工智能的成分。美国硅谷的计算机博物馆,就是从中国的算盘开始展示计算机发展史的。算盘的发明,是我们祖先对人类的一个伟大贡献。

二、差分机

1822年,英国数学家查尔斯·巴贝奇(Charles Babbage,1791—1871年)成功研制出差分机(Difference Engine)原型机,这是首个能够自动计算多项式函数值的机械装置。差分机的核心原理是利用有限差分法(Method of Finite Differences),通过逐次差分将复杂的高次多项式计算转化为简单的加法运算,从而避免繁琐的乘法运算。虽然巴贝奇后期设计的分析机(Analytical Engine)才是通用计算机的雏形,但差分机的问世标志着人类从手动计算向机械自动计算的重大跨越,证明了机器是可以实现计算和分析的。

除用机械方式计算之外,巴贝奇的伟大贡献还包括将软件和硬件分离,提出编程和程序的概念。巴贝奇的差分机第一次使用了编程和程序,这在当时是了不起的创新。著名诗人拜伦的女儿艾达·洛夫莱斯(Ada Lovelace)为巴贝奇的差分机编写了计算指令,是人类历史上第一个计算机程序。她也是世界上第一个程序员。他们的贡献为后来计算机科学的发展奠定了基础。

三、人类历史上第一台计算机

20世纪上半叶,对现代计算机技术的发展具有突破性影响的科学理论和技术可以概括为:布尔代数、图灵机、冯·诺伊曼体系、晶体管的出现,从数学、计算模型、架构、器件四个方面揭开了现代计算机技术的序幕,使计算机的制造成为可能。[1]

---

[1] 孙凝晖:《人工智能与智能计算的发展》,载《商界(评论)》2024年第6期。

人类历史上第一台计算机 ENIAC，于 1946 年 2 月 14 日，在美国宾夕法尼亚大学诞生，其改进版本 EDVAC 是基于数学家和现代计算机之父冯·诺伊曼结构制造和运行的。不仅如此，冯·诺伊曼还大胆地抛弃了十进制，采用了更加方便的二进制，这也就是现代计算机的数值基础。我们目前使用的计算机、笔记本电脑、智能手机大多是基于冯·诺伊曼结构制造和运行的。

第二节　人工智能的萌芽

一、布尔代数

布尔代数是一种研究逻辑运算的数学分支，由英国数学家乔治·布尔在 19 世纪中叶创立。布尔代数使用符号和运算符来表示逻辑关系，例如"与"（AND）、"或"（OR）、"非"（NOT）等。布尔代数是计算机逻辑电路设计的基础，它为计算机的运算和存储提供了数学基础。

二、图灵机

图灵机是由英国数学家艾伦·图灵在 1936 年提出的理论模型，它是一种抽象的计算机，可以模拟任何算法的计算过程。图灵机由一个无限长的纸带、一个读写头和一个控制单元组成。图灵机通过读写头在纸带上读写符号，并根据控制单元的指令进行状态转换，从而完成各种计算任务。图灵机是计算机科学的理论基础，它证明了任何可计算的问题都可以用图灵机来模拟。

三、冯·诺伊曼结构

冯·诺伊曼结构提出了构建计算机的三大原则：（1）采用

二进制；（2）程序存储执行；（3）计算机由运算器、控制器、存储器、输入设备、输出设备五部分组成，为计算机提供了物理基础。今天的计算机、手机的技术框架仍然是基于冯·诺伊曼结构的，所以他也被称为"计算机之父"。他对计算机的发展功不可没，也为人工智能的发展提供了计算的工具。

布尔代数、图灵机和冯·诺伊曼结构为计算机和人工智能的发展提供了重要的理论基础和工具。布尔代数为计算机逻辑电路设计提供了数学基础，图灵机为计算机科学提供了理论模型，冯·诺伊曼结构为现代计算机的架构提供了物理基础。这些科学基础为计算机和人工智能的快速发展奠定了坚实的基础，并推动了人工智能算法和应用的不断进步。

第三节 人工智能的诞生

经过无数科学家们70多年的不懈努力，人工智能在经历了至少3次大的跌宕起伏后，终于成为今天人类历史上最耀眼的科技成就。图1-1是人工智能发展历史的一个简图。

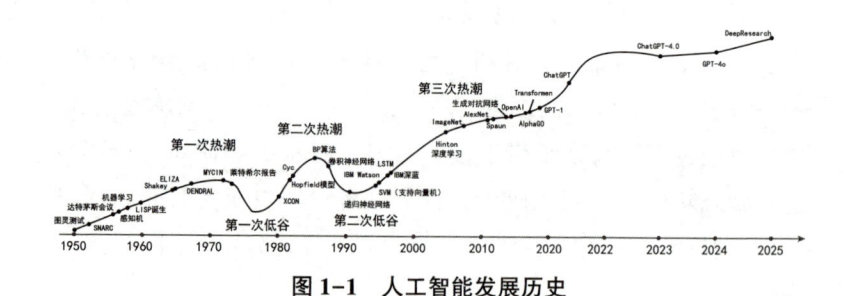

图1-1 人工智能发展历史

注：摘自鲜枣课堂。

人工智能的发展历史是一个跨越多个学科、涉及众多研究者和创新者的长期过程。以下是人工智能发展历史的一个简要概述。

(1) 概念提出：20世纪40年代，在计算机还没有发明出来的时候，人工智能的概念开始被提出。1943年，美国科学家沃伦·麦卡洛克（Warren McCulloch）和沃尔特·皮茨（Walter Pitts）对生物神经元进行建模并开发了神经元数学模型，将神经网络的概念引入计算机领域，是人工智能领域最具开创性的工作。

虽然，麦卡洛克和皮茨的工作在当时并未立即转化为实际应用，但他们提出的具有前瞻性的理论为后来的人工智能和神经网络的发展奠定了理论基础，是人工智能历史上的一个重要的里程碑。[1]

(2) 图灵测试：1950年，人工智能之父艾伦·图灵（Alan Turing）在《思想》（Mind）杂志上发表了一篇题为"计算的机器和智能"的论文。在论文中，图灵并没有提出什么研究方法，而是提出了一种验证机器是否有智能的方法，这种方法就是著名的"图灵测试"（Turing Test）。测试方法是让人和机器交流，如果人无法判断自己交流的对象是人还是机器，就说明这个机器有了智能。

---

[1] 1958年，美国科学家弗兰克·罗森布拉特（Frank Rosenblant）发明了一种被称为"感知机"（Perceptron）的机械神经元，实现了沃伦·麦卡洛克和沃尔特·皮茨的神经网络构想，把神经元数学模型研制成可以使用的机械设备，并具备一定的视觉识别能力。

```
         计算机        被测试人
          ┌───┐         ___
          │ A │        (B)
          └───┘
         ═════
```

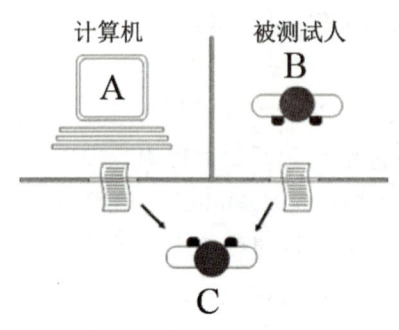

图1-2 图灵测试的方法

（3）达特茅斯会议：1956年，约翰·麦卡锡、马文·明斯基、纳撒尼尔·罗切斯特和克劳德·香农等10名来自多个领域的年轻科学家们，在达特茅斯学院组织了一次会议。这次会议后，人工智能领域正式宣告诞生。约翰·麦卡锡创造了"Artificial Intelligence"一词，催生了这个新的学科和人工智能革命。

（4）人工智能的早期成就：20世纪50年代至60年代，人工智能领域取得了一些早期的成就，如 Arthur Samuel 的跳棋程序、艾伦·纽厄尔和赫伯特·西蒙的逻辑理论家（Logic Theorist）程序。这是人工智能的"黄金时代"，其研究主要集中在符号计算、逻辑推理和知识表示上。

（5）知识库和专家系统（Data Base and Expert System）：20世纪70年代，人工智能研究开始关注知识表示和推理，发展了专家系统，这是一种模拟特定领域专家决策过程的计算机程序。第五代机就是专家系统的代表作。20世纪80年代，由于对专家系统能力的过度乐观和实际应用中的局限性，人工智能领域遭遇了发展瓶颈，有时被称为"AI寒冬"。

（6）机器学习（Machine Learning）的兴起：20世纪80年代末、90年代初，基于统计和概率理论的"机器学习"作为人工智能的一个分支开始兴起，即使用监督学习、无监督学习和半监督学习的方法让机器从无序的数据中发现规律，并转化成有用的信息。机器学习在医疗、法律、科研、价格和趋势预测、人脸识别、市场营销等很多领域得到了比较好的应用。

（7）神经网络（Neural Network）的复兴：20世纪90年代，随着计算能力的提升和大量数据的可用性，模仿人类大脑的神经网络再次成为研究的焦点，特别是反向传播算法的普及。其间，美国学者杨立昆（Yann LeCun），首先使用神经网络算法从7200多个手写邮编的扫描件中让机器学习各种笔迹，然后可以准确地识别人类手写的笔迹，展示了神经网络的强大能力，并最早用于全美国的邮政系统，来读取每一封信件上手写的邮政编码。他也因此被誉为"卷积神经网络之父"。今天这项技术已经可以用于图像识别、人脸识别、语音识别、医学图像分析、自动驾驶等诸多领域。

（8）深度学习（Deep Learning）的突破：2012年，杰弗里·辛顿（Geoffrey Hinton）教授的研究生伊尔亚·苏茨克维等使用深度学习技术在 ImageNet 比赛中将图片的识别率大幅提升至人类的水平，深度学习崭露头角。得益于卷积神经网络（CNNs）和循环神经网络（RNNs）等架构的发展，以及互联网上产生的海量数据和计算能力的大幅提升，深度学习技术开始在图像识别、语音识别等领域取得显著进展。

（9）强化学习（Reinforcement Learning）：2016年，强化学习在游戏和机器人领域取得突破，特别是谷歌 DeepMind 的 AlphaGo 战胜世界围棋冠军，展示了强化学习的强大潜力，把人工智能的第三次浪潮推向高峰。

尽管深度学习这一波人工智能热潮带来了许多实际应用，但还是有很多技术障碍没有得到解决。缺乏通用性使落地的成本高昂，且智能程度不尽如人意，以至于流传着这样的说法，"有多少人工，就有多少智能"。人类期盼更强大的人工智能的到来。这一天终于来临了，2022年11月30日，美国OpenAI发布了一款近乎人类智慧的聊天机器人ChatGPT，人类第一次触摸到了强人工智能的临界点。

第二章

ChatGPT 的诞生

　　ChatGPT 是一款基于人工智能的自然语言处理工具，通过深度学习技术，能够理解并生成人类语言。技术原理部分探讨了其背后的 Transformer 架构和大规模预训练模型机制，揭示了其强大的语言生成能力的奥秘。在功能方面，ChatGPT 可广泛应用于文本创作、语言翻译、信息查询、编程辅助等领域，为用户带来高效便捷的体验。然而，它也存在局限性，并面临诸多挑战。

> 这是人类历史上的又一次科学启蒙。
>
> ——亨利·基辛格

第一节 ChatGPT 开启生成式 AI 时代

一、ChatGPT 的发展史

ChatGPT 是由 OpenAI 开发的一款近乎人类智慧的聊天机器人。OpenAI 成立于 2015 年,是由一群名不见经传、平均年龄不足 32 岁,相信通过"规模法则"(Scaling law),可以实现"强人工智能"(AGI)的 87 名年轻科学家和工程师组成的团队创建的。马斯克是他们最早的投资人之一。微软给他们投资了 100 多亿美元,还为他们提供了云服务。他们起初就不是一家公司,而是一个人工智能实验室。最终,这些经过严格的科学训练,又具有工程师思维的年轻人,实现了人工智能从量变到质变的飞跃。

人工智能走过了漫长的发展历程。从 1956 年,达特茅斯会议第一次提出"人工智能"一词以来,经历了三起三落,从符号主义到专家系统,再到机器学习和基于神经网络的 AlphaGo,直到今天的 ChatGPT 和 DeepSeek,科学家们的不懈努力成就了今天的辉煌。而这一次 AI 大模型的突破,实际上是源于 2017 年 11 月,Ashish Vaswani 等谷歌的科学家们发表了一篇具有里程碑意义的学术论文 *Attention Is All You Need*(《你所需要的只是注意力》)。这篇论文首次提出了 Transformer 模型,引入了注意力机制，使得语言模型能够处理长序列数据，并在机器翻译等任务上取得了突破性进展。这是一种全新的深度学习架构，它在自然语言处理（NLP）和其他序列到序列（Seq2Seq）任务中取得了显著的成果。如今，大多数大模型和产品都是基于Transformer架构的。

Transformer架构的核心思想是使用自注意力（Self-Attention）机制来并行处理序列中的所有元素，即通过并行处理同时分析文本中的所有单词，并找到它们之间的相互关系。从此，开启了如下具有标志性意义的GPT的科学之旅和生成式人工智能时代。

2018年6月，OpenAI发布基于Transformer Decoder的GPT-1，1.1亿个参数；

2019年2月，OpenAI发布GPT-2，15个亿参数；

2020年5月，OpenAI发布GPT-3，1750亿个参数；

2022年3月，OpenAI发布InstructGPT，使用Instruction Tuning和RLHF；

2022年12月，OpenAI发布ChatGPT，震惊世界；

2023年3月，OpenAI发布了GPT-4.0；

2023年11月，OpenAI发布GPT-4.0 Turbo；

2024年2月，OpenAI发布模拟物理世界的世界模型Sora，再次震惊世界；

2024年5月，OpenAI发布GPT-4o；

2024年9月，OpenAI发布GPT-o1。

2025年2月，OpenAI发布Deep Research。

图2-1 ChatGPT发展的时间轴

GPT 实现了自然语言处理（NLP）领域的巨大突破。它的出现标志着基于大语言模型的生成式人工智能（AIGC）时代的开始，其影响力已经远远超出了人工智能技术领域，快速地深入科技、人文和社会的各个层面。

ChatGPT 正在以前所未有的速度赋能各行各业，因此我们需要学习和使用这个新技术。

二、什么是 ChatGPT

ChatGPT 这个词是由 Chat（聊天或对话）和 GPT（Generative Pre-Trained Transformer），即生成式预训练模型组成的。它是由 OpenAI 开发的基于生成式预训练模型架构的大模型。GPT 代表 Chat 是基于 Transformer 架构的先进的自然语言处理（NLP）模型。它可以通过对海量语料库进行训练来预测下一个词或句子。在训练的过程中，模型学习语言的语法和语义并通过概率分布，使下一个词或句子与上下文相关。GPT 通过预训练所有维基百科、互联网上大约 5 万亿字符文本的人类知识，成为接近人类的智慧水平的"世界模型"。正如 20 世纪著名奥地利哲学家路德维希·维特根斯坦所说："语言的边界，就是世界的边界。"ChatGPT 是一个强大的通用性自然语言模型，通过大规模的无监督学习机制从文本语料库中学习语言模式和语义关系，理解自然语言的语法、语义，从而生成能够流畅表达人类思维的文本，使它能够处理各种自然语言处理任务，比如，问答、文本生成、图像生成、视频生成、代码编写、翻译等。因此，它可以应用于智能客服、智能写作、语音识别、机器翻译、智能教育、智能医疗、智能司法等广泛领域。

总之，ChatGPT 是一种强大的语言模型，可以用于各种自然语言处理任务，是人工智能领域中重要的技术之一。

跟世界上任何技术和工具一样，ChatGPT 也不是十全十美的。它有时会生成不太准确的输出，有时还会一本正经地胡乱编制，这是由大模型的自然语言处理技术的局限性所决定的。如果我们理解了 ChatGPT 的工作原理，也就不会对它的缺陷感到奇怪，也就知道如何更好地使用它了。

第二节　ChatGPT 的技术框架

一、ChatGPT 的技术框架

ChatGPT 的技术框架并不复杂，它是通过图 2-2 的三个步骤来实现的。

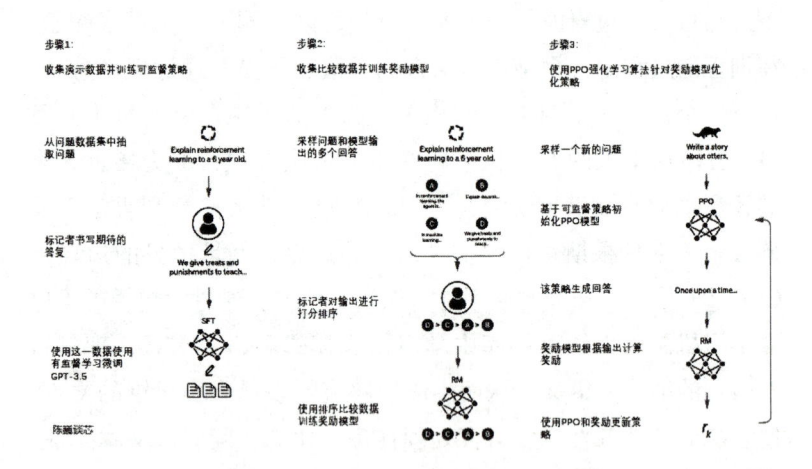

图 2-2　ChatGPT 技术框架实现步骤

步骤 1：收集演示数据并训练一个监督学习策略

使用一个可监督的模型训练对话，对互联网上各种各样问答型网站上的内容进行训练,有点类似知乎网站上的内容。

步骤 2:收集比较数据并训练一个奖励模型

训练优化上述模型,由真人提问,聊天机器人会给出 3 个答案,由真人选出最好的答案。这个跟战胜围棋冠军的 AlphaGo 的训练方式是一样的。

步骤 3:使用 PPO 强化学习算法针对奖励模型优化策略

进行人类反馈强化学习,使用 PPO[1]深度算法,根据规则找到最好的策略并取得最好的结果。

第三节　ChatGPT 的工作原理

了解 ChatGPT 的技术原理,对使用 ChatGPT 的用户来说非常重要。

一、Transformer 架构

Transformer 是一种用于处理序列数据的神经网络架构。Transformer 架构主要由两个部分组成:编码器(Encoder)和解码器(Decoder)。GPT 模型只使用了 Transformer 的解码器部分。

二、预训练和微调

GPT 模型的训练分为两个阶段:预训练和微调。

(一)预训练

ChatGPT 首先在大量的文本数据上进行预训练。在预训练阶段,模型在大量的文本数据上进行训练,目标是预测下一个词。

---

[1] PPO(Proximal Policy Optimization),即近端策略优化,是一种深度学习算法,就像一位智能向导,可以通过学习你的行为和迷宫规则,帮你找到最佳路径。

这种无监督学习方法使模型能够学习语言的结构和模式。预训练的目标函数是最大化下一个词的概率：

$$[P(w\_t | w\_1, w\_2, \ldots, w\_{t-1})]$$

（二）微调

在预训练之后，ChatGPT 会针对特定的任务进行微调。这意味着它会在特定任务的数据集上进行额外的训练，以便更好地完成特定的任务，比如对话生成、文本摘要、翻译等。

在微调阶段，模型在特定任务的数据集上进行监督学习，以适应特定的应用场景。微调的目标是最小化特定任务的损失函数，例如，分类任务中的交叉熵损失。

三、运行逻辑

当用户输入一个问题或者一段文本时，ChatGPT 会根据其训练过程中学习到的语言模型，通过计算不同词汇和短语出现的概率，生成一个概率分布。然后，它会从这个概率分布中选择最有可能的词汇或短语作为回应。运行逻辑如下：

（1）输入处理：用户输入的文本被分词并转换为模型可以理解的向量表示。

（2）生成响应：模型根据输入的上下文生成响应。生成过程通常使用自回归方式，即模型逐词生成响应，每一步都基于之前生成的词和输入的上下文。

（3）注意力机制：在生成过程中，模型使用自注意力机制来捕捉输入文本和生成文本之间的关系，从而生成连贯且与上下文相关的响应。

（4）输出处理：生成的词向量被转换回文本形式，作为模型的输出。

四、优化和改进

ChatGPT 会不断接收新的数据和反馈，通过持续地优化和迭代，提高其生成文本的质量和相关性。为了提高 ChatGPT 的性能和用户体验，OpenAI 进行了多种优化和改进。

（1）大规模预训练数据：使用大量的互联网文本数据进行预训练，使模型具备广泛的知识。

（2）对话数据微调：使用专门的对话数据集进行微调，使模型更适合生成对话。

（3）人类反馈：通过人类反馈进行强化学习（RLHF），进一步优化模型的响应质量和安全性。

ChatGPT 基于 Transformer 架构，通过预训练和微调在大量文本数据上进行训练，能够生成连贯且与上下文相关的对话。尽管有一些局限性，但它在自然语言处理任务中表现出色，并在多个应用场景中得到了广泛应用。需要说明的是，虽然 ChatGPT 和其他类似的 AI 大模型一样，能够生成流畅的自然语言文本，但它们并不理解所生成文本的真正含义，也没有意识和情感。它们的输出是基于统计学习的结果，而不是基于对语言和语义的真正理解。理解这一点对如何在法律领域应用 ChatGPT 显得尤为重要。

第四节　ChatGPT 的应用领域

风靡全球的 AI 大模型 ChatGPT 正在以前所未有的速度渗透到我们的工作和生活中。它不仅可以生成文本，还能够生成图像、视频，甚至能预测人类蛋白质的三维结构，而且正在以指数级的速度迭代。这使得它越来越接近，甚至超越人类的感知、认知和推理能力。在这样的背景下，很多企业，甚至个人都在思考如何利用 ChatGPT 在竞争日益激烈的市场环境中提升竞争力。

笔者作为法律 AI 的亲历者，经历了 2016 年 AlphaGo 引发的人工智能热潮，并目睹了这次人工智能技术的巨大突破。笔者最大的感受就是：ChatGPT 实现了人工智能从量变到质变的飞跃，因为它已经具有接近人类的认知和推理能力，只要对特定领域的数据进行预处理和微调，就基本可以达到艺术家、科学家、工程师、教师、医生、法官、律师、程序员等专业人员的水平。ChatGPT 可以让我们每个人都能够掌握和使用深度学习技术。它的泛化能力可以更好地辅助人类完成各种特定任务。

在美国，用户最多的是：OpenAI 开发的 ChatGPT 和 Anthropic 开发的 Claude，而 Google 开发的 Gemini 使用率一直不太理想。在中国则是文心一言、通义千问、Kimi、豆包和火爆的 DeepSeek，他们也都可以应用于如下广泛的垂直领域：

（1）自然语言处理（NLP）：能够理解和生成自然语言，应用于自动摘要、文本分类、命名实体识别、情感分析、多语种翻译等任务。

（2）聊天机器人：可以作为虚拟助手或问答机器人，与用户进行自然对话，提供客户服务、技术支持等。

（3）文本生成：能够生成连贯、逻辑性强的文章、新闻、故事、诗歌等文本内容，用于内容创作、广告文案撰写等。

（4）新闻和媒体：可以快速生成新闻报道、摘要，或者帮助编辑和校对文章。

（5）研究和数据分析：可以帮助研究人员快速处理和分析大量文本数据，辅助商业决策。

（6）语音识别：可以分析语音信号，用于语音助手、语音翻译、语音搜索等应用。

（7）教育场景：可以用于在线教育、个性化学习，如作文辅导、口语学习等，提供教学辅助和学习支持。

（8）办公软件：可以集成到办公软件中，帮助用户撰写文档、制作PPT、编写代码、数据分析等。

（9）社交媒体：可以嵌入社交媒体平台，提供定制化的聊天机器人服务，增强用户互动体验。

（10）营销广告：能够协助生成营销内容，进行商品推荐和广告策划。

（11）智能客服：作为聊天机器人，可以提供客户支持，解答客户问题、处理订单、提供产品信息等。

（12）人力资源：可以协助筛选简历，进行初步的候选人筛选。

（13）医疗服务：在医疗领域，可以提供基本的健康咨询和指导，帮助患者了解病情和治疗方案。

（14）金融服务：可以分析金融数据、智能客服、风险评估、预测金融市场的变化，为金融决策提供支持。

（15）法律服务：可以用于法律咨询、文书起草、司法判决辅助等。

（16）软件编程：可以辅助编写软件代码，进行代码生成和调试，虽然目前还不能完全替代程序员，但可以在某些场景下作为辅助工具。

（17）个人助理：可以作为个人助理，帮助用户管理日程、提醒重要事件，预订服务等。

（18）个性化推荐：可以用于个性化推荐系统，如推荐电影、音乐、产品等。

（19）娱乐、旅游：可以丰富娱乐活动和进行旅游规划。

（20）智能体：可以为完成上述任务而开发特定的智能

系统。

随着 AI 技术的不断进步，ChatGPT 的应用范围将进一步扩大，应用的效果也会不断提高。在经济不景气的情况下，如果你有自己的公司，ChatGPT 可以帮助你降本增效，用更少的人员做更多的业务。如果你是一个个体，ChatGPT 可以帮助你成为超级个体或运作一个人的公司。美国一家文生图的初创公司 Midjurney，只有 11 个人，其中 5 人是实习生，每年的创收达到了 1 亿多美元。美国硅谷的 AI 创业公司都是非常小型化的，因为使用了 AI 后，就不需要再聘请很多的员工。这正在成为未来的趋势。

ChatGPT 才诞生两年多的时间，笔者发现周围不少的年轻朋友们用 ChatGPT 写推文、小说、论文、代码、商业分析报告，做图片、思维导图、流程图、PPT，甚至教育子女、安排旅游出行、健康卫生咨询，等等。

2025 年是 ChatGPT 等 AI 大模型落地应用的元年，它将为创业者提供更多的创意、更低的创业成本和入门门槛，让无数小而美的创业机会应运而生。

第五节　AI 工具集

AI 工具集导航（https://ai-bot.cn）是一个一站式 AI 工具集合网站，如图 2-3 所示。它收录和推荐国内外热门、有创意、有趣、前沿的 AI 工具和网站，可以快速查找到你需要的任何 AI 工具，为学习和使用 AI 提供了极大的便利。

AI 工具集导航主要有三大功能：

（1）AI 工具和网站。

涵盖 AI 写作工具、AI 图像工具、AI 音频工具、AI 视频工具、AI 设计工具、AI 编程工具、AI 对话聊天、AI 办公工具、AI 搜索、

AI 开发平台、AI 对话聊天、AI 训练模型、AI 内容检测、AI 语言翻译、AI 法律助手、AI 提示指令、AI 模型评测、AI 学习网站。

图 2-3　AI 工具集导航界面

（2）AI 教程和指南。

AI 工具集导航提供了一些简单、实用的教程、指南和百科，有助于初学者学习 AI 的基础知识，快速入门并使用各种 AI 工具。

（3）AI 快讯。

AI 工具集导航会实时提供 AI 领域的最新资讯、新闻、技术和产品，有助于了解 AI 领域的最新发展和未来趋势。

OpenAI 的创始人和 CEO 萨姆·奥尔特曼（Sam Altman）说过："万物的智能成本无限降低，人类的生产力与创造力得到解放。"如果说互联网可以把信息传播的边际成本降至零，那么以 ChatGPT 为代表的生成式人工智能则可以把生产、创造知识的边际成本降至零。你的想象力和创造力，可以把 ChatGPT 的功能发挥得淋漓尽致。

第六节　ChatGPT 的局限性与面临的挑战

ChatGPT 作为一款近乎人类智慧的聊天机器人，虽然在语言理解、文本生成、数学计算、多模态等方面取得了显著的成就，而且可以快速迭代，但它像任何新技术一样，不是十全十美的，仍然存在着一些局限性，并面临着难以回避的挑战。

（1）理解的局限性：尽管 ChatGPT 能够处理和生成自然语言，但它并不真正"理解"语言的含义。它的回答是基于大量的数据和统计算法做出的，而不是深层次的语义理解和逻辑推理。

（2）输出的准确性：由于 ChatGPT 不是搜索引擎，所以在回答事实问题时会出现不准确，甚至有时会出现一本正经地胡编乱造的现象。

（3）偏见和公平性：训练数据中可能存在的偏见和算法偏见会影响 ChatGPT 的输出，导致它在某些情况下给出不公平或不符合伦理的回答。

（4）知识产权：ChatGPT 使用的数据涉及知识产权和版权保护的问题，已经引起了相应的法律诉讼。

（5）创造性和个性：ChatGPT 生成的文本可能缺乏人类作者的创造力和个性，因为它依赖于统计模式而非个人经验或情感。

（6）隐私和安全性：在处理敏感信息时，需要确保 ChatGPT 的使用不会侵犯个人隐私或安全。

（7）错误信息的传播：如果 ChatGPT 生成的信息未经验证，可能会无意中传播错误或误导性的信息。

（8）用户适应性：不同的用户可能对 ChatGPT 的接受程度和使用方式不同，需要进行个性化的调整和优化。

(9) 数据耗尽：在没有新的数据不断提供给 ChatGPT 时，规模法则（Scaling Law）可能会面临失效。

只有充分了解了 ChatGPT 的这些局限性和挑战，我们才能在使用 ChatGPT 时扬长避短，最大限度地消除负面影响。从技术层面讲，ChatGPT 需要不断优化、迭代，在特定领域需要对数据做预处理和微调来最大限度地克服缺陷。此外，从社会层面来看，虽然 ChatGPT 会带来创新和竞争优势，包括提高生产效率、降低成本、创造新的商业模式等，但也会带来一些亟待解决的社会问题，比如，一些工作会被取代，那么失业的人如何安排；如何与 ChatGPT 合作共生；知识产权、个人隐私等如何保护；如何适应 ChatGPT 可能引发的社会变革和转型，包括就业市场的变化、教育体系的调整，以及人们生活方式的改变等问题。为了推动 ChatGPT 技术向善，健康发展并造福人类，应该通过国际合作制定相应的法律法规和道德伦理规范。

第三章

ChatGPT 在法律领域的应用与未来

ChatGPT 的出现给法律行业带来的影响是深远的,它不仅改变了传统法律服务模式,还在法律咨询、案例检索、合同审查、文书生成、案件预判等方面展现出强大的功能。本章详细阐述了 ChatGPT 的法律应用范围和法律智能体的应用,并提出了未来 AI 律师和 AI 律所的出现,将会重塑传统法律生态的前瞻性思考。然而,其应用也伴随数据隐私、责任认定、算法偏见等风险,需通过技术与法律手段加以防范,使人工智能与法律更好地融合,创造崭新的法律世界。

> 预测未来最好的办法，就是创造未来。
> ——彼得·德鲁克

第一节　ChatGPT 对法律领域的深刻影响

无论是从法律数据的公开程度，还是从法律遵循规则的属性看，法律行业无疑是 ChatGPT 应用的最佳场景之一。法律职业对语言文字的高度依赖性，决定了作为人工智能大型语言模型代表的 ChatGPT 在法律领域的广泛应用前景。根据高盛的研究报告，44% 的法律工作将受到 ChatGPT 的影响。而实际上，ChatGPT 对法律工作的影响至少是 80%，甚至更高。在竞争日益激烈的法律市场中，ChatGPT 不仅可以为法律行业降本增效，还可以带来新的生产力和竞争力。

ChatGPT 的横空出世在法律界引起了不小的轰动。从 2023 年初开始，笔者受邀在几十家律所和法学院做了近百次"ChatGPT 在法律领域的应用"的讲座和培训，线上线下有数万名法律人参加，其中主要是平均年龄 30 岁的年轻法律人。他们渴望学习如何使用 ChatGPT 这一人工智能工具，赋能他们的工作和学习。ChatGPT 在法律领域的应用前景是非常广阔的，而且将是未来发展的趋势，因此值得投入时间和精力进行推广应用。然而，我们也发现了一些问题，比如，有些法律人对 ChatGPT 了解不足，开始时期望值过高，但因为不会使用或使用得不太熟练，错失了 ChatGPT 赋能法律人的机遇。与此同时，也有一些法律人担心 ChatGPT 会取代他们，因此忧心忡忡。然而，那些积极拥抱并熟练使用 ChatGPT 的法律人，已经迅速地站在了巨人的肩膀上。

让我们先了解一下英美法系国家或地区目前使用 ChatGPT 的情况。最近，LexisNexis 对 7000 多名来自英美法系国家（包括加拿大和澳大利亚）的律师，进行了有关 ChatGPT 使用情况的调查。如图 3-1 所示，77% 的律师都认为使用 ChatGPT 可以大幅提高他们的工作效率。

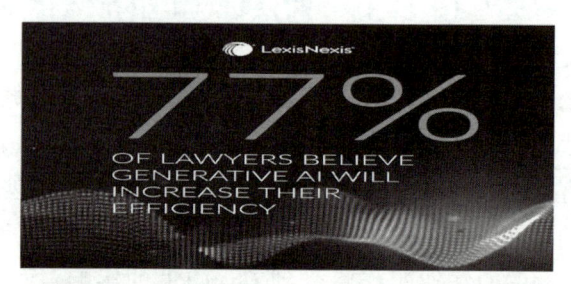

图 3-1　LexisNexis 对 ChatGPT 使用情况的调查

与此同时，许多国际大型律所已经开始布局如何将 ChatGPT 融入法律工作的各个环节，而这必将引发整个法律执业模式的变革（如图 3-2 所示）。

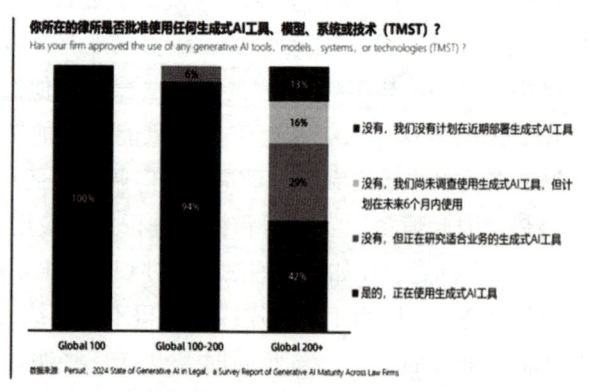

图 3-2　全球大型律所使用生成式 AI 工具的统计情况

在扑面而来的 ChatGPT 的浪潮中，许多法律科技公司不甘示弱，纷纷推出自己的法律 AI 系统。美国一些国际大型律所也已经开始联合法律 AI 公司快速布局，尝试把 ChatGPT 融入他们的法律业务。OpenAI 投资的 Harvey 公司已经完成了数次融资，市值超过 15 亿美元，但是目前尚未看到基于 ChatGPT 大模型的成型法律 AI 系统面世。另外，一家名为 CaseText 的公司从 AI 法律检索起步，后基于 ChatGPT 推出 CoCounsel 法律 AI 系统，用于法律研究、法律文件分析、合同起草和审核、合规审查、税收咨询等法律任务。2023 年 6 月，CaseText 被汤森路透社以 6.5 亿美元收购。一些小型化的法律 AI 公司也孕育而生，涵盖法律诉讼和合同审核等领域，为律师提供各种 AI 服务。

第二节　ChatGPT 在法律领域的应用范围

ChatGPT 作为法律人的智能助手，在法律领域的应用范围相当广泛。概括起来讲，ChatGPT 在法律领域的应用，包括但不限于如下工作。

（1）法律研究和文献检索：可以辅助法律研究，快速筛选法律条文和案例，帮助律师找到与当前案件相关的信息（必须验证）。

（2）法律咨询和解答：可以作为聊天机器人，回答各类法律问题，提供方便、快捷的在线法律咨询服务。

（3）法律类案推送：可以快捷、准确地推送相似度最高的案例、法条（必须验证）。

（4）法律风险评估：ChatGPT 可以为客户进行法律风险的初步评估，比如合同风险、合规风险等，并提供解决方案。

（5）合同审核：ChatGPT 可以快速审核各类合同，分析合同条款、提示风险条款、遗漏条款和对任何一方当事人的不利条款。

(6) 自动摘要：可以快速对冗长的法律文件进行自动摘要，提高效率。

(7) 法律要素提取：可以快速提取案件实体、实体关系、案件事实、案件要素、争议焦点。

(8) 案件分析与预测：可以分析案情，评估案件的可能结果、制定诉讼策略、预测诉讼结果。

(9) 法律数据分析：可以使用各种解析软件分析竞争对手、预测法律市场、分析律所财务状况。

(10) 法律文件生成和翻译：可以自动生成各种法律文件、法律意见书、诉讼书、答辩状、合同文本，并翻译各种文字的法律文件。

(11) 律所办公室自动化：起草公文、人事管理、公关、会议安排等。

(12) 法律教育：可以作为法学院的教学工具，提供个性化教学、帮助学生理解复杂的法律概念、案例分析、法律文件草拟、合同谈判和模拟法庭辩论等。

(13) 法律灵感、创意和知识涌现：可以通过模型、算法、算力等，展现出灵感、创意和知识涌现。

必须指出的是，ChatGPT 不是搜索引擎，它是根据统计概率分布预测下一个词出现的可能性，而且是随机抽样的，所以无法保证准确性，有时同一个问题的答案也会不一样。这就是为什么在很多上述 ChatGPT 应用的场景中存在准确度不高，甚至胡编乱造的现象。因此，法律人在使用时必须经过严格的专业验证。由于 ChatGPT 没有对中国法律、法规和案例进行预处理和微调，在法律文献检索、法律问答、类案推送、法条引用等方面的准确度不高，甚至存在胡编乱造的问题。为此，国内的几家法律 AI 公司做了定制开发，基本上可以比较准确地完成这些任务。

当上传法律文件给 ChatGPT 后，它可以根据上传的法律文件，在自动摘要、实体关系提取、争议焦点归纳、诉讼策略、预判、文本生成和翻译等方面表现出色。更有趣的是，ChatGPT 神奇的思维链和零样板思维链，在处理一些复杂法律案件时，能给你带来意想不到的法律灵感和创意。大家可以用不同的提示词和提示方法，尝试发现 ChatGPT 的过人之处，使自己的思路豁然开朗。不过，天下没有免费的午餐，只有耐心地跟 ChatGPT 互动，不断优化提示词和提示方法，才能得到上述惊喜。

第三节　ChatGPT 成为法律智能体

智能体将是未来 ChatGPT 落地应用的新领域。扎克伯格预言，在不久的将来，将会出现上亿个"智能体"帮助人类完成各项任务，当然也包括无数个法律智能体。什么是"智能体"呢？智能体（Agent）是计算机科学和人工智能领域的一个术语，指的是一个能够感知环境并能够对环境做出响应的系统。智能体可以是软件形式，如聊天机器人、推荐系统、游戏 AI 等，也可以是硬件形式，比如自动驾驶汽车、机器人等。智能体通常具备以下几个特点：

（1）感知（Perception）：能够通过传感器或数据输入来感知其所处的环境。

（2）推理（Reasoning）：能够处理感知到的信息，并做出决策。

（3）学习（Learning）：能够从经验中学习，并根据这些经验改进其行为。

（4）自适应（Adaptability）：能够适应环境的变化。

（5）自治（Autonomy）：能够在没有直接外部干预的情况下控制其自身行为和内部状态。

（6）交互（Interaction）：能够与人类用户、其他智能体或环境进行交互。

智能体的设计和实现非常复杂，它们可以用于执行各种任务，从简单的自动化任务到复杂的决策支持系统。在人工智能领域，智能体的研究是一个活跃的研究方向，涉及机器学习、自然语言处理、计算机视觉等多个子领域。随着技术的进步，智能体的应用领域还在不断扩展，它们正在成为我们日常生活中不可或缺的一部分。

法律智能体是指专门针对法律领域的人工智能模型，它在通用人工智能的基础上，使用高质量的法律数据进行微调，以提高模型在法律问答、文本生成、案例分析等任务上的专业性和准确性。法律智能体能够理解和处理法律相关的事务，包括但不限于以下几个方面：

（1）法律咨询：法律智能体能够回答用户提出的法律问题，提供专业的法律建议和信息。

（2）法律知识检索：利用大模型推理优势，通过语义理解提高用户搜索的准确性和相关性，从海量法规和判例库中快速检索所需信息。

（3）文书生成：法律智能体可以根据用户的描述或上传的材料，结合专业模板定制化生成起诉状、答辩状等法律文书。

（4）案件分析与推理：法律智能体可以辅助分析案件，提供类似案例的判决结果，帮助法律专业人士或非专业人士进行案情分析与推理。

（5）法律教育与研究：法律智能体既可以作为法律教育的工具，帮助学生学习和理解法律概念，也可以辅助研究人员进行法律研究。

（6）自动化案件管理：在司法审判中，法律智能体可以处理日常琐碎事务，如记录庭审过程、整理并归档卷宗等，提高司法活动的效率。

随着人工智能技术的发展，法律智能体在法律领域的应用越来越广泛，它们正在逐渐成为推动法律行业智能化进步的核心力量。但是在 DeepSeek 出现之前，无论是搭建知识库，还是智能体，都不是一件容易的事，尤其是对于那些对人工智能技术不太熟悉的法律从业者而言，更是困难重重。

如今，你只需登录腾讯最新推出的 Ima.copilot 官网（https：//ima.qq.com/），就能够搭建属于自己的个人知识库。

因为腾讯已接入了 DeepSeek，再加上其自主开发的混元大模型，用户可以十分便捷地选择任意一个大模型，与上传到知识库内的信息进行对话和搜索。具体的使用方法将在本书第 7 章"DeepSeek 的法律实战案例"中详细阐述说明。

搭建属于自己的智能体同样也非常简单，登录抖音开发的 Coze 官网（https：//www.coze.cn/），创建智能体的名称，明确智能体的角色，配置好知识库即可完成。关于如何搭建的详细说明，可参见本书第七章"DeepSeek 的法律实战案例"。

由于搭建知识库和智能体都无需编程，且操作极为简便，所以不少律师已经在 ima 上发布了自己的法律知识库，在豆包和 Coze 上发布了自己的法律智能体和法律工作流，这为律师提升知名度创造了有利条件。

第四节　ChatGPT 催生 AI 律师和 AI 律所

未来的律师需要掌握 AI 技术，以增强竞争力。AI 律师需要熟练使用各种 AI 工具，高效处理各种法律业务，包括法律研究、案例分析、合同草拟和审核、数据分析、案件管理等工作。聪明的 AI 律师会同时使用几个 AI 系统和智能体，以辅助其工作，提高工作效率。

传统的律所是由众多律师组成的，而未来的律所将是由律师和无数"法律智能体"组成的 AI 律所。AI 律所可以创造成倍的经济效益。

在 AIGC 时代，ChatGPT 将作为辅助工具，帮助法官、检察官、律师、法学教师等法律专业人士提高工作效率。在 AI 时代，没有做不到的事情，只有你想不到的事情。但这也给法律人提出了更高的要求。首先，需要成为优秀的法律提示工程师，知道如何向 ChatGPT 提问题；其次，需要具备识别 ChatGPT 的输出是否正确的能力；最后，当 ChatGPT 的输出结果有误时，能够找到正确的答案。

尽管 ChatGPT 在法律领域的多样化应用令我们欣慰，但同时也必须指出，ChatGPT 提供的信息和建议不能替代专业法律意见。在处理法律事务时，仍需由具有相应资质的专业人士进行最终判断和决策。

第五节　ChatGPT 法律应用的风险防范

越来越多的法律人开始使用 ChatGPT 来提高工作效率，同时，一系列风险也不可避免地随之而来。比如，客户隐私、数

第三章 ChatGPT 在法律领域的应用与未来

据安全、知识产权，特别是版权保护的问题。法律人在使用 ChatGPT 时，应当采取如下的风险防范措施。以下是一些风险防范的指引。

了解数据隐私法规：确保法律人了解适用于客户数据的相关数据安全和隐私法规，如欧盟《通用数据保护条例》（GDPR）。对于国际律所，必须遵守涉及跨境数据传输的法律法规。

审查供应商隐私政策：如果法律人使用第三方提供的 ChatGPT 服务，务必审查供应商的隐私政策，确保供应商对客户数据的处理符合相关法律法规。

数据加密：对于客户敏感信息和隐私数据，采取数据加密措施以确保即使数据泄露，也无法直接访问敏感信息。

数据存储和保留：对客户数据进行妥善地存储和保留。在使用 ChatGPT 时，避免长时间将客户数据保留在系统中，尽快删除不再需要的数据。

匿名化处理：在使用 ChatGPT 进行案例分析和研究时，尽量避免使用带有直接可识别客户身份的信息，进行数据匿名化处理，以保护客户隐私。

监控和审计：建立监控和审计机制，定期检查 ChatGPT 系统的使用情况，确保系统被正确使用并且符合规定的数据安全和隐私标准。

保密协议：与供应商和其他合作伙伴签署关于 ChatGPT 使用的保密协议，确保对客户信息的保密义务得到约束。

应急计划：建立应急计划，以应对可能发生的数据泄露和安全漏洞风险，及时采取措施，减少潜在损害。

此外，ChatGPT 有时会一本正经地胡说八道。比如，输出的法条或案例看似正确，但实际上是由 ChatGPT 编造出来的，事实上这些信息根本不存在或是错误的信息。如果直接在法律文件中引用这些错误的信息,可能会承担相应的法律责任。

综上所述,法律人在使用 ChatGPT 时,保护客户信息安全和隐私至关重要。采取上述风险防范措施,可以使律所和律师在提高工作效率的同时,最大限度地降低潜在风险。

第四章

ChatGPT 的法律提示词与提示方法

本章全面介绍了 ChatGPT 的法律提示词和提示方法。首先阐释了提示词的定义，即它是用于引导思维、明确方向的关键词语。接着讲解了提示词的使用方法，强调其在组织思路、提升效率方面的作用。最后聚焦于法律领域，详细阐述如何撰写法律提示词，列举了撰写法律提示词的规则和技巧，旨在帮助读者在法律实践中精准运用提示词，在使用各种 AI 大模型时都能游刃有余，提升法律工作质量与效率。

> 提出一个问题往往比解决一个问题更重要。
> ——爱因斯坦

第一节　基本概念

提示词（Prompt）是我们用来与 ChatGPT 实现人机交互对话的语言。提示词是指用户在与 ChatGPT 进行交互时输入的文本信息，它可以是一个关键词、一个问题、一句话、一个问句、一个请求、一个陈述或者任何形式的对话内容。我们用这些提示词作为输入，ChatGPT 就可以理解用户的意图，并据此生成相应的、有意义的回复。

在 ChatGPT 的设计中，提示词不仅仅是简单的问题或指令，它们还包含了丰富的上下文信息，这些信息可能涉及特定的主题、情境、风格或者用户的情绪等。ChatGPT 通过先进的自然语言处理技术，对这些提示词进行解析和理解，然后基于其内部的知识和学习模型，生成自然、流畅且相关的回答。

一个好的提示词对于 ChatGPT 生成高质量回答至关重要，它应该是清晰、具体且相关的，这样 ChatGPT 才能更准确地捕捉到用户的意图，并提供满足用户需求的回答。同时，ChatGPT 也在不断学习和进步，通过不断地与用户的交互，优化其对提示词的理解和回答生成的能力。

对于法律人来说，学会用简单、清晰、明了的提示词提问就足够了。但是如果有一定的计算机基础，会使用 Python 的话，就可以再深入一步学习提示工程（Prompt Engineering）。

提示词和提示工程这两个概念之间既有区别又有联系。提示词是指用户向聊天机器人或人工智能模型提问或发出的具体指令是单一的输入实例，如问题、命令或陈述，目的在于获取相关的回复或执行某个任务。提示词是交互的基础，决定了ChatGPT如何理解和回应用户的需求。而提示工程则是优化这些提示词以获得最佳输出的过程和策略，旨在提高交互质量和效果。这涉及理解ChatGPT模型的工作原理，以及如何根据特定的用例精确地构建输入，使ChatGPT能够更有效地处理信息并产生更加准确或符合期望的输出。

法律人学习提示工程需要有Python基础，对人工智能科技感兴趣的法律人可以涉足这个领域，虽然有点烧脑，但它会使你与众不同。

虽然在自媒体上可以看到不少有关提示词的推文，但是涉及法律提示词的推文却相对较少，因为法律问题非常专业，非法律人士很难写出专业的法律提示词。法律涵盖的领域相当广泛，给每个领域写具有针对性的提示词实属不易。

法律是严谨的，所以提示词也必须严谨、清晰。法律人使用ChatGPT的效果如何，很大程度上取决于提示词的质量和提示的方法。提示词质量越高，提示的方法越好，ChatGPT输出的质量也就越高。法律人的经验越丰富，提示词的质量也就越高，提示的方法也就越好，也就更能让ChatGPT输出满意的结果。

第二节 提示的秘诀

你可以采用如下的方法进行提示：

（1）**扮演一个角色**：让ChatGPT扮演作家、财务顾问、客服、老师、律师、法官等角色，让它以专家的知识水平回答问题。

(2) 提供上下文：在向 ChatGPT 提问时，应尽量提供更多的上下文信息，如背景情况、相关信息和要求等，这样可以帮助 ChatGPT 更好地理解问题。

(3) 咨询明确的问题：尽量避免使用模糊或含糊不清的问题。提供明确的问题可以让 ChatGPT 更好地理解你的意图，并更快地为你提供答案。

(4) 尝试使用不同的表达方式：如果 ChatGPT 无法理解你的问题或无法提供答案，请尝试使用不同的表达方式或换个角度提问。

(5) 提示继续：可以用"继续"两字，连续提问，不用再重新输入问题，从而节省时间。如果输出受到字数限制，可以用"继续输出"解决。

(6) 纠错提示：如果你发现 ChatGPT 的回答错误时，可以提示错误，ChatGPT 可以立即修改，使答案更准确。

(7) 提供示例：在你的问题中加上示例可以让 ChatGPT 更容易理解你的想法。

(8) 形式和字数要求：例如，请以表格的形式生成学习计划，生成的推文字数不超过 500 字。

(9) 事实性问题：ChatGPT 不太适合对事实性问题的核证，因为它不是搜索引擎，而是生成式 AI，但是在定义问题上表现很好。

ChatGPT 是一个人工智能程序，虽然它很聪明，但它并不具有感知、情感和自我意识，所以需文明使用 ChatGPT，不要对其进行人身攻击和辱骂。

第三节　法律提示词和提示规则

　　法律是非常严谨的，因此法律提示词和提示方法有较高的专业性要求。律师在使用 ChatGPT 时，准备好合适的提示词和使用有效的提示方法可以获得更准确、有针对性的回答。如果对 ChatGPT 的回答或生成的内容不满意，可以不断修改提示词或调整提示方法，千万不要放弃。ChatGPT 具有很强的学习能力，你在不断地问，它也在不断地学习，它的回答和生成的内容也可能越来越好。以下是一些准备法律提示词的建议：

　　（1）**明确问题**：使用简洁明了的问题作为提示词，这有助于 ChatGPT 输出你想要的回答。例如："解释劳动法中的加班规定。"或者"我需要了解买卖合同纠纷的法律依据"。

　　（2）**具体案件**：如果有特定案件需要咨询，可以提供案件细节，以便 ChatGPT 更好地理解案情并提供相关法律意见。

　　（3）**法律概念**：使用特定法律概念或名词作为提示词，以获取关于某一法律概念的详细解释。例如："解释法定代表人的责任。"

　　（4）**法律条款**：如果希望了解特定法律条款的解释或应用，可以直接提供法律名称或关键词作为提示，以获取相关信息（使用时必须核证）。

　　（5）**法院判例**：如果想了解相关判例的内容，可以提供判例名称、关键词或案情摘要，以便 ChatGPT 解释相关判决或法律观点（使用时必须核证）。

　　（6）**法律程序**：如果需要了解法律程序、诉讼步骤等，可以向 ChatGPT 提问。例如，我需要了解离婚案例的诉讼程序。

　　（7）**法律分类**：如果需要了解某一法律领域的概述或基本

原则，可以指定特定的法律领域或分类，如"婚姻家庭法""知识产权法"等。

（8）**法律解释**：提出明确、具体的问题，请 ChatGPT 对其进行法律解释或分析。

（9）**逐步迭代**：如果 ChatGPT 的回答不够准确或完整，可以通过追加提示词或重新构造问题来进一步引导它提供更符合需求的回答。

（10）**问题细化**：分析问题时，提供更多背景信息和细节有助于 ChatGPT 提供更全面的回答。

（11）**多方面询问**：如果一个问题涉及多个方面，可以分开提问每个方面，以获得更具体的解释。

（12）**提取要素**：上传法律文件、合同等提取要素、事实、实体、实体关系，并生成摘要。

（13）**争议焦点**：上传法律文件归纳争议焦点，并做出预判。

（14）**纠正误解**：如果 ChatGPT 的回答与专业知识相悖，可以明确指出错误并提供正确信息，以帮助它更好地理解和学习。

（15）**查证信息**：ChatGPT 可能无法获取最新法律变化或特定地区的规定。在需要准确信息时，最好通过法律数据库、官方网站或与其他律师进行核实。

（16）**专业判断**：尽管 ChatGPT 可以提供法律信息，但最终的专业判断仍需要寻求专业人士的帮助。

（17）**隐私和机密性**：在与 ChatGPT 交流时，特别注意不要泄露任何敏感的客户信息或隐私数据。

总之，使用 ChatGPT 作为辅助工具时，应谨慎和专业，同时结合专业人士的法律专业知识，以便获得更好的法律支持和信息。根据不同的法律任务和场景可以有很多不同的提示词和提示方法，即便你是一个法律新手，但如果掌握了法律提示词的规则和方法即可事半功倍。本书的附录 2 法律提示词集根据法律任务提供了一些实用的法律提示词。

第四节　法律文件翻译

涉外律师经常会有大量法律文件需要翻译，而 ChatGPT 在各类法律文件的翻译中表现优秀。除了英文，它还能翻译很多其他语言。你可以用如下的提示词完成繁重的法律文件翻译工作。

（1）请将上传的中文法律文件翻译成英文。
（2）请将上传的英文法律文件翻译成中文。

最后，特别需要注意的是，由于 ChatGPT 的输出结果是通过概率分布随机抽取生成的，因此即使是同一个问题，ChatGPT 的每次输出结果也可能不同。这其实也不是什么坏事，因为它可以为我们提供多种方案、假设或选择，只是需要考验法律人对 ChatGPT 输出结果的识别、验证能力。

总之，提示词和提示方法多种多样，需要大家根据实际情况和自己的经验不断尝试。相信通过不断地实践，你可以成为使用 ChatGPT 的高手。

本章讲述的法律提示词与提示方法也可在 DeepSeek、文心一言、通义千问、Kimi、豆包等 AI 大模型上使用。

第五章

ChatGPT 的法律实战案例

本章通过真实案例展示 ChatGPT 在法律实务中的应用价值。为读者做了法律人使用 AI 指南,按律师工作流程和任务需求,用实战案例演示了 ChatGPT 的使用技巧,分享了笔者在使用时发现的 ChatGPT 的独特功能,还指出了 ChatGPT 的局限性。本章旨在为法律从业者提供可落地的 AI 应用方案和场景,既展现 AI 工具带来的巨大变革,也强调人机协作在法律专业服务中的不可替代性。

> 读书是学习，使用也是学习，而且是更重要的学习。
>
> ——毛泽东

本书中大多是用 ChatGPT 与 DeepSeek 做法律实战案例。由于近年来涌现出太多优秀的 AI 大模型和 AI 工具，无法一一地进行实战案例测试，而且即使是同一个法律问题在不同的 AI 大模型和 AI 工具上测试，输出的结果也会不相同，所以最好的方法可能是以提示词作为主线，用 ChatGPT 或选择一两个最合适的 AI 大模型和 AI 工具进行实战测试。只要掌握了提示词和提示方法，领会了实战技巧，就可以在任何一个 AI 大模型和 AI 工具上自如地完成给定的法律任务。

为了研发法律 AI 大模型，笔者开发了"小法博智能助手"，它可以在同一个界面上同时使用 ChatGPT、Claude 3.5 Sonnet、文心一言、通义千问和 DeepSeek。[1] 本章中的有关实战测试就是使用"小法博智能助手"上的 ChatGPT。"小法博智能助手"的功能主要包括：（1）法律聊天；（2）智能法条；（3）法律思维导图；（4）智能合同；（5）文档聊天；（6）图片证据；（7）AI+检索；（8）智慧法学院（在建）。如图 5-1 所示，左边是聊天记录，右边是法律提示词集。

---

[1]"小法博智能助手"可免费试用，有需要请联系微信公众号"法律实验室"。

图 5-1 "小法博智能助手"的界面

为了让大家能够更加直观地学习本章介绍的各种 AI 大模型的实战技巧，笔者在"法律实验室"微信公众号发布了实战操作的视频，大家可以观看学习，丰富学习的形式和感受。

第一节 法律工作流程和任务需求

在开始本章学习之前，最好先明确法律人的工作流程和任务需求，然后系统地按照如下的流程和任务做实战演示。笔者准备了法律工作流程和任务需求后，让 ChatGPT 对各项法律任务需求做了如下的详细说明：

（1）法律研究：

·法律法规检索：通过法律数据库或法律文献查找相关法律法规。

·案例检索：查找与当前案件类似的判例，分析其判决依据。

·法律研究报告：撰写详细的法律研究报告，提供法律依据和分析。

（2）法律咨询：

- 了解案情：与当事人沟通，详细了解案件的背景和事实。
- 回答问题：解答当事人关于法律问题的疑问。
- 分析利弊：分析案件的优劣势，提供专业意见。
- 发表初步意见：根据初步了解的情况，提出法律意见和建议。

（3）起草与审核合同：

- 选择合同模板：根据具体情况选择合适的合同模板。
- 起草、修改合同：根据实际需求起草或修改合同条款。
- 审核合同条款：仔细审核合同条款，确保其合法性和完整性。
- 合规审核：确保合同符合相关法律法规的要求。
- 风险提示：提示合同中可能存在的法律风险，提出规避建议。
- 最终合同文本：确认最终合同文本，确保各方签署。

（4）法律文件：

- 法律意见书：提供专业的法律意见，帮助当事人决策。
- 诉讼书：起草起诉状，明确诉讼请求和事实依据。
- 答辩状：针对对方的诉讼请求进行答辩，提出反驳意见。
- 其他文件：起草其他相关法律文件，如和解协议、授权委托书等。

（5）诉讼准备：

- 梳理案情：整理案件的事实和证据，形成完整的案情脉络。
- 归纳争议焦点：确定案件的主要争议点，集中精力进行准备。
- 法律依据：查找并整理支持当事人观点的法律依据。
- 诉讼策略：制定详细的诉讼策略，确保在庭审中占据有利位置。
- 案件预判：预判案件的可能结果，提前做好应对准备。

（6）开庭：

- 案情陈述：准备详细的案情陈述，确保在庭审中清晰表达。

· 双方辩论：准备辩论要点，针对对方的观点进行反驳。

· 质证策略：制定质证策略，确保证据的有效性和合法性。

· 应对法官讯问：准备应对法官可能提出的问题，确保回答准确。

· 应对判决结果：预判可能的判决结果，提前准备应对措施。

(7) 法律数据分析：

· 数据收集：收集相关的法律数据，包括判例、法规、合同等。

· 数据分类：对收集的数据进行分类，便于后续分析。

· 数据分析：使用统计和分析工具，对数据进行深入分析，找出规律和趋势。

· 数据分析报告：根据分析结果，生成可视化数据分析报告，提供决策支持。

(8) 法律市场开拓：

· 市场调研：进行法律市场调研，了解市场需求和竞争情况。

· 客户开发：开发潜在客户，建立客户关系。

· 服务推广：推广法律服务，提升品牌知名度。

· 客户维护：维护现有客户关系，提供持续的法律服务。

第二节　法律提示词及提示方法示例

虽然法律提示词和提示方法在第四章已经详细介绍过，但为了更好地融入上述法律工作流程和任务，本章再归纳总结一下，方便大家在日后的工作中使用。

一、法律检索及研究

（1）请提取所研究的法律领域中涉及的法律关键词和法律原则，并用表格按重要程度排序。

（2）请根据我描述的【案情】和提出的【法律问题】，检索关联度最高的法条、司法解释和案例［最高人民法院/高级人民法院/中级人民法院］。

（3）请根据上述检索结果出具一份【律师格式】的检索报告，该报告应该包括引用的法条、司法解释、判例和法律观点。

二、法律意见书

（1）请根据我描述的【案情】和提出的【法律问题】，从原告/被告的角度起草一份法律意见书。

（2）请根据我描述的【项目】或【交易】或【合同】，从甲方/乙方角度起草一份法律意见书。

三、起诉状/答辩状/仲裁申请书/答辩状

（1）请根据我描述的【案情】和提出的【法律问题】，给原告/被告起草一份起诉状/答辩状（参考 11 类民事案件要素式、格式化的起诉状、答辩状及示例）[1]。

（2）请根据我描述的【案情】和提出的【法律问题】，给申请人/被申请人起草一份仲裁申请书/答辩状（可以参考 11 类民事案件要素式、格式化的起诉状、答辩状及示例）。

---

[1] 最高人民法院、司法部和中华全国律师协会《关于印发部分案件民事起诉状、答辩状示范文本（试行）的通知》发布了 11 类常见多发的民事案件的起诉状、答辩状及其示例：（1）民间借贷；（2）离婚；（3）买卖合同；（4）金融借款合同；（5）物业服务合同；（6）银行信用卡；（7）机动车交通事故责任；（8）劳动争议；（9）融资租赁合同；（10）保证保险合同；（11）证券虚假陈述责任。

四、法官裁判思路与法理依据

（1）请根据我描述的【案情】和提出的【法律问题】，梳理法官对法律问题的观点和审理此类案件的思路及法理依据。

（2）请根据法官的观点和审理此类案件的思路及法律依据，出具一份【律师格式】的研究报告。

五、诉讼策略

（1）请根据我描述的【案情】和提出的【法律问题】，从原告/被告角度分析对方律师的证据、抗辩理由和法理依据。

（2）请根据我描述的【案情】和提出的【法律问题】，从原告/被告角度梳理争议焦点，制定诉讼策略。

（3）请根据我描述的【案情】和提出的【法律问题】，从原告/被告角度作出案件预判。

六、合同起草与审核

（1）请根据我提供的信息给买方/卖方起草一份【合同类型】的合同。

（2）请审核买方/卖方的【合同类型】，包括利弊、风险分析和修改意见。

（3）请用表格形式展示合同原稿和修改稿的对比。

七、外国法律研究

（1）请就涉外业务涉及的【外国法】中关于【问题】提供研究报告，包括但不限于概述、法律、法规、案例。

（2）请就涉外业务涉及的【外国法】中关于【问题】提供专业报告和学术文献。

八、法律文件翻译

（1）请将我上传的【法律文件】翻译成英文/法文/德文/

日文/或者其他几十种文字。

（2）请将【法律文件】的译文在其他 AI 大模型上对比，确保翻译准确。

第三节　律师 AI 大模型使用指南

笔者使用目前较流行的 AI 大模型，根据律师的工作流程和任务需求，分别做了律师 AI 大模型的使用指南。这些 AI 大模型输出的结果令我无比震撼，无论是结构、逻辑还是文字表达都做得非常好，而且速度之快，令人惊叹。更令我震撼的是，事先并没有告诉他们律师的工作流程和任务需求是什么。笔者选择了 Kimi 做《律师 AI 大模型使用指南》。

> 提示词：请按照律师的工作流程和任务需求，为律师制定一份使用 Kimi 的使用指南。
>
> Kimi：以下是按照律师的工作流程和任务需求制定的完整的《律师 Kimi 使用指南》：
> 一、律师 Kimi 使用指南概述
> Kimi 是一款强大的 AI 助手，能够为律师提供从法律研究、文书撰写、案件准备到庭审支持等全方位的辅助功能。通过合理利用 Kimi，律师可以显著提升工作效率，确保法律服务的专业性和准确性。
> 二、律师工作流程中的 Kimi 应用场景
> （一）案件咨询与初步评估阶段
> 1. 客户咨询解答
> ・功能：为客户提供初步的法律建议或解答。
> ・操作：向 Kimi 描述客户咨询的具体法律问题，提供相关背景信息。
> ・提问公式：针对客户咨询的问题，提供初步的法律建议。

• 示例：客户咨询关于合同违约的法律后果，可向 Kimi 提问："请根据合同法，针对合同违约的常见法律后果进行简要说明。"

2. 案件初步评估

• 功能：快速分析案件的基本情况，提供初步的法律分析。

• 操作：将案件的基本事实、争议焦点等信息提供给 Kimi。

• 提问公式：根据案件事实，提供初步的法律分析和可能的法律后果。

• 示例：对于一起交通事故责任纠纷案件，可向 Kimi 提问："根据交通事故责任认定的相关法律规定，结合以下案件事实，请分析事故双方的责任承担情况。"

（二）法律研究阶段

1. 法规检索

• 功能：快速查找和引用相关的法律法规。

• 操作：向 Kimi 提供案件涉及的具体法律领域或关键词。

• 提问公式：请提供与［具体法律领域或问题］相关的最新法律法规。

• 示例：需要了解关于知识产权侵权的最新法律规定，可向 Kimi 提问："请提供有关知识产权侵权的最新法律规定和司法解释。"

2. 案例检索与分析

• 功能：搜索和分析先前的案例以支持当前的法律论证。

• 操作：向 Kimi 提供案件相关的关键词或详细描述，要求其搜索并总结相关案例。

• 提问公式：请搜索并总结有关［具体法律问题］的典型案例。

• 示例：在处理一起劳动纠纷案件时，可向 Kimi 提问："请搜索并总结有关劳动纠纷中加班工资支付问题的典型案例。"

（三）法律文书撰写阶段

1. 文书草稿生成

• 功能：根据案件信息生成法律文书草稿，如起诉状、答辩状、法律意见书等。

• 操作：向 Kimi 描述案件的基本情况和所需的文书类型，提供相关事实和法律依据。

• 提问公式：根据以下案件信息，请帮我起草一份［起诉状/答辩状/法律意见书]。

・示例：需要起草一份离婚起诉状，可向 Kimi 提问："根据以下案件事实，包括双方婚姻状况、子女情况、财产分割要求等，请帮我起草一份离婚起诉状。"

2. 文书审核与优化

・功能：审核法律文书，指出可能的风险和问题，优化语言表达。

・操作：将需要审核的法律文书提供给 Kimi，要求其进行审核和优化。

・提问公式：请审核此法律文书，并指出可能的风险和问题，提出优化建议。

・示例：在起草一份商业合同后，可向 Kimi 提问："请审核此商业合同，并指出可能的风险和关键条款，提出优化建议。"

（四）合同审查与起草阶段

1. 合同审核

・功能：辅助审查合同条款，识别潜在风险和不利条款。

・操作：将合同文件提供给 Kimi，要求其识别关键条款和潜在风险。

・提问公式：请审核此合同，并指出可能的风险和关键条款。

・示例：需要审查一份房屋租赁合同，可向 Kimi 提问："请审核此房屋租赁合同，并指出可能的风险和关键条款。"

2. 合同起草

・功能：根据需求快速生成合同文本。

・操作：向 Kimi 描述合同的主体、目的、主要条款等内容，要求其生成合同文本。

・提问公式：根据以下合同主体和内容要求，请帮我起草一份合同。

・示例：需要起草一份技术服务合同，可向 Kimi 提问："根据以下合同主体和服务内容要求，请帮我起草一份技术服务合同。"

（五）案件准备与庭审阶段

1. 案件抗辩思路生成

・功能：根据对方提供的思路进行抗辩，生成案件抗辩思路。

・操作：向 Kimi 描述案件的基本情况和对方的主张或抗辩思路，要求其提供抗辩建议。

- 提问公式：在此案件中，针对对方的［主张/抗辩思路］，请提供抗辩建议。
- 示例：对方主张合同无效，可向 Kimi 提问："在此案件中，针对对方主张合同无效的抗辩思路，请提供抗辩建议。"

2. 模拟法庭辩论
- 功能：模拟法庭辩论中，扮演对方律师，帮助准备更全面的应对策略。
- 操作：描述案件情况和法庭辩论的目标，要求 Kimi 扮演对方律师，提供可能的论点和策略。
- 提问公式：在此案件中，请模拟对方律师可能提出的论点和辩论策略。
- 示例：在准备一场商业合同纠纷案件的庭审时，可向 Kimi 提问："在此案件中，我方主张对方违约，对方可能会提出哪些抗辩理由？请模拟对方律师的辩论策略，帮助我准备应对方案。"

3. 证据整理与分析
- 功能：帮助整理和分析案件证据，评估证据的合法性和证明力。
- 操作：将案件的证据材料提供给 Kimi，要求其对证据进行分类、分析，并提出建议。
- 提问公式：请对以下证据材料进行整理和分析，评估其合法性和证明力。
- 示例：在处理一起侵权案件时，可向 Kimi 提问："请对以下证据材料（如照片、视频、证人证言等）进行整理和分析，评估其合法性和证明力，并提出在庭审中如何有效展示这些证据的建议。"

4. 庭审策略制定
- 功能：根据案件情况和证据，制定庭审策略。
- 操作：向 Kimi 描述案件的整体情况、证据情况以及庭审目标，要求其提供庭审策略建议。
- 提问公式：根据案件情况和证据，请提供庭审策略建议。
- 示例：在准备一场刑事案件的庭审时，可向 Kimi 提问："根据案件事实、证据以及我方的辩护方向，请提供庭审策略建议，包括如何开场陈述、如何交叉询问证人等。"

(六) 法律文件翻译

1. 法律文件翻译

· 功能：将法律文件从一种语言翻译成另一种语言，确保翻译的准确性和专业性。

· 操作：将需要翻译的法律文件提供给 Kimi，指定目标语言，并说明是否需要对专业术语进行准确翻译。

· 提问公式：请将以下法律文件从［源语言］翻译为［目标语言］，并确保专业术语的准确性。

· 示例：需要将一份英文的合同翻译成中文，可向 Kimi 提问："请将以下英文合同翻译成中文，并确保专业术语的准确性。"

· 注意事项：

· 提供清晰的文件格式（如 TXT、PDF、Word 等）。

· 指定是否需要法律专业术语的校对和审核。

· 如果文件内容较长，可以分段提供，确保翻译的准确性和完整性。

三、使用 Kimi 的注意事项

1. 数据安全与保密

· 确保提供的案件信息和法律文件符合数据保护法规的要求。

· 避免在公共网络环境中使用 Kimi 处理敏感信息。

2. 准确性验证

· 虽然 Kimi 可以提供高效的辅助功能，但律师仍需对最终的法律意见、文书和翻译内容进行审核和验证，确保其准确性和合法性。

3. 合理利用

· Kimi 是一个工具，不能完全替代律师的专业判断。律师应根据实际情况合理利用 Kimi 提供的信息和建议。

四、总结

通过合理利用 Kimi，律师可以在案件咨询、法律研究、文书撰写、合同审查、庭审准备以及法律文件翻译等各个环节中提升工作效率和质量。希望这份指南能够帮助律师更好地发挥 Kimi 的辅助作用，为客户提供更优质、高效的法律服务。

第四节　法律实战案例及解析

在进入有趣、实用的法律实战案例及解析之前，笔者认为很有必要让 ChatGPT 来为我们回答一下困扰法律人的一些既是技术，又是法律伦理和哲学的问题吧，只有这样我们才能带着比较愉悦，而不是恐惧的心情沉浸于法律探索、实践的过程，并从中受益。

案例 1.

> 提示词：ChatGPT 会取代律师和法官吗？
>
> ChatGPT：关于 ChatGPT 是否会取代律师和法官的问题，目前来看还为时尚早。虽然人工智能在法律领域中有了显著的进展，但要完全取代律师和法官仍存在诸多挑战。以下是一些主要考虑点：
> 1. 技术限制
> 尽管 ChatGPT 可以处理和分析大量文本数据，但在法律实践中，许多案件都涉及复杂的法律判断和道德考量，这些是目前的 AI 难以完全胜任的。
> 2. 道德与伦理
> 法律执业涉及大量的道德和伦理问题。例如，如何在不同利益方之间做到公平，在法律条文之外还需要考量人情和社会公平，这些是机器很难掌握和执行的。
> 3. 法律复杂性
> 法律是一门涉及广泛且复杂的学科，需要对具体案例进行深入理解和专业分析。每一个案件都可能有其独特性，现阶段的人工智能还难以替代专业法律人士在这种环境中的角色。
> 4. 法律责任
> 现行的法律框架难以明确在 AI 参与的法律决策中如何分配责任。例如，

第五章　ChatGPT 的法律实战案例

一个由 AI 生成的法律建议或判决出了问题，谁应该为此负责？

5. 与人的互动

律师和法官不仅需要理解法律条文，还需要与客户、同行以及法庭内外部多方面进行复杂的交流与互动。这些技能涉及情商、谈判技巧等，这些也是 AI 目前无法完全模拟的。

总结

尽管人工智能在辅助法律工作上有巨大潜力，例如文档审阅、法律研究和简化行政事务等任务，但完全取代律师和法官的可能性还相对较低。未来，AI 更有可能作为一种强有力的辅助工具，以提高法律从业者的效率和准确性，而不是完全取代人的角色。

以上是对这一问题的基本分析，希望对你有所帮助！

案例 2.

提示词：ChatGPT 可以帮助律师和法官做什么？

ChatGPT：ChatGPT 在法律领域内有着广泛的应用潜力，特别是可以作为律师和法官的强力辅助工具。以下是一些具体的应用场景：

1. 法律研究与信息检索

ChatGPT 可以帮助进行法律条文、案例判决和学术论文的快速检索和整理，从而节省时间和降低研究工作负担。

2. 文档审阅与合规检查

AI 可以自动审阅合同、协议和其他法律文件，检查常见的合规问题、不一致之处，并提供初步的修改建议。

3. 草拟法律文书

ChatGPT 可帮助律师草拟各种法律文书，包括起诉状、答辩状、合同和备忘录等。这可以大大提高效率，尤其是在处理一些模板化或者规范化的文书时。

4. 法律咨询与初步建议

对于一些基础性、标准化的法律问题，AI 能够提供初步的法律建议，帮助客户解决简单问题或更好地理解其当前状况。

> 5. 案例分析与预测
> AI系统通过分析大量的历史案例,可以帮助律师预测某类案件的可能判决结果,从而在制定案件策略时获得更多的信息支持。
> 6. 工作流程自动化
> 例如时间管理、进度追踪和客户管理等日常任务,AI可以通过自动化工具帮助优化,提高整体工作效率。
> 7. 教育与培训
> AI也可以用于法律教育和培训,例如通过模拟案例来提高学生或初级律师的实战经验,帮助他们更好地理解复杂的法律概念和案例分析方法。
> 8. 客户沟通管理
> AI能通过自然语言处理技术回复客户的常见问题,筛选初步需求,为律师和法官省去许多重复性沟通的时间。
> 结论
> ChatGPT在律师和法官日常工作中的应用是广泛且多样的,可以显著提高工作效率、降低工作负担并优化决策过程。然而,它更适合作为辅助工具而非完全替代人类,仍需专业法律从业者的指导和把控,以确保最终结果的合法性和公正性。

案例 3.

> **提示词:法律人应该如何用 ChatGPT 提升自己的专业能力?**
>
> ChatGPT:以下是法律人如何利用 ChatGPT 提升专业能力的具体方法和建议:
> 1. 法律研究与信息获取
> a. 法律条文查询
> 法律人可以使用 ChatGPT 快速查询和理解法律条文,获取相关法律法规的最新信息。例如,询问 ChatGPT 某一法律条文的具体内容或解释,以便更好地理解和应用。
> b. 案例分析
> 利用 ChatGPT 查找和分析相关的法律案例,了解法院判决的依据和法

律适用情况。通过询问 ChatGPT 关于某类案件的典型案例和判决理由，可以帮助法律人更好地准备和处理类似案件。

c. 法律文书撰写

使用 ChatGPT 辅助撰写法律文书，如起诉状、答辩状、法律意见书等。ChatGPT 可以提供文书的结构和内容建议，提高文书的准确性和专业性。

2. 专业知识学习与更新

a. 法律知识更新

通过 ChatGPT 获取最新的法律动态和行业新闻，保持对法律领域的最新发展和变化的了解。询问 ChatGPT 最近的法律修订、重要判例或行业趋势，可以帮助法律人及时更新知识。

b. 专业培训与学习

利用 ChatGPT 获取推荐的法律书籍、课程和培训资源，制定个人学习计划。ChatGPT 可以提供关于某一法律领域的学习资源和建议，帮助法律人系统地提升专业知识。

3. 提高法律服务质量

a. 客户咨询与沟通

使用 ChatGPT 模拟客户咨询场景，练习如何有效地解答客户问题，提高沟通技巧。通过与 ChatGPT 进行模拟对话，法律人可以练习应对各种客户咨询，提高服务质量。

b. 案件管理与分析

利用 ChatGPT 辅助进行案件管理和分析，制定案件策略和计划。ChatGPT 可以提供案件分析的思路和建议，帮助法律人更好地管理和处理案件。

4. 提升法律写作与表达能力

a. 法律写作

使用 ChatGPT 练习法律文书写作，获取写作建议和反馈，提高法律文书的写作水平。法律人可以将自己的文书草稿提交给 ChatGPT，获取修改和优化建议。

b. 公众演讲与辩论

利用 ChatGPT 模拟辩论场景，练习法律辩论和公众演讲，提高表达能力和说服力。通过与 ChatGPT 进行模拟辩论，法律人可以提高自己的辩论技巧和演讲能力。

5. 提高法律技术应用能力

a. 法律科技工具

通过 ChatGPT 了解和学习最新的法律科技工具和应用，提高工作效率。询问 ChatGPT 关于法律科技工具的介绍和使用方法，可以帮助法律人更好地应用法律科技提升工作效率。

b. 数据分析与法律预测

利用 ChatGPT 进行法律数据分析和预测，辅助决策和案件管理。ChatGPT 可以提供数据分析的方法和预测模型，帮助法律人更好地进行案件分析和决策。

6. 提升跨领域知识水平

a. 跨领域学习

利用 ChatGPT 获取其他相关领域的知识，如金融、科技、管理等，提升综合能力。询问 ChatGPT 关于其他领域的基本知识和重要概念，可以帮助法律人拓宽知识面。

b. 综合问题解决

使用 ChatGPT 解决跨领域的综合问题，提高解决复杂问题的能力。通过与 ChatGPT 讨论跨领域的综合案例，法律人可以提高自己的综合分析和解决问题的能力。

总结

通过以上多种方式，法律人可以利用 ChatGPT 提升自己的专业能力，保持对法律领域的最新动态的了解，提高法律服务质量和工作效率。关键在于，法律人要灵活运用 ChatGPT 的强大功能，结合自身的实际需求，不断学习和进步。

案例 4.

提示词：ChatGPT 会给法律人带来什么样的机遇与挑战？

ChatGPT：ChatGPT 等人工智能技术在法律领域的应用，既带来了许多机遇，也提出了一些挑战。以下是一些主要的机遇和挑战：

机遇

1. 提高效率

· 文档审查：AI 可以快速审查大量法律文档，识别潜在风险和不一致之处，从而大大提高工作效率。

· 合同生成：自动生成标准化合同，减少重复性工作，使法律专业人员能够专注于更复杂的任务。

2. 提供即时法律咨询

· 24/7 服务：AI 可以提供全天候的法律咨询服务，回答常见的法律问题，减轻律师的工作负担。

· 初步咨询：为客户提供初步的法律建议，帮助他们了解基本的法律问题和解决方案。

3. 数据分析和预测

· 案件分析：通过分析大量历史案件数据，AI 可以预测案件的可能结果，帮助律师制定更有效的策略。

· 法律研究：快速检索和分析法律文献，提供相关的法律依据和案例支持。

4. 降低成本

· 减少人力成本：通过自动化处理一些重复性和低复杂度的任务，降低法律服务的成本。

· 提高客户满意度：提供更快速和高效的服务，提升客户体验和满意度。

挑战

1. 法律和伦理问题

· 责任归属：AI 提供的法律建议如果出现错误，责任如何归属是一个复杂的问题。

· 隐私和数据保护：处理敏感的法律信息时，如何确保数据的安全和隐私保护也是一个重要的挑战。

2. 技术局限性
• 理解复杂问题：尽管 AI 在处理简单和标准化任务方面表现出色，但在理解和处理复杂的法律问题时仍存在局限性。
• 准确性和可靠性：AI 的建议和分析结果的准确性和可靠性需要不断验证和改进。
3. 职业影响
• 工作岗位变化：AI 可能会替代一些重复性和低复杂度的法律工作，导致某些岗位的减少。
• 技能要求变化：法律专业人员需要掌握新的技术和技能，以便与 AI 协同工作，提升自身的竞争力。
4. 客户信任
• 信任问题：客户是否愿意接受 AI 提供的法律服务，信任 AI 的建议和分析结果，是一个需要逐步解决的问题。
• 人机协作：如何有效地实现人机协作，确保 AI 和法律专业人员的优势互补，是一个重要的课题。
总结
ChatGPT 等人工智能技术在法律领域的应用，既带来了提高效率、降低成本和提供即时服务的机遇，也带来了法律伦理问题、技术局限性、职业影响和客户信任等挑战。法律专业人员需要积极适应这些变化，掌握新的技术和技能，以便在 AI 时代继续提供高质量的法律服务。

以下根据法律工作流程和任务列举了相应的实战案例。

一、法律咨询

法律咨询是律师的一项非常重要的工作，律师需要准确、快速地回答当事人提出的各种问题，从而获得当事人的信任和委托。你会遇到形形色色的当事人，他们会提出各种各样的问题，有些是你熟悉的法律问题，有些则是陌生的。给当事人的法律咨询意见是否专业，关乎律师的专业水平和是否会得到当事人委托。在这方面，人工智能无疑是一个非常好的助手和第二大脑。它可以专业、快捷地为当事人提供法律意见，即使是在你不太熟悉的法律领域。人工智能的日益普及，使很多当事人已经有人工智能助手了，律师的优势是拥有专业知识，能帮助你向人工智能提出专业的问题，从而让人工智能输出最专业的法律咨询意见。下面是一个比较复杂的股权纠纷案件的法律咨询问题。

案例 1.

> 提示词：甲乙双方因商业纠纷，导致乙方提出退股。甲乙双方对如何进行股权估值？如何退股？无法达成一致意见。为此，乙方向律师咨询如何处理。请从乙方角度进行分析，并为乙方提出可行的解决方案。

> ChatGPT：乙方在提出退股时，需要对企业的估值、股份的价值以及退股的具体条款进行详细的规划和谈判。在无法达成一致的情况下，为乙方提供以下分析和可行方案：
>
> 分析
>
> 1. 估值方法不同
>
> 甲乙双方对企业价值的评估可能采用不同方法，从而得出不同的估值结果。常用的估值方法包括：
>
> - 市场法：基于市场上类似公司的估值进行对比。
> - 资产法：以公司的净资产价值为基础进行估值。
> - 收益法：基于未来预期收益的折现值进行估值。
>
> 2. 股份价值分歧
>
> 在估值基础上，双方对股份的具体价值也可能有不同的看法。这可能源于对企业未来发展、收入、支出以及风险的不同预期。
>
> 3. 退股条款
>
> 退股条款包括退股价格的支付方式、支付时间、何时生效等，尚未达成一致。
>
> 4. 情感和信任因素
>
> 商业纠纷可能已影响甲乙双方的信任和感情，进一步加大了达成共识的难度。

解决方案
方案1：聘请独立第三方评估机构
步骤：
1. 甲乙双方共同聘请一个独立的第三方评估机构，对公司进行全面的资产、市场和收益评估。
2. 根据评估结果，达成公司整体估值和股份价值的共识。
3. 确定退股条款，包括支付方式（一次性支付还是分期支付）、支付时间、股份移交时间等。

优点：
- 客观公正，能缓解双方的矛盾。
- 专业评估机构的介入，有助于做出精准的评估。

缺点：
- 评估时间较长，费用较高。

方案2：协商设定一个折中价格
步骤：
1. 双方先提出各自的估值，并相互交换意见。
2. 确定一个双方可以接受的折中价格，基于这个折中价格进行退股。
3. 确定具体的退股条款，如支付方式和时间。

优点：
- 避免长时间争议，快速解决退股问题。
- 减少第三方费用。

缺点：
- 需要双方进一步妥协与沟通。
- 可能需要较多轮的谈判。

方案3：协商引入仲裁或诉讼
步骤：
1. 如果双方无法通过协商和第三方评估达成一致，约定将争议提交仲裁或诉讼解决。
2. 通过法律途径对公司的估值和股份退股条款作出裁决。

优点：
- 有法律保障，结果具有强制执行力。
- 通过法律途径解决，减少主观因素影响。

缺点：
- 费用高，时间长。
- 过程复杂，双方关系可能进一步恶化。

方案 4：分期支付方案

步骤：
1. 双方可以就退股款项采取分期支付的方式，减少对公司的财务压力。
2. 确定合理的支付周期和利息，根据分期支付的具体条件达成一致。

优点：
- 减轻一次性支付的财务负担。
- 提高方案的操作性和接受度。

缺点：
- 乙方在得到全部退股款之前需继续承担公司的相关风险。

方案 5：设定退股协议保护条款

步骤：
1. 乙方退股时要求加入额外的保障条款，如违约金、额外赔偿等。
2. 明确各方的法律责任，以避免未来可能发生的纠纷。

优点：
- 增加谈判的筹码。
- 提供进一步保障，防止甲方违约。

缺点：
- 需要双方达成一致并明确保护条款的合理性。

总结

乙方应根据实际情况选择或组合使用上述方案，确保退股过程中的公平性和可操作性，具体步骤如下：

1. 初步讨论：与甲方进行初步讨论，提出自己的估值方案和具体退股条款，并听取甲方的意见，双方试图通过协商达成一致。
2. 引入第三方评估机构：如初步讨论无法达成一致，可建议引入独立第三方评估机构，共同承担评估费用，进行客观公正的公司估值。
3. 提出折中方案：根据评估结果或双方的初步估值，提出一个折中方案，包括分期付款、调整时程和加入保护条款等。
4. 法律/仲裁途径准备：如果协商仍未有结果，建议准备好法律诉讼和仲裁的相关文件和证据，以便正式通过法律途径解决争议。
5. 保护自身权益：在方案谈判和协议签订过程中，乙方应确保其法律权益受到充分保护，并准备好法律顾问陪同，以确保在合约条款上无纰漏。
通过上述步骤和措施，乙方可以更有策略地进行退股谈判，保护自身权益，并尽快解决目前的纠纷。

案例 2.

提示词：北京地区法院对于到达法定退休年龄，但因为用人单位未缴纳社保导致劳动者未能享受养老保险待遇，应该如何处理？请提供法律规定和类案判决。

ChatGPT：关于北京地区法院对于达到法定退休年龄，但因为用人单位未缴纳社保导致劳动者未能享受养老保险待遇的处理，一般会从以下几个法律依据和已有相关案例来分析：

法律规定
1.《劳动法》[1]
第72条规定，用人单位和劳动者必须依法参加社会保险，缴纳社会保险费用。
2.《社会保险法》
第58条规定，用人单位应当为其职工缴纳社会保险费，而任何单位和个人不得擅自减免社会保险费。

---

[1] 本书中所引用的中国法律法规，为行文方便，省略"中华人民共和国"字样。ChatGPT等人工智能引用的法律法规等的名称，以及法条和案例存在不完整或不准确的情况，请务必核实后使用，本书不作纠正。

3. 《最高人民法院关于审理劳动争议案件适用法律若干问题的解释（三）》
第 9 条规定，用人单位未依法缴纳社会保险费，劳动者要求用人单位按应缴社会保险费的数额补偿其损失的，人民法院应予支持。
处理方式
1. 追缴社保费用：法院可能会责令用人单位补缴未缴纳的社保费用，包括养老保险费用。
2. 经济补偿：如果补缴社保仍不能使劳动者享受应有的养老待遇，劳动者可以要求用人单位进行经济补偿，具体金额通常以未缴社保费的总额为基础进行判断。
类案判决
案例一：北京某食品公司与其员工社保纠纷案
在该案中，某员工于达到退休年龄后发现公司未为其缴纳社会保险。法院判决公司应当承担补缴责任，并需对因此造成的损失予以经济补偿。法院认定员工有权要求公司补缴社保费用，并根据《劳动法》和《社会保险法》要求公司进行相应的经济赔偿。
案例二：北京某建筑公司与员工工伤赔偿纠纷案
该案涉及一名较早达到退休年龄后因工伤导致再就业困难的工人。判决书中明确企业未履行缴纳社保义务属于违法行为，法院支持劳动者要求企业补缴社保费用并赔偿相关损失的诉求。
总结
北京地区法院在此类案件中的处理原则是要求用人单位补缴未缴纳的养老保险费用，并可能额外判定经济赔偿以补偿劳动者未能按时享受养老保险待遇造成的损失。这符合劳动保护原则，确保劳动者的合法权益得到有效保障。
具体案件的判决依赖于详细事实和证据，劳动者在维权时建议咨询专业法律人士或律师，以确保自身权益的有效维护。上述法律规定和类案判决须核实是否准确。

二、法律研究

在开始一项法律研究之前，知道你所研究的法律领域中的问题、关键词和法律原则很重要，可以让你的法律研究事半功倍，而 ChatGPT 是法律研究的好助手。

案例 1.

> 提示词：我是一名刚入行的年轻律师，我需要做知识产权方面的法律研究，请列举这个领域的 15 个中英文对照的关键词，并按重要程度用表格形式列举。

ChatGPT：好的，以下是知识产权领域的 15 个中英文对照关键词，并按重要程度排列：

序号	关键词（中文）	关键词（英文）
1	专利权	Patent Rights
2	商标权	Trademark Rights
3	版权	Copyright
4	商业秘密	Trade Secrets
5	知识产权侵权	Intellectual Property Infringement
6	专利申请	Patent Application
7	商标注册	Trademark Registration
8	著作权登记	Copyright Registration
9	知识产权许可	Intellectual Property Licensing
10	知识产权保护	Intellectual Property Protection
11	集成电路布图设计	Integrated Circuit Layout Design
12	国际知识产权条约	International Intellectual Property Treaties
13	知识产权诉讼	Intellectual Property Litigation

续表

序号	关键词（中文）	关键词（英文）
14	反不正当竞争	Unfair Competition
15	技术转移与技术交易	Technology Transfer and Transactions

这些关键词涵盖了知识产权法的大部分重要领域和基本概念，供你在法律研究中参考。

案例 2.

提示词：请用表格形式列举知识产权法领域 15 个主要的法律原则。

ChatGPT：当然可以，以下是知识产权法领域的 15 个主要法律原则：

序号	法律原则（中文）	法律原则（英文）
1	保护知识产权原则	Principle of Protection of Intellectual Property
2	激励创新原则	Principle of Encouraging Innovation
3	公平竞争原则	Principle of Fair Competition
4	依法保护原则	Principle of Legal Protection
5	权利与义务相一致原则	Principle of Correspondence Between Rights and Obligations
6	保护公共利益原则	Principle of Public Interest Protection
7	禁止滥用权利原则	Principle of Prohibition of Abuse of Rights
8	完整性和原作者权利保护原则	Principle of Integrity and Protection of Moral Rights
9	国际合作原则	Principle of International Cooperation

序号	法律原则（中文）	法律原则（英文）
10	法律救济原则	Principle of Legal Remedies
11	法律适用原则	Principle of Legal Application
12	合理使用原则	Principle of Fair Use
13	诚实信用原则	Principle of Good Faith
14	科技成果转化促进原则	Principle of Promotion of Technological Achievement Commercialization
15	权利人权益平等保护原则	Principle of Equal Protection of Rights Holder's Interests

这些原则能够帮助你更好地理解和应用知识产权法，指导实践中的法律行为，并保障知识产权法的公平和有效执行。

你还可以让 ChatGPT 逐条解释上述法律原则、法律依据和典型案例，使你的法律研究任务如虎添翼。在此基础上，你可以让 ChatGPT 辅助你进行一个具体的案件研究和分析，并出具一份完整的法律研究报告。现在让我们开始用 ChatGPT 做一个实际的案件法律研究，并生成一份专业的法律研究报告。

案例 3.

提示词：请按律师使用的格式和用语，就知识产权领域几个最具争议性的法律问题及相关的法律、法规、司法解释、典型案例出具一份法律研究报告。

ChatGPT：如下是我们按照律师要求的格式和律师的语言出具的法律研究报告：

专业法律研究报告

报告主题：知识产权领域的争议性法律问题研究

报告日期：[日期]

报告撰写人：[律师姓名]

一、引言

本报告旨在研究知识产权领域中几个最具争议性的法律问题，并分析相关的法律、法规、司法解释和典型案例。通过对这些问题的深入探讨，为律师在处理知识产权案件时提供参考和指导。

二、专利权的有效性和侵权问题

1. 争议性问题

· 专利权的有效性：专利是否符合新颖性、创造性和实用性的要求。

· 专利侵权：如何确定是否构成专利侵权，特别是在技术复杂的情况下。

2. 相关法律、法规和司法解释

· 《专利法》：规定了专利权的授予条件、专利权的保护范围和专利侵权的法律责任。

· 《专利法实施细则》：对专利法的具体实施作出详细规定。

· 《最高人民法院关于审理专利纠纷案件适用法律问题的若干规定》：对专利侵权的认定和处理作出具体解释。

3. 典型案例

· "伟哥"专利案：涉及辉瑞公司对其"伟哥"药物的专利权保护，讨论了专利的新颖性和创造性。

· 苹果公司与三星公司的专利侵权案：涉及智能手机技术专利的侵权问题，讨论了专利权的保护范围和侵权认定。

三、商标权的保护与侵权

1. 争议性问题

· 商标权的保护范围：如何确定商标的显著性和独特性。

· 商标侵权：如何认定商标侵权，特别是在商标相似度和混淆可能性方面。

2. 相关法律、法规和司法解释
- 《商标法》：规定了商标注册、使用和保护的基本原则。
- 《商标法实施条例》：对商标法的具体实施作出详细规定。
- 《最高人民法院关于审理商标民事纠纷案件适用法律若干问题的解释》：对商标侵权的认定和处理作出具体解释。

3. 典型案例
- "乔丹"商标案：涉及迈克尔·乔丹对中国企业使用"乔丹"商标的诉讼，讨论了商标的显著性和混淆可能性。
- "红牛"商标案：涉及红牛饮料公司对其商标权的保护，讨论了商标的独特性和侵权认定。

四、著作权的保护与侵权

1. 争议性问题
- 著作权的保护范围：如何确定作品的独创性和著作权的归属。
- 著作权侵权：如何认定著作权侵权，特别是在数字环境下的侵权问题。

2. 相关法律、法规和司法解释
- 《著作权法》：规定了著作权的保护范围、权利内容和侵权责任。
- 《著作权法实施条例》：对著作权法的具体实施作出详细规定。
- 《最高人民法院关于审理著作权民事纠纷案件适用法律若干问题的解释》：对著作权侵权的认定和处理作出具体解释。

3. 典型案例
- "百度文库"著作权侵权案：涉及百度文库平台上用户上传的作品是否构成著作权侵权，讨论了平台责任和著作权保护。
- "周杰伦歌曲"著作权案：涉及周杰伦对其歌曲著作权的保护，讨论了作品的独创性和侵权认定。

五、商业秘密的保护与侵权

1. 争议性问题
- 商业秘密的保护范围：如何确定信息是否构成商业秘密。
- 商业秘密侵权：如何认定商业秘密侵权，特别是在员工离职后的侵权问题。

2. 相关法律、法规和司法解释
- 《反不正当竞争法》：规定了商业秘密的保护和侵权责任。
- 《最高人民法院关于审理侵犯商业秘密民事案件适用法律若干问题的规定》：对商业秘密侵权的认定和处理作出具体解释。

3. 典型案例
- "华为与中兴"商业秘密案：涉及华为公司对中兴公司侵犯其商业秘密的诉讼，讨论了商业秘密的保护范围和侵权问题。
- "摩托罗拉与前员工"商业秘密案：涉及摩托罗拉公司对前员工侵犯其商业秘密的诉讼，讨论了员工离职后的商业秘密保护问题。

六、互联网和数字版权保护

1. 争议性问题
- 数字版权的保护范围：如何在互联网环境下保护数字作品的版权。
- 数字版权侵权：如何认定数字版权侵权，特别是在流媒体和文件共享平台上的侵权问题。

2. 相关法律、法规和司法解释
- 《著作权法》：对数字作品的版权保护作出规定。
- 《信息网络传播权保护条例》：对互联网环境下的版权保护作出详细规定。
- 《最高人民法院关于审理涉及计算机网络著作权纠纷案件适用法律若干问题的解释》：对数字版权侵权的认定和处理作出具体解释。

3. 典型案例
- "优酷与爱奇艺"数字版权案：涉及优酷和爱奇艺对数字版权的保护和侵权诉讼，讨论了流媒体平台上的版权保护问题。
- "迅雷与版权方"数字版权案：涉及迅雷平台上的文件共享是否构成版权侵权，讨论了平台责任和数字版权保护问题。

七、结论

通过对上述争议性问题及相关法律、法规、司法解释和典型案例的研究，可以看出知识产权领域的复杂性和多样性。律师在处理知识产权案件时，应当深入理解相关法律规定，结合具体案例进行分析，以提供专业和全面的法律服务。

> 报告撰写人：[律师姓名]
> 律师事务所：[律师事务所名称]
> 报告日期：[日期]

案例 4.

当你想找到一些正在处理案件的类案，而案例库中未找到相似度很高的类案时，怎么办？我们可以用 AI 模拟几个相似度较高的类案，这些类案不是真实存在的案例，对开阔办案思路会有所帮助，但也可能会产生法律伦理问题。

> 提示词：你是人工智能方面的法律专家，由于无人驾驶领域尚未颁布有关的法律、法规，因此也没有类似的判例。但是我作为律师需要知道这样的案件应该如何处理？请根据你的经验，在法律空白的情况下，模拟一个公正、合理的判决，供我参考。案情是：一辆无人驾驶小汽车在行驶途中突然撞到了前面行驶的小汽车，造成前面的小汽车损毁和驾驶员受伤的交通事故。

> ChatGPT：这是我根据你的要求和案情作出的模拟判决，供你参考。
> 模拟判决书
> 案件编号：[案件编号]
> 审理法院：[法院名称]
> 审判日期：[日期]
> 原告：张三
> 住所地：[原告地址]
> 联系方式：[联系方式]
> 被告：无人驾驶汽车公司
> 住所地：[被告地址]
> 法定代表人：[法定代表人姓名]
> 联系方式：[联系方式]

案情简介

原告张三驾驶的小汽车在正常行驶过程中,被一辆无人驾驶小汽车追尾,导致原告车辆损毁,原告本人受伤。无人驾驶小汽车由被告无人驾驶汽车公司研发和运营。事故发生时,无人驾驶小汽车处于自动驾驶模式,车内乘客未进行任何干预。

争议焦点

1. 无人驾驶汽车公司是否应对事故承担责任?
2. 原告的损失应如何赔偿?

法院意见

一、无人驾驶汽车公司的责任

尽管无人驾驶领域尚未颁布具体的法律法规,但根据现有的法律原则和技术发展现状,法院认为无人驾驶汽车公司应对其产品的安全性和可靠性负责。

根据《民法典》第1198条的规定,产品生产者应当对其产品存在的缺陷造成他人损害承担侵权责任。无人驾驶汽车作为一种新兴技术产品,其生产者应当确保其在正常使用情况下的安全性。

在本案中,无人驾驶汽车在行驶过程中发生追尾事故,初步认定该事故是由于无人驾驶系统未能及时识别和处理前方车辆的情况所致。因此,无人驾驶汽车公司应对事故承担全部责任。

二、损失赔偿

根据《民法典》第1183条的规定,侵权人应当赔偿受害人的财产损失和人身损害。在本案中,原告张三的损失包括车辆损毁和人身伤害。

1. 车辆损毁赔偿:根据车辆维修费用和贬值损失计算。
2. 人身伤害赔偿:包括医疗费、误工费、护理费、交通费等。

无人驾驶汽车公司应全额赔偿原告张三的损失。

判决结果

1. 被告无人驾驶汽车公司应赔偿原告张三车辆损毁和人身伤害的损失,共计人民币[具体金额]元。
2. 案件受理费由被告无人驾驶汽车公司承担。

> 判决依据
> · 《民法典》第 1198 条、第 1183 条。
> 结语
> 本判决旨在根据现有法律原则和技术发展现状，公正合理地解决无人驾驶汽车事故中的责任问题。希望相关立法机构尽快制定无人驾驶领域的法律法规，以更好地规范和保障无人驾驶技术的发展和应用。
> 审判长：[审判长姓名]
> 审判员：[审判员姓名]
> 书记员：[书记员姓名]
> 日期：[日期]
> 以上模拟判决书仅供参考，具体法律问题请咨询专业人士。

案例 5.

> 提示词：请给我做如下这份法律文件的分词、词频统计，并给出频次最高的 5 个关键词。
> 充分认识发布民事起诉状、答辩状等示范文本的重要意义，做好应用及宣传工作。制作起诉状、答辩状是当事人参与诉讼程序的第一道关口，也是实现庭审优质化的前端要件，直接关系到人民群众诉讼权利的保障和实现，关系到人民法院解决纠纷的质量和效率。此次发布的起诉状、答辩状示范文本，坚持问题导向，针对常见多发的民事纠纷类型，为当事人起诉、答辩提供规范全面的诉讼指引，方便人民群众聚焦诉讼请求、争议问题、事实理由，有针对性地提供诉讼材料，回应人民群众对于司法审判质效的更高需求，加快推进司法审判工作现代化。各级人民法院、司法行政机关和各律师协会要提高政治站位，充分认识起诉状、答辩状规范化工作的价值取向、重要作用，做好应用及宣传工作，通过为人民群众提供优质高效的诉讼服务，实现"公正与效率"工作目标，不断提升人民群众司法获得感和满意度。

> ChatGPT：根据给定的文本，出现频次最高的 5 个关键字及其频次如下：
> 1. 起诉状（4次）
> 2. 答辩状（4次）
> 3. 诉讼（4次）
> 4. 人民群众（3次）
> 5. 实现（3次）
> 这些关键词在文本中多次出现，反映了文本的主要内容和重点。

我们在做法律研究和法律文件分析时，如果能够快速地抓取文件中出现频次最高的关键词，将有助于锁定核心要点。虽然可以用 Python 完成这个任务，但还是需要写好几行代码，而 ChatGPT 只用一个提示词即可完成，非常快捷，是法律研究和法律文件分析的好方法。我们在 ChatGPT、Kimi、文心一言、DeepSeek 上做了同样的测试，ChatGPT 给出的 5 个关键词的词频最为准确。

三、合同起草和审核

合同起草和审核是很多律师经常做的工作，耗时费力，还难免出现各种错误。用 AI 做合同起草和审核不仅可以事半功倍，还可以帮助你发现合同中的错误，并提出不错的修改意见。让我们做一下实战练习。

案例 1.

> 提示词：你是一位资深的合同法律师，请根据民法典用表格列举合同类型。

ChatGPT：当然可以，这是我根据民法典列举的合同类型表格。

序号	合同类型	描述
1	买卖合同	涉及商品或服务的买卖，规定买方和卖方的权利和义务。
2	供用电、水、气、热力合同	涉及电力、水、燃气、热力的供应和使用。
3	赠与合同	一方无偿将财产赠与另一方，并规定赠与的条件和方式。
4	借款合同	一方借款给另一方，并规定还款条件和利息。
5	保证合同	一方为另一方的债务提供担保，规定担保的条件和责任。
6	租赁合同	包括房屋租赁合同、设备租赁合同等，规定出租人和承租人的权利和义务。
7	融资租赁合同	出租人根据承租人的要求购买租赁物，并将其出租给承租人使用，承租人支付租金。
8	保理合同	保理商为债权人提供应收账款的融资、管理、催收等服务。
9	承揽合同	承揽人按照定作人的要求完成工作，交付工作成果，定作人支付报酬。
10	建设工程合同	涉及建筑工程的设计、施工等，规定承包方和发包方的权利和义务。
11	运输合同	涉及货物或人员的运输，如货物运输合同、旅客运输合同等。

第五章　ChatGPT 的法律实战案例

续表

序号	合同类型	描述
12	技术合同	涉及技术开发、转让、咨询等，如技术开发合同、技术转让合同等。
13	保管合同	一方将财物交给另一方保管，并规定保管的条件和责任。
14	仓储合同	仓储人保管存货人交付的货物，存货人支付仓储费用。
15	委托合同	一方委托另一方处理事务，如代理合同、托运合同等。
16	行纪合同	行纪人以自己的名义为委托人从事贸易活动，委托人支付报酬。
17	中介合同	中介人向委托人报告订立合同的机会或者提供订立合同的媒介服务，委托人支付报酬。
18	物业服务合同	物业服务企业根据业主的委托，提供物业管理和服务，业主支付相应费用。
19	合伙合同	合伙人之间的合同，规定合伙企业的经营管理、利润分配等。

希望这个合同类型表格对你有所帮助！如果你有任何其他问题或需要进一步的解释，请随时告诉我。

案例 2.

提示词：作为一名合同法律师，在起草和审核合同时应该掌握哪些合同法原则？

ChatGPT：作为一名合同法律师，在起草和审核合同时，应该掌握以下法律原则：

1. 合同自由原则：各方当事人有权根据自己的意愿订立合同，只要不违反法律、行政法规的强制性规定，不损害社会公共利益。
2. 合同公平原则：合同条款应当公平合理，不能存在显失公平的条款，尤其是在格式合同中。
3. 诚实信用原则：合同当事人在订立和履行合同过程中应当遵循诚实信用原则，不得欺诈、隐瞒重要事实或故意误导对方。
4. 合同相对性原则：合同的权利义务一般只对合同当事人具有约束力，不影响第三方。
5. 合同履行原则：合同一旦成立并生效，当事人应当按照合同约定全面履行自己的义务。
6. 合同变更和解除原则：合同的变更和解除应当依照合同约定或法律规定进行，不能单方面随意变更或解除合同。
7. 合同解释原则：合同条款有争议时，应当按照合同的真实意思进行解释，必要时可以参考交易习惯和相关法律规定。
8. 合同无效和可撤销原则：违反法律、行政法规的强制性规定或损害社会公共利益的合同无效；因重大误解、显失公平等原因订立的合同可以撤销。
9. 合同违约责任原则：当事人不履行合同义务或履行合同义务不符合约定的，应当承担违约责任，包括但不限于继续履行、采取补救措施或赔偿损失。
10. 合同担保原则：为确保合同的履行，当事人可以约定担保条款，如保证、抵押、质押等。
11. 合同争议解决原则：为合同当事人在发生争议时提供明确的解决途径和方法，以确保争议能够得到及时、公正和有效的解决。

掌握这些法律原则，有助于合同法律师在起草和审核合同时，确保合同的合法性、公平性和可操作性，保护当事人的合法权益。

案例 3.

> 提示词：作为一名合同法律师，在起草和审核合同时，有哪些重要条款需要特别关注？

ChatGPT：作为一名合同法律师，在起草和审核合同时，需要特别关注一些重要条款，以确保合同的全面性、合法性和可操作性。以下是一些关键条款及其注意事项：

1. 合同主体条款
- 明确合同各方的名称、地址和联系方式，确保合同主体的合法性和签约权限。
- 核实签约代表的身份和授权情况，确保签约行为的有效性。

2. 合同标的条款
- 详细描述合同标的，包括产品、服务或权利义务的具体内容，避免模糊不清。
- 明确合同标的的数量、质量、规格和技术标准，确保各方对合同标的有一致的理解。

3. 价格和支付条款
- 明确合同的总价和单价，以及价格的计算方法。
- 规定支付方式、支付时间和支付条件，如分期付款、预付款、尾款等。
- 约定支付的货币和汇率（如适用），特别是在国际合同中。

4. 履行条款
- 明确合同履行的时间、地点和方式，确保各方对履行义务有明确的预期。
- 规定交付、验收和确认的程序，确保履行过程的透明和可追溯。

5. 风险承担条款
- 明确风险转移的时间和条件，如货物交付时风险转移。
- 规定各方在风险事件发生时的责任和义务，如保险责任、损失赔偿等。

6. 违约责任条款
- 明确违约行为的定义和认定标准，如迟延履行、不履行或履行不符合约定。
- 规定违约责任的承担方式，如继续履行、采取补救措施或赔偿损失。
- 约定违约金或损害赔偿的计算方法，确保违约责任的可操作性。

7. 合同变更和解除条款
- 规定合同变更的条件和程序，如需双方书面同意。
- 明确合同解除的条件和程序，如提前通知、解除通知的送达方式等。
- 约定合同解除后的责任和义务，如结算、退还预付款等。

8. 不可抗力条款
- 定义不可抗力事件的范围，如自然灾害、战争、政府行为等。
- 规定不可抗力事件发生时的通知义务和处理方式，如暂停履行、部分履行或解除合同。
- 明确不可抗力事件后的责任和义务，如损失分担、恢复履行等。

9. 保密条款
- 明确保密信息的范围，如商业秘密、技术资料、客户信息等。
- 规定各方的保密义务和保密期限，确保保密信息的安全。
- 约定违反保密义务的责任和赔偿，如违约金、损害赔偿等。

10. 争议解决条款
- 选择争议解决方式，如协商、调解、仲裁或诉讼。
- 明确争议解决机构和管辖法院，如仲裁机构的名称、仲裁地点和仲裁规则。
- 约定适用法律，特别是在国际合同中，适用法律的选择尤为重要。
- 规定争议解决的程序和时效，确保争议能够在合理的时间内得到解决。

11. 合同生效条款
- 明确合同的生效条件，如签字盖章、审批、登记等。
- 规定合同的生效时间，确保各方对合同的生效有一致的理解。

12. 附加条款
- 解释权条款：规定合同条款的解释权，避免争议。
- 通知条款：规定通知的送达方式和送达地址，确保通知的有效性。
- 补充协议条款：规定补充协议的效力，确保补充协议与主合同的一致性。

> 通过特别关注这些重要条款，合同法律师能够确保合同的全面性、合法性和可操作性，最大限度地保护当事人的合法权益。

案例 4.

> 提示词：请帮助我从买方的角度起草一份化妆品买卖合同。

ChatGPT：当然，以下是一份从买方角度起草的化妆品买卖合同模板。请根据具体情况进行修改和补充。

化妆品买卖合同

合同编号：_____

第一条　合同当事人

买方（以下简称"甲方"）：

- 名称：_____
- 地址：_____
- 联系电话：_____
- 法定代表人：_____

卖方（以下简称"乙方"）：

- 名称：_____
- 地址：_____
- 联系电话：_____
- 法定代表人：_____

第二条　合同标的

1. 甲方向乙方购买以下化妆品：
- 产品名称：_____
- 规格型号：_____
- 数量：_____
- 单价：_____
- 总价：_____

2. 产品质量应符合国家相关标准和乙方提供的样品或说明书的要求。

第三条 价格与支付

1. 本合同总价为人民币_____元（大写：_____元整）。

2. 甲方应在合同签订后_____日内支付总价的_____%作为预付款，即人民币_____元（大写：_____元整）。

3. 余款人民币_____元（大写：_____元整）应在乙方交货并经甲方验收合格后_____日内支付。

第四条 交货条款

1. 交货时间：乙方应在_____年_____月_____日前将产品交付给甲方。

2. 交货地点：_____。

3. 运输方式及费用：由乙方负责运输，运输费用由乙方承担。

第五条 验收条款

1. 甲方在收到产品后_____日内进行验收，如发现产品数量、质量不符合合同约定，应在验收期内书面通知乙方。

2. 乙方应在接到甲方通知后_____日内对不合格产品进行更换或补足数量。

第六条 质量保证条款

1. 乙方保证所提供的化妆品符合国家相关标准和乙方提供的样品或说明书的要求。

2. 乙方保证所提供的化妆品在正常使用条件下，自交货之日起_____个月内无任何质量问题。

3. 如在质量保证期内发现产品存在质量问题，甲方有权要求乙方免费更换或退货，并由乙方承担因此产生的所有费用。

第七条 风险转移

1. 产品的所有权和风险自甲方验收合格并签署验收单之日起转移至甲方。

第八条 保密条款

1. 乙方应对甲方提供的所有商业信息和技术资料保密，不得向第三方泄露。

第九条 违约责任

1. 乙方未按时交货的，每延迟一天，应向甲方支付合同总价_____%的违约金。

2. 甲方未按时付款的，每延迟一天，应向乙方支付应付款项　　％的违约金。
3. 乙方交付的产品不符合合同约定的，甲方有权要求乙方退货、更换或赔偿损失。

第十条　不可抗力
1. 因不可抗力事件导致合同无法履行的，双方应及时协商解决。不可抗力事件包括但不限于自然灾害、战争、政府行为等。

第十一条　争议解决
1. 本合同在履行过程中如发生争议，双方应友好协商解决；协商不成的，任何一方均可向甲方所在地有管辖权的人民法院提起诉讼。

第十二条　合同生效
1. 本合同自双方签字盖章之日起生效。
2. 本合同一式_____份，甲乙双方各执_____份，具有同等法律效力。

第十三条　其他条款
1. 本合同未尽事宜，双方可另行签订补充协议，补充协议与本合同具有同等法律效力。
2. 本合同的附件为本合同不可分割的一部分，与本合同具有同等法律效力。

甲方（签章）：_____
法定代表人（或授权代表）：_____
签订日期：_____
乙方（签章）：_____
法定代表人（或授权代表）：_____
签订日期：_____

请根据实际情况对合同内容进行调整和补充，确保合同的全面性和合法性。

案例 5.

> 提示词：请审核上传的设备租赁合同，并从出租方的角度提示风险和对出租方不利的条款。

ChaGPT：在审阅设备租赁合同时，可以从出租方（甲方）的角度出发，重点关注一些可能面临的风险和对甲方不利的条款。以下是合同的审核意见及一些可能的风险提示：

审核意见及风险提示

第一条

这个条款涉及甲方根据乙方的选择购入设备，甲方应确保乙方对选定设备的具体要求和标准有明确、书面的确认，以避免后续的争议。

第二条

交货方式中，提到乙方可能直接到供货单位自提自运，既能减少甲方运输的责任，但也要注意这种情况下的货损风险责任应明确归属乙方。

第三条

设备的所有验收、安装、调试、使用、保养和维修全部由乙方负责，甲方需确保在订货合同中明确质量问题由生产厂商负责，以避免不必要的纠纷。

第四条

1. 乙方需以甲方名义投保设备的综合险，且保险费由乙方支付。甲方需确认乙方及时缴纳保险费并保留投保合同以备查。
2. 甲方需设定定期审核保险合同的机制，以确保保险合同的有效性。

第五条

1. 乙方不得擅自转让、抵押或修改设备，但未明确相应的违约责任和处罚，甲方应要求增加相应条款，以保护设备的所有权不受侵害。
2. 甲方有权检查设备，乙方应提供便利，甲方需要形成详细的检查记录和流程，确保检查权的落实。

第六条

　　1. 租金支付安排中，未说明逾期罚金的具体比例，甲方应明确具休的逾期罚款金额或条款，以提高条款的实际可操作性和法律效力。
2. 建议增加调整租金付款方式的条款，避免乙方恶意拖欠租金。
第七条
1. 如因乙方原因提前终止租赁，乙方需支付全部租金，建议详细列明支付安排及措施，确保甲方尽可能减少损失。
2. 提前交清租金的利息优惠细节应该明确，规定具体的计算方法和优惠程序，以防止歧义。
第八条
1. 合同期满后乙方需要确保设备完好并交还甲方，需要明确"完好"的标准和交还流程。
2. 乙方也可选择买断设备，需要明确买断价格的确认条款，以避免双方对价格有争议。
第九条
1. 经济担保条款中，确保担保人的担保范围明确，包括支付租金和其他损失。
2. 建议增加担保人的资格审核，以及担保期间的有效性和义务细节。
第十条
争议解决条款中，规定了仲裁机构和规则，甲方需确保合同中争议解决条款明确，防止乙方的任何异议。
第十一条
其他未尽事项需甲、乙双方协商确定，建议详细列出未尽事项的解决流程和时间表，防止出现问题时双方意见不一致导致的拖延。
第十二条
合同的生效条款和盖章要求等需明确甲乙双方的开立账户和合同文本的保存和分配，确保法律上的可操作性。
对甲方不利的条款应对
1. 设备验收责任．明确乙方在设备验收、安装、调试等所有步骤的责任，甲方需定期检查设备状态
2. 提前终止租约的条款：确保乙方提前终止合同需支付全部租金，并明确其金额和安排，避免乙方以各种理由拒绝付款。

> 3. 买断设备的条款：乙方买断设备的优惠价格要在合同中明确，甲方需明确定价策略。
> 4. 保险条款：确保设备投保的全面性和保险费用的支付责任，同时定期审核投保合同。
> 5. 逾期罚款细节：明确租金逾期罚款的具体金额，甲方向乙方定期收取租金时应有详细账单和追款流程。
> 6. 保证条款的细节：详细说明担保责任和范围，包括担保金额和支付细节，确保担保人的责任能够切实落实。
>
> 综上所述，在设备租赁合同中，甲方需要特别关注合同条款的细节和严格的条款规定，确保甲方的权利和利益不被侵害，并在合同中加以详细的规定和保护。

你可以用一句提示词"请用表格形式把合同条款跟建议修改的条款逐一对照展示"，这将方便律师和客户审核、修改。你也可以让 ChatGPT 从承租方的角度审核上述合同，并从承租方的角度提示风险和对承租方不利的条款。你也可以用 Kimi、DeepSeek 等 AI 大模型做同样的测试，从而比较哪一个做得更好。Kimi、豆包、DeepSeek 都有照片功能，可以直接拍照合同或其他法律文件，让它们进行审核，但是文件必须清晰。无论哪一个 AI 大模型输出的结果，都必须经过法律专业人士审核后方可使用。

四、法律文书

律师需要起草大量的各类法律文书，比如，法律意见书、起诉状、答辩状、和解协议、委托书等。虽然很多都有标准模板，但是案件各不相同，还是需要律师根据案情撰写。现在可以尝试使用人工智能工具辅助法律文书起草，事半功倍，效率大幅提升。

第五章 ChatGPT 的法律实战案例

案例 1.

> 提示词：某物流公司与收货公司签订货运合作协议，双方约定，物流公司为收货人安排从东南亚某港口到中国港口的水果运输，收货人同意支付物流公司产生的海运费以及东南亚当地发生的拖车费、报关报检费等杂费。货到港后，收货人以部分水果发现货损为由，拒不支付上述费用。请就上述案情为物流公司出具一份法律意见书。

ChatGPT：以下是根据上述案情起草的法律意见书：

法律意见书

致：[物流公司名称]

发件人：[律师姓名]

日期：[日期]

一、背景情况

根据提供的资料，贵公司（以下简称物流公司）与收货公司（以下简称收货人）签订了一份货运合作协议。协议约定，物流公司负责为收货人安排从东南亚某港口到中国港口的水果运输，收货人同意支付物流公司产生的海运费以及东南亚当地发生的拖车费、报关报检费等杂费。货物到达中国港口后，收货人以部分水果发现货损为由，拒绝支付上述费用。

二、法律分析

1. 合同的有效性

根据《民法典》的相关规定，物流公司与收货人签订的货运合作协议是双方真实意思表示，且不违反法律、行政法规的强制性规定，属于合法有效的合同。双方应当按照合同约定履行各自的义务。

2. 合同义务的履行

根据《民法典》第 509 条的规定，当事人应当按照约定全面履行自己的义务。物流公司已经按照合同约定完成了从东南亚港口到中国港口的水果运输，并产生了相应的海运费、拖车费、报关报检费等杂费。收货人应当按照合同约定支付上述费用。

3. 货损问题的处理

根据《民法典》第 803 条的规定,承运人应当在约定的期间内将货物运输到约定地点,并将货物交付给收货人。货物在运输过程中发生损坏的,承运人应当承担赔偿责任,但承运人能够证明损失是由于不可抗力、货物本身的自然性质或者合理损耗等原因造成的,不承担赔偿责任。

根据《民法典》第 806 条的规定,货物到达后,收货人应当在合理期限内对货物进行检验。发现货物损坏的,应当及时通知承运人,并由第三方检验机构进行检验,出具检验报告。

4. 费用支付的义务

根据《民法典》第 527 条的规定,当事人一方迟延履行债务或者有其他违约行为致使不能实现合同目的的,对方可以解除合同。物流公司已经履行了合同义务,收货人应当按照合同约定支付相应的费用。收货人以货损为由拒绝支付费用,属于违约行为。

三、法律建议

1. 与收货人协商解决

建议物流公司与收货人进行协商,明确货损问题的责任归属,并要求收货人按照合同约定支付相应的费用。协商过程中,可以提出合理的解决方案,如对货损部分进行赔偿或折价处理。

2. 发送律师函

如果协商未果,建议物流公司通过律师向收货人发送律师函,要求其在一定期限内支付合同约定的费用,并明确告知其拒绝支付费用的法律后果。

3. 提起诉讼

如果收货人仍拒绝支付费用,物流公司可以依法向人民法院提起诉讼,要求收货人支付合同约定的费用,并承担相应的违约责任。根据民法典的规定,物流公司有权要求收货人支付逾期付款的利息和因违约行为造成的损失。

四、结论

根据上述法律分析,物流公司与收货人签订的货运合作协议合法有效,物流公司已经履行了合同义务,收货人应当按照合同约定支付相应的费用。收货人以货损为由拒绝支付费用,属于违约行为。建议物流公司通过协商、发送律师函或提起诉讼等方式,维护自身的合法权益。
律师姓名:[律师姓名]
律师事务所:[律师事务所名称]
日期:[日期]
以上法律意见书仅供参考,具体法律问题请咨询专业律师。

案例 2.

提示词:请就上述案件为物流公司起草一份由律师出具的起诉状。

ChatGPT:以下是根据上述案情起草的起诉状:
起诉状
原告:[物流公司名称]
住所地:[物流公司地址]
法定代表人:[法定代表人姓名]
职务:[法定代表人职务]
联系方式:[联系方式]
被告:[收货公司名称]
住所地:[收货公司地址]
法定代表人:[法定代表人姓名]
职务:[法定代表人职务]
联系方式:[联系方式]
案由:货运合同纠纷
诉讼请求:
1. 请求法院判令被告支付原告海运费、拖车费、报关报检费等杂费,共计人民币[具体金额]元。
2. 请求法院判令被告支付逾期付款的利息(自[具体日期]起至实际支付之日止,按中国人民银行同期贷款利率计算)。

3. 请求法院判令被告承担本案的诉讼费用。

事实与理由：

原告与被告于［具体日期］签订了一份货运合作协议，约定由原告负责为被告安排从东南亚某港口到中国港口的水果运输，被告同意支付原告产生的海运费以及东南亚当地发生的拖车费、报关报检费等杂费。

原告依约履行了合同义务，按时将货物运输至中国港口，并产生了相应的海运费、拖车费、报关报检费等杂费。然而，货物到达中国港口后，被告以部分水果出现货损为由，拒绝支付上述费用。

根据《民法典》第509条的规定，当事人应当按照约定全面履行自己的义务。原告已经按照合同约定完成了运输任务，被告应当按照合同约定支付相应的费用。被告以货损为由拒绝支付费用，属于违约行为。

根据《民法典》第814条的规定，原告应当在约定的期间内将货物运输到约定地点，并将货物交付给收货人。货物在运输过程中发生损坏的，原告应当承担赔偿责任，但原告能够证明损失是由于不可抗力、货物本身的自然性质或者合理损耗等原因造成的，不承担赔偿责任。

根据《民法典》第817条的规定，货物到达后，收货人应当在合理期限内对货物进行检验。发现货物损坏的，应当及时通知承运人，并由第三方检验机构进行检验，出具检验报告。被告未能提供第三方检验机构的检验报告，且水果在保质期内，故被告拒绝支付费用的理由不成立。

综上所述，为维护原告的合法权益，特向贵院提起诉讼，请求依法支持原告的诉讼请求。

此致

［法院名称］

具状人：［律师姓名］

律师事务所：［律师事务所名称］

日期：［日期］

以上起诉状仅供参考，具体法律问题请咨询专业律师。

案例 3.

提示词：请就上述案件为收货人起草一份律师出具的答辩状。

ChatGPT：以下是根据上述案情起草的答辩状：

答辩状

答辩人：[收货公司名称]

住所地：[收货公司地址]

法定代表人：[法定代表人姓名]

职务：[法定代表人职务]

联系方式：[联系方式]

答辩人代理律师：[律师姓名]

律师事务所：[律师事务所名称]

联系方式：[联系方式]

被答辩人：[物流公司名称]

住所地：[物流公司地址]

法定代表人：[法定代表人姓名]

职务：[法定代表人职务]

联系方式：[联系方式]

案由：货运合同纠纷

答辩请求：

1. 请求法院驳回原告的全部诉讼请求。
2. 请求法院判令原告承担本案的诉讼费用。

事实与理由：

答辩人与原告于[具体日期]签订了一份货运合作协议，约定由被答辩人负责为答辩人安排从东南亚某港口到中国港口的水果运输，答辩人同意支付原告产生的海运费以及东南亚当地发生的拖车费、报关报检费等杂费。

货物到达中国港口后，答辩人发现部分水果存在严重货损，无法正常销售。答辩人立即通知被答辩人，并要求进行货损检验。根据《民法典》第817条的规定，货物到达后，收货人应当在合理期限内对货物进行检验。发现货物损坏的，应当及时通知承运人，并由第三方检验机构进行检验，出具检验报告。

答辩人已委托第三方检验机构对货物进行检验，并出具了检验报告，证明货损情况属实。根据《民法典》第814条的规定，被答辩人应当在约定的期间内将货物运输到约定地点，并将货物交付给收货人。货物在运输过程中发生损坏的，被答辩人应当承担赔偿责任。

被答辩人未能提供证据证明货损是由于不可抗力、货物本身的自然性质或者合理损耗等原因造成的，故被答辩人应当承担货损的赔偿责任。答辩人拒绝支付运输费用是基于货损的实际情况，并非无理拒绝。

综上所述，答辩人认为被答辩人的诉讼请求缺乏事实和法律依据，请求法院驳回原告的全部诉讼请求，并判令被答辩人承担本案的诉讼费用。

此致

[法院名称]

答辩人：[收货公司名称]

法定代表人：[法定代表人姓名]

日期：[日期]

答辩人代理律师：[律师姓名]

律师事务所：[律师事务所名称]

日期：[日期]

以上答辩状仅供参考，具体法律问题请咨询专业律师。

虽然ChatGPT快速完成了与上述案件有关的法律文件，但是，上述法律文件中引用的法条基本上是不正确的。因此，律师在正式出具上述法律文件前必须认真审核、验证，避免产生不必要的法律责任。

五、诉讼准备

诉讼前的准备关乎案件的最后结果，熟练使用人工智能工

第五章 ChatGPT 的法律实战案例

具不仅可以大幅提高工作效率,而且可以更加精准地分析案件、制定最佳的诉讼策略。我们以一个投资纠纷案作为诉讼准备的示例,并让 ChatGPT 使用#Markdown 代码块[1]辅助诉讼准备。

案例 1.

> 提示词:请用#Markdown 代码块标注下述法律案件的段落,并给出段落标题。
>
> 在本案中,甲方(投资者)与乙方(公司)签订了一份投资合同,约定甲方投资一定金额用于乙方公司的运营和扩张。合同明确规定,乙方应按照约定时间和方式提供合同所述的回报和利润。然而,乙方未能履行合同义务,严重违反了双方约定的条款。以下是乙方违约行为的详细情况:拖延支付回报:根据合同规定,乙方应按照每个季度的约定日期向甲方支付投资回报。然而,乙方多次拖延支付,并且在一些情况下完全未支付回报,导致甲方无法收回其应有的利益。虚假陈述:乙方在合同签订时作出了一系列虚假陈述,夸大了公司的盈利能力和财务状况。这些虚假陈述诱使甲方相信该投资具有很高的收益潜力,进而决定投资。然而,实际上公司的盈利状况远不如乙方所宣称的那样,导致甲方的投资遭受了巨大的损失。未公开关键信息:乙方未按照合同约定,向甲方披露与合同有关的关键信息。这些信息包括业务风险、资金状况以及与公司合作的重要合作伙伴。乙方的隐瞒给甲方带来了不可挽回的财务损失,使其无法采取相应的风险控制措施。由于乙方的违约行为,甲方遭受了严重的财务损失,不仅未能获取到应有的投资回报,还失去了原始投资本金。甲方认为乙方的行为严重违反了合同约定,请求法院判决乙方承担相应的法律责任,并补偿甲方所遭受的全部经济损失和相关的法律费用。

---

[1] #Markdown 代码块具有非常强大的功能,除可以做上述法律文件的分段、标题、重点、实体关系、争议焦点标注外,还可以做思维导图、PPT、流程图等。复制粘贴 ChatGPT 输出的代码块格式到解析软件 Markmap 可展示思维导图。

ChatGPT：上述法律案件的段落标题及内容如下：

投资合同违约案

1. 合同背景

在本案中，甲方（投资者）与乙方（公司）签订了一份投资合同，约定甲方投资一定金额用于乙方公司的运营和扩张。合同明确规定，乙方应按照约定时间和方式提供合同所述的回报和利润。

2. 乙方违约行为

2.1 拖延支付回报

根据合同规定，乙方应按照每个季度的约定日期向甲方支付投资回报。然而，乙方多次拖延支付，并且在一些情况下完全未支付回报，导致甲方无法收回其应有的利益。

2.2 虚假陈述

乙方在合同签订时作出了一系列虚假陈述，夸大了公司的盈利能力和财务状况。这些虚假陈述诱使甲方相信该投资具有很高的收益潜力，进而决定投资。然而，实际上公司的盈利状况远不如乙方所宣称的那样，导致甲方的投资遭受了巨大的损失。

2.3 未公开关键信息

乙方未按照合同约定，向甲方披露与合同有关的关键信息。这些信息包括业务风险、资金状况以及与公司合作的重要合作伙伴。乙方的隐瞒给甲方带来了不可挽回的财务损失，使其无法采取相应的风险控制措施。

3. 甲方的损失

由于乙方的违约行为，甲方遭受了严重的财务损失，不仅未能获取到应有的投资回报，还失去了原始投资本金。

4. 甲方的请求

甲方认为乙方的行为严重违反了合同约定，请求法院判决乙方承担相应的法律责任，并补偿甲方所遭受的全部经济损失和相关的法律费用。

案例 2.

> 提示词：请用#Markdown 代码块做一个上述案件（需要上传案件）的思维导图，帮助我更好地分析案件。

ChatGPT：如下是用#Markdown 代码块做的上述案件的思维导图。

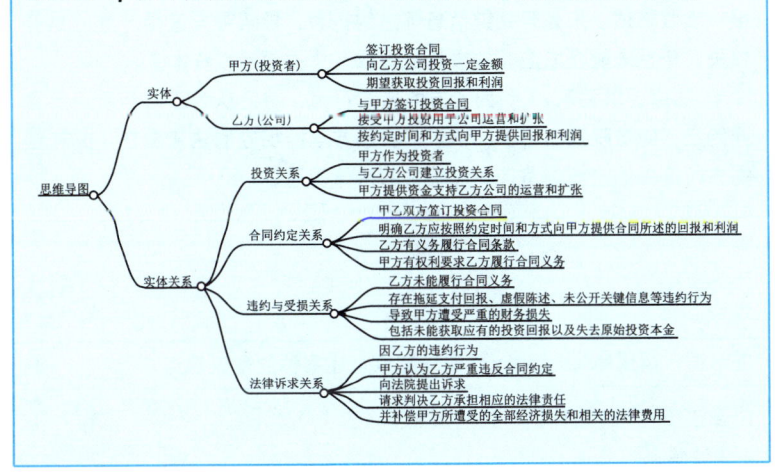

```
                          ┌─ 甲方(投资者) ─┬─ 签订投资合同
                          │                ├─ 向乙方公司投资一定金额
             ┌─ 实体 ─────┤                └─ 期望获取投资回报和利润
             │            │                ┌─ 与甲方签订投资合同
             │            └─ 乙方(公司) ───┼─ 接受甲方投资用于公司运营和扩张
             │                             └─ 按约定时间和方式向甲方提供回报和利润
             │            ┌─ 投资关系 ─────┬─ 甲方作为投资者
             │            │                ├─ 与乙方公司建立投资关系
思维导图 ────┤            │                └─ 甲方提供资金支持乙方公司的运营和扩张
             │            │                ┌─ 甲乙双方签订投资合同
             │            ├─ 合同约定关系 ─┼─ 明确乙方应按照约定时间和方式向甲方提供合同所述的回报和利润
             │            │                ├─ 乙方有义务履行合同条款
             └─ 实体关系 ─┤                └─ 甲方有权利要求乙方履行合同义务
                          │                ┌─ 乙方未能履行合同义务
                          ├─ 违约与受损关系┼─ 存在拖延支付回报、虚假陈述、未公开关键信息等违约行为
                          │                ├─ 导致甲方遭受严重的财务损失
                          │                └─ 包括未能获取应有的投资回报以及失去原始投资本金
                          │                ┌─ 因乙方的违约行为
                          └─ 法律诉求关系 ─┼─ 甲方认为乙方严重违反合同约定
                                           ├─ 向法院提出诉求
                                           ├─ 请求判决乙方承担相应的法律责任
                                           └─ 并补偿甲方所遭受的全部经济损失和相关的法律费用
```

案例 3.

> 提示词：请用#Markdown 代码块标注上述法律案件的实体和实体关系。

ChatGPT：上述法律案件的实体和实体关系如下：
实体及关系
实体
- **甲方（投资者）**：签订投资合同，向乙方公司投资一定金额，期望获取投资回报和利润。
- **乙方（公司）**：与甲方签订投资合同，接受甲方投资用于公司运营和扩张，应按约定时间和方式向甲方提供回报和利润。
实体关系
- **投资关系**：甲方作为投资者，与乙方公司建立投资关系，甲方提供资金支持乙方公司的运营和扩张。
- **合同约定关系**：甲乙双方签订投资合同，明确乙方应按照约定时间和方式向甲方提供合同所述的回报和利润，乙方有义务履行合同条款，甲方有权利要求乙方履行合同义务。
- **违约与受损关系**：乙方未能履行合同义务，存在拖延支付回报、虚假陈述、未公开关键信息等违约行为，导致甲方遭受严重的财务损失，包括未能获取应有的投资回报以及失去原始投资本金。
- **法律诉求关系**：因乙方的违约行为，甲方认为乙方严重违反合同约定，向法院提出诉求，请求判决乙方承担相应的法律责任，并补偿甲方所遭受的全部经济损失和相关的法律费用。

案例 4.

提示词：请用#Markdown 代码块提取上述案件的争议焦点。

ChatGPT：上述案件的争议焦点如下：
争议焦点
- 乙方是否存在拖延支付投资回报的行为，以及该行为是否构成违约？
- 乙方在合同签订时是否作出虚假陈述，夸大公司盈利能力和财务状况，诱导甲方投资，从而导致甲方遭受损失？
- 乙方是否未按照合同约定向甲方披露与合同有关的关键信息，如业务风险、资金状况、重要合作伙伴等，给甲方带来不可挽回的财务损失？
- 乙方的上述行为是否导致甲方遭受严重的财务损失，包括未能获取应有的投资回报和失去原始投资本金？
- 乙方是否应承担相应的法律责任，并补偿甲方所遭受的全部经济损失和相关的法律费用？

案例 5.

> 提示词：你作为甲方律师，请就本案制定有利于甲方的诉讼策略，并提供法律依据和类案支持。

ChatGPT：诉讼策略及法律依据
甲方律师：[律师姓名]
律师事务所：[律师事务所名称]
日期：[日期]
一、诉讼策略
1. 明确诉讼请求
· 请求法院判令乙方支付拖欠的投资回报。
· 请求法院判令乙方支付拖欠的投资回报。
· 请求法院判令乙方赔偿因虚假陈述和未披露关键信息导致的经济损失。
· 请求法院判令乙方支付甲方的原始投资本金。
· 请求法院判令乙方承担本案的诉讼费用和律师费。
二、收集证据
· 合同文本：提供双方签订的投资合同，明确乙方的合同义务。
· 支付记录：提供乙方拖延支付或未支付投资回报的记录。
· 财务报告：收集乙方在合同签订时提供的财务报告及实际财务状况的证据。
· 通信记录：提供甲方与乙方之间的通信记录，证明乙方未披露关键信息。
· 第三方鉴定：如有必要，委托第三方机构对乙方的财务状况和业务风险进行鉴定。
三、法律依据
1. 拖延支付投资回报的行为构成违约
· 根据《民法典》第 509 条，当事人应当按照约定全面履行自己的义务。乙方未按合同约定时间支付投资回报，构成违约。
2. 虚假陈述导致合同无效
· 根据《民法典》第 148 条，因欺诈手段订立的合同，受损害方有权请求撤销合同。乙方在合同签订时作出虚假陈述，夸大公司盈利能力，诱导甲方投资，构成欺诈。
3. 未披露关键信息导致合同无效
• 根据《民法典》第149条〔1〕，因重大误解订立的合同，受损害方有权请求撤销合同。乙方未按照合同约定披露关键信息，导致甲方无法采取相应的风险控制措施，构成重大误解。
4. 赔偿经济损失
• 根据《民法典》第580条，因一方违约给对方造成损失的，应当赔偿损失。乙方的违约行为导致甲方未能获取应有的投资回报和失去原始投资本金，应当承担赔偿责任。

四、类案支持
• 案例一：某投资合同纠纷案
法院认定被告在签订投资合同时存在虚假陈述，夸大公司盈利能力，导致原告投资损失。法院判决被告赔偿原告的全部经济损失。
• 案例二：某公司信息披露纠纷案
法院认定被告未按照合同约定披露关键信息，导致原告无法采取相应的风险控制措施，最终造成经济损失。法院判决被告承担赔偿责任。

五、结论
根据上述法律依据和类案支持，甲方有充分的理由请求法院判令乙方承担相应的法律责任，并补偿甲方所遭受的全部经济损失和相关的法律费用。建议甲方尽快提起诉讼，维护自身的合法权益。

---

〔1〕 经核查，此处为《民法典》第147条，ChatGPT的法条引用经常出现不准确的情况，使用时一定核查。——编辑注。

案例 6.

提示词：请你作为法官，根据上述案情和法律规定，对上述案件作出公正判决。

ChatGPT：作为法官，在此案件中需要根据合同法和其他相关法律法规，全面分析甲乙双方所提供的证据，并公平公正地作出判断。以下是根据上述案情和法律规定所作的判决分析：

案情摘要

甲方（投资者）与乙方（公司）签订投资合同，乙方违反合同义务，具体违约行为包括：

1. 拖延支付回报或未支付回报。
2. 虚假陈述公司盈利能力和财务状况。
3. 未公开关键信息，导致甲方无法采取风险控制措施。

法律依据

《民法典》（合同编）：

1. 违约责任（第577条）："当事人一方不履行合同义务或者履行合同义务不符合约定的，应当承担继续履行、采取补救措施或者赔偿损失等违约责任。"
2. 可撤销的合同（第148条）：一方以欺诈手段，使对方在违背真实意思的情况下订立的合同，受损害方有权请求人民法院或仲裁机构撤销。
3. 诚实信用原则（第5条）：民事主体从事民事活动，应当遵循诚实信用原则……

证据分析

根据甲方提供的证据，应重点核实以下内容：

1. 支付记录：确认乙方是否按照合同条款按时支付回报，及是否存在拖延或未支付的情况。
2. 盈利和财务陈述：核实乙方作出的财务陈述，并与实际财务报表进行对比，确认是否存在虚假陈述。
3. 关键信息披露：核实具体的未披露信息及其对甲方投资决策的影响。

判决分析

1. 拖延支付回报

甲方提供的证据若能证明乙方确实多次拖延或未支付投资回报，乙方应承担违约责任。根据《民法典》合同编第577条，乙方应按合同约定继续履行支付义务，并赔偿因拖延支付或未支付导致的甲方经济损失。

2. 虚假陈述

如果甲方提供的证据能证明乙方在签订合同时作出虚假陈述，并直接导致甲方错误估计投资风险并作出投资决策，乙方应根据《民法典》合同编第148条承担责任。乙方应赔偿因虚假陈述导致的甲方全部经济损失。

3. 未公开的关键信息

甲方需提供证据证明未公开的关键信息对其投资决策有重大影响，乙方未履行披露义务从而构成违约。根据《民法典》合同编第577条，乙方应赔偿甲方因此遭受的经济损失。

具体判决

根据上述分析，作出以下判决：

1. 继续履行合同义务：乙方应继续履行合同义务，严格按照合同约定支付甲方所应得的投资回报，并补偿此前拖延或未支付的部分。

2. 赔偿经济损失：乙方因虚假陈述及未公开关键信息导致甲方作出错误投资决策，需赔偿甲方因此产生的全部直接经济损失及投资本金。同时，乙方需支付甲方因维权所产生的合理法律费用。

3. 合同解除或继续履行选择权：由于乙方严重违约，甲方有权选择解除合同或者继续履行合同。若甲方选择解除合同，乙方应退还甲方全部投资本金及利息，并赔偿甲方相关损失；若甲方选择继续履行，乙方需继续严格履行合同条款，并对违约部分承担全部责任。

4. 赔偿合理法律费用：乙方对于甲方因本次诉讼引起的合理法律费用，包括但不限于律师费、诉讼费等，均应承担赔偿责任。

判决结论

鉴于上述分析，该案件判决如下：

> 1. 乙方应继续履行合同义务，按合同约定支付甲方各期应得投资回报。
> 2. 乙方需支付此前因拖延支付或未支付回报造成的甲方损失。
> 3. 乙方应赔偿甲方因虚假陈述和未公开关键信息导致的直接经济损失及投资本金。
> 4. 甲方有权选择解除合同或继续履行合同。
> 5. 乙方需赔偿甲方因维权产生的一切合理法律费用。
>
> 乙方如拒不履行上述判决项，将依法承担强制执行措施和相应的法律责任。
>
> 结语
>
> 法院作出上述判决，是基于《民法典》合同编和案件事实，并综合考虑了双方合同约定的权益和法定义务。希望通过这一判决，落实法律的权威，保障投资者的合法权益，并确保商业活动中的诚信原则。

除法条引用有几个错误外，其他输出结果基本上可以达到人类法官的水平，而且速度非常之快。笔者用其他 AI 大模型也进行了同样的问题测试，ChatGPT 的输出结果相对较好。法条、案例引用不准确是 AI 大模型普遍存在的问题，也就是 AI 幻觉问题。为此，"小法博智能助手"专门开发了法律问答模块，这是法律人通过人工整理的 5 万多个法律问答，让 ChatGPT 学习、微调后生成的法律智能问答系统，旨在克服 ChatGPT 可能产生的幻觉和有时一本正经地胡编乱造的缺陷。为了更加精准地回答法律问题，"小法博智能助手"还开发了仲裁、证券等子模块，使法律智能问答系统可以直接进入主题，更加高效、更加精准地回答问题。现在国内有很多通用大模型，如果未经过法律数据处理、微调，很难准确地回答法律问题。

六、开庭

美国一位著名的最高法院大法官霍姆斯说过："法律的

生命不在于逻辑,而在于经验。"法官经验的积累是一个漫长的过程,而今天的大数据和人工智能正在奇迹般地缩减这个过程,同时技术平权使高效判案和公平正义正在成为现实。很多法院正在接入 DeepSeek 到办案系统,机器人法官也许不再是科幻故事,让我们敞开胸怀迎接这个充满未知和期望的未来。

案例 1.

> 提示词:你是一名婚姻家庭法方面的法官,你是怎么审理婚姻家庭方面的案件的?

> ChatGPT:作为一名专注于婚姻家庭法的法官,我在审理相关案件时会遵循以下步骤和考虑因素:
> 1. 法律框架的了解
> 首先确保对婚姻家庭法的相关法律原则和法规有充分理解,这包括但不限于离婚、抚养权、财产分割、赡养费、子女抚养费等方面。
> 2. 审查案件材料
> 认真审查双方提交的所有法律文件和证据,包括婚姻证明书、财务记录、子女的学校记录、相关证人的陈述等。
> 3. 举行听证会
> 在法庭上举行听证会,允许双方陈述各自的立场,提出证据,并通过他们的律师进行交叉问询。在听证过程中,保持公正和客观,确保双方都有平等的发言权。
> 4. 关注子女最佳利益
> 在涉及子女的案件中,始终把子女的最佳利益放在首位。这可能涉及评估父母的抚养能力、家庭环境、子女的教育和情感需求等因素。
> 5. 公正地解释和应用法律
> 根据案件情况和适用的法律条款公正地解释和应用法律,作出合理的判断。核心目标是寻求解决方案,尽量减少对任何一方或子女的不利影响。

第五章 ChatGPT 的法律实战案例

6. 制定详细的判决方案
在作出判决时，详细说明判决的法律依据和实际考虑因素，包括财产分割的具体细节、子女抚养权的安排、抚养费和/或赡养费的确定等。确保判决清晰、明确且可执行。

7. 提供解决方案
在可能的情况下，鼓励双方通过调解或和解来友好解决争议，以减少法庭审理的情绪和经济负担。为双方提供多种解决问题的途径，包括家庭调解服务。

8. 关注后续执行情况
确保判决的执行情况得到妥善跟踪，如有必要，处理违反法庭命令的情况。

通过上述过程，作为法官，我致力于在每一个案件中实现公平正义，同时考虑到所有相关方的情感和法律需求。

案例 2.

提示词：你是一名经验丰富的民商事案件的法官，你是怎么审理民商事案件的?

ChatGPT：作为一位经验丰富的法官，在审理民商事案件时，我会遵循以下步骤和原则，以确保案件处理的公正、有效和高效：

1. 案件接收与初步审查
· 审查案件材料，确保所有必要文件均已完整提交。
· 确认是否有管辖权和审理资格。

2. 预备程序
· 召开庭前会议，明确事实争议点和法律争议点。
· 力求调解，促使双方和解，减轻司法资源压力。

3. 举证和质证阶段
· 双方提交证据，包括书证、物证、证人证言等。
· 对证据的真实性、合法性和关联性进行严格审核。
· 双方就证据进行交叉询问，我负责监督确保程序正义。

4. 法庭辩论
- 双方律师就案件事实和适用法律进行辩论。
- 鼓励双方律师充分展开论证,确保法庭充分理解案件各方面。

5. 判决
- 根据事实认定和法律适用,形成最终判决。
- 判决书需详尽列明事实认定、法律适用及判决结果。

6. 释法说理
- 在判决过程中,适当进行释法说理,解释法律条文的适用理由。
- 提高判决的透明度和公信力,减少不必要的上诉。

7. 判决执行
- 确保判决得到妥善执行。
- 监督执行过程,确保判决效果实现,保护当事人权益。

8. 审判监督和反思
- 审议过程中接受同行和上级法院的监督。
- 反思审判中的不足,不断提升司法审判质量。

在整个审理过程中,我会严格依照法律规定履行我的职责,并努力提高审判的效率和公正性。我的目标是通过正确的法律适用和公正合理的裁判,为当事人提供公正的法律服务,同时维护社会的法治环境。

案例 3.

提示词:你是一名经验丰富的刑事案件的法官,你是怎么审理刑事案件的?

ChatGPT:作为一名经验丰富的刑事案件法官,审理刑事案件通常遵循以下步骤和原则:

1. 预审阶段
- 案件审查:审查检察官提交的案卷材料,确保证据充分,起诉书符合法律规定。
- 确保程序正义:确保被告人知悉自己的权利,包括保持沉默的权利和获得法律代理的权利。

2. 庭审准备
·庭前会议：与双方律师进行庭前会议，明确审理的关键点和争议焦点。
·听取意见：听取双方对证据的意见，决定哪些证据可以在庭审中使用。
3. 开庭审理
·开庭程序：确保法庭程序的正当性和公正性，维护庭序。
·证据呈现：审查所有呈递的证据，如目击证人证词、物证、专家报告等。
·质证阶段：允许双方律师对证人进行询问和反询问。
·法庭辩论：听取双方的最终辩论意见，着重评估法律和证据方面的论点。
4. 裁决和判决
·审理内部思考：审理结束后，对案件所有信息进行全面评估，思考法律适用及证据的力度。
·作出裁决：根据法律规定和证据的充分程度，对被告人作出无罪或有罪的裁决。
·量刑建议：如被告被判有罪，根据相关法律和情节考虑合适的刑罚。
5. 审判公正性
·透明度：确保审判过程的公开性，除非法律另有规定，否则保障公众的知情权。
·无偏见：保持公正无私，避免任何形式的偏见影响判决。
·法律解释：确保法律的正确解释和适用，维护法律的尊严和严肃性。
6. 后续跟踪
·上诉处理：如有上诉，根据上级法院的指示进行案件复查或执行上级法院的判决。
·监督执行：确保判决的有效执行，对刑罚的实施进行适当的监督。
通过以上步骤，作为刑事案件法官的职责是确保每一案件均公正无私地得到审理，严格依法行事，同时保护所有当事人的合法权益。

作为一名诉讼律师,无论是代表原告还是被告,无论你代理的案件是否对你的当事人有利,你都需要认真地制定你的诉讼策略,传统方法基本上是基于你的经验和开庭前的准备,以及开庭时的临场发挥。但是如果使用人工智能,则将大幅提升诉讼律师胜诉的概率。由于 ChatGPT 和 DeepSeek 不具有语音的功能,而且经常服务器繁忙,所以笔者设计了在豆包上做模拟开庭的方法,可以让诉讼律师在开庭时胸有成竹地应对法庭的瞬息万变。下面是用豆包的实景对话式的法庭辩论方法:

(1) 开启豆包的语音,告诉它作为本案的法官,你作为原告或被告的律师。

(2) 将代理的案情语音告知豆包法官,并陈述诉讼请求,请豆包法官根据案情和相关法律开始审理。

(3) 豆包法官开始审理本案,了解案情并向原告或被告律师提问。

(4) 豆包法官提出问题后,原告或被告律师需要即时回答。

(5) 原告或被告律师每回答一个问题后,豆包法官会问下一个问题。

(6) 多轮回答后,原告或被告律师可以请豆包法官作出判决。

(7) 豆包法官听到请求后,会立刻作出判决。

(8) 豆包记载了全部豆包开庭审理的语音转文字的记录。

(9) 下载后用于准备实际的案件开庭。

也可以按照上述方法,让豆包、Kimi、ChatGPT 分别作为法官、原告律师、被告律师同时进行模拟法庭辩论,让人有一种身临其境的真实的开庭感觉。法学院的模拟法庭可以如法炮制。

第五章 ChatGPT 的法律实战案例

你也可以让豆包作为原告或被告的任何一方律师，你作为另一方的律师，按照上述方法用模拟对抗制定诉讼策略，从而达到知己知彼的效果。同理，你也可以让豆包作为商业交易的甲方或乙方的任何一方律师模拟合同谈判的过程，从而制定最合理的谈判策略。

除通常的 ChatGPT 使用方法外，我们还摸索了一些特殊的使用方法。比如，根据原告和被告的陈述和提供的证据，还原案件的真实案情，并识别原告和被告陈述的真实性，辅助法官快速、准确地作出判断。

案例 4.

> 提示词：买方与卖方签订了奶粉购买合同，买方按照约定支付全部货款，但买方持提货单到仓库提货时，仓库说没有这批货物。卖方称已将奶粉运至仓库，仓库验收后出具了收货单，并寄给买方。请根据上述案情以及买卖双方的陈词，还原可能的真实案情，并指出有哪些疑点和线索？
>
> ChatGPT：根据上述案情以及买卖双方的陈词，我们可以尝试还原可能的真实情况，并指出其中的疑点和线索：
>
> 1. 案情还原
>
> (1) 合同签订和货款支付：
>
> ・买方与卖方签订了奶粉购买合同，内容包括货物的数量、质量、交货时间和交货地点等。
>
> ・买方如约支付了全部货款。
>
> (2) 交货过程：
>
> ・卖方声称已将奶粉运至仓库，仓库对奶粉进行了验收，开具了收货单。
>
> ・卖方将该收货单寄给买方，作为交货的凭证。
>
> (3) 买方提货：
>
> ・买方持提货单前往仓库提货，仓库方面则表示没有这批货物。

— 113 —

2. 疑点和线索

(1) 卖方的供货情况

·疑点：卖方是否实际将奶粉运送至仓库。

·线索：卖方应提供具体的物流信息，包括运输单据、货运公司的联系信息等。

查验是否有运输公司记录，其中包括发货时间、运输路线、实际送达及签收记录。

(2) 仓库的验收和存储情况

·疑点：仓库是否实际收到了卖方交付的奶粉以及仓库是否有存储奶粉。

·线索：仓库出具的收货单的真实性和合法性。买方应核实仓库是否实际出具了该收货单。

仓库的货物登记和管理系统是否有该批奶粉的信息。

仓库的监控录像中，可能会有货物入库的影像记录。

(3) 买卖双方的沟通记录

·疑点：买卖双方是否有对货物交付过程的详细记录和确认。

·线索：查看双方的合同内容、邮件沟通、短信或其他书面证据，确认是否有对交货流程的协议和确认。

查验是否存在虚假信息或欺诈行为。

(4) 提货流程

·疑点：买方提货单是否与仓库记录相一致。

·线索：买方持有的提货单与仓库记录的对比，查看是否存在不一致的情况。

进一步查证提货单的来源和真实性。

综上所述，买方和卖方之间的奶粉购买合同和提货问题涉及多个环节，每一个环节都有可能存在疑点。调查上述疑点和线索可以帮助还原真实案情，明确责任主体，解决双方的纠纷。建议买方保存好所有相关的凭证和记录，并通过法律渠道来维护自身的合法权益。

这是笔者在 ChatGPT 出现之前处理的一个真实案件，完全凭借经验和判断梳理案情，耗费了大量时间和精力。而 ChatGPT

第五章 ChatGPT 的法律实战案例

只用了几分钟的时间就为解决上述奶粉买卖合同纠纷提供了完整的思路，不仅还原了过程，还梳理了疑点和线索，体现了 ChatGPT 的逻辑推理和分析能力。笔者还可以继续提问，直到获得满意的答案为止。下面笔者让 ChatGPT 作为一名法官就本案作出判决。

案例 5.

> 提示词：你是一名法官，请就因上述奶粉购买合同产生的货款纠纷作出判决。

ChatGPT：根据上述案情和买卖双方的陈词，作为一名法官，我将对货款纠纷作出以下判决：
判决书
案件编号：[案件编号]
原告：[买方姓名]
被告：[卖方姓名]
案由：货款纠纷
审理经过：原告（买方）与被告（卖方）签订了奶粉购买合同，原告按照合同约定支付了全部货款。原告持提货单到仓库提货时，仓库表示没有这批货物。被告称其已将奶粉运至仓库，并提供了仓库出具的收货单作为证据。
事实认定：
1. 合同签订与货款支付：
・原告与被告签订了奶粉购买合同，合同内容明确约定了货物的数量、质量、交货时间和交货地点等。
・原告已如约支付了全部货款。
2. 交货过程：
・被告声称已将奶粉运至仓库，并提供了仓库出具的收货单。
・原告持提货单前往仓库提货，仓库表示没有这批货物。
3. 证据审查：
・被告提供的收货单需要核实其真实性和合法性。

— 115 —

- 仓库的货物登记和管理系统中是否有该批奶粉的信息。
- 仓库的监控录像中是否有货物入库的影像记录。
- 买卖双方的沟通记录，包括合同内容、邮件、短信等。

疑点与线索：

1. 卖方的供货情况：
- 被告是否实际将奶粉运送至仓库。
- 被告应提供具体的物流信息，包括运输单据、货运公司的联系信息等。

2. 仓库的验收和存储情况：
- 仓库是否实际收到了被告交付的奶粉。
- 仓库出具的收货单的真实性和合法性。

3. 买卖双方的沟通记录：
- 买卖双方是否有对货物交付过程的详细记录和确认。

4. 提货流程：
- 原告持有的提货单与仓库记录是否一致。

判决结果：

1. 关于货物交付：
- 如果仓库的货物登记和管理系统中确实没有该批奶粉的信息，且仓库的监控录像也未显示货物入库，则可以认定被告未实际交付货物。
- 如果被告无法提供有效的物流信息和运输单据，则进一步证明其未实际交付货物。

2. 关于货款退还：
- 被告应退还原告已支付的全部货款。
- 被告应承担因未交付货物而给原告造成的损失，包括但不限于利息、诉讼费用等。

3. 关于违约责任：
- 根据合同约定，被告应承担相应的违约责任，包括支付违约金。

判决内容：

1. 被告应在本判决生效之日起十日内退还原告已支付的全部货款［具体金额］。

第五章 ChatGPT 的法律实战案例

> 2. 被告应赔偿原告因未交付货物而造成的损失［具体金额］。
> 3. 被告应支付违约金［具体金额］。
> 4. 本案诉讼费用由被告承担。
>
> 审判长：［审判长姓名］
> 审判员：［审判员姓名］
> 书记员：［书记员姓名］
> 判决日期：［判决日期］
>
> 以上判决书根据现有证据和法律规定作出，双方如对判决不服，可在判决书送达之日起十五日内向上一级人民法院提起上诉。

请注意，以上判决书是基于提供的案情作出的示范性判决，实际判决结果可能会因具体证据和法律适用情况而有所不同。

笔者尝试设计了一款名为"小法博智能助手"的智能仲裁系统，即按照判案三段论和仲裁程序开发的仲裁系统（如图5-2所示）。当事人上传起诉状、答辩状和证据材料即可开始审理，一般案件只需要几分钟就可以完成庭审。

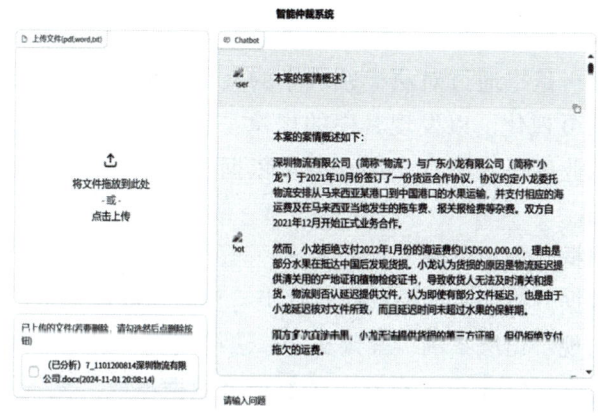

图 5-2　"小法博智能助手"智能仲裁系统

如图 5-3 所示，系统记录了整个的庭审过程和最后的裁决，方便下载作为判案参考。

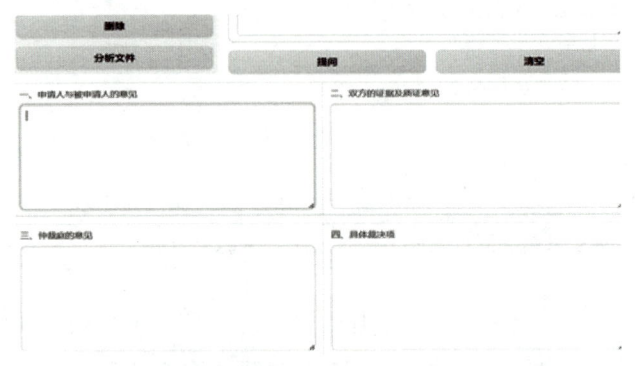

图 5-3　智能仲裁系统的记录页面

上述智能仲裁系统可以接入 DeepSeek 辅助仲裁。法院判案系统在接入 DeepSeek 后，也可以设计出更为高效的 AI 辅助判案系统，从而提高办案效率和质量。

七、法律数据分析

法律数据分析在竞争日益激烈的法律市场变得越来越重要，法律数据分析是指通过对法律领域中的大量数据进行收集、整理、分析和可视化，以发现其中的规律、趋势和关联关系，从而为法律从业者提供决策支持和科学依据。其主要内容包括以下几个方面。

（1）数据收集与整理。

法律数据分析的基础是数据的收集与整理。数据来源广泛，包括法律法规、司法案例、裁判文书、法律条文、案件记录等。这些数据通常以文本形式存在，需要通过数据抓取、文本预处理等技术进行整理。

(2)描述性分析。

描述性分析是法律数据分析的基础,通过对数据进行统计描述(如平均数、中位数、众数、方差等),揭示数据的分布特征和基本规律。

(3)可视化分析。

利用图表、图像等视觉元素展示数据,使数据更加直观易懂。例如,通过折线图展示案件数量的变化趋势,通过柱状图对比不同地区的案件分布情况。

(4)预测性分析。

基于历史数据建立预测模型,对未来案件的发展趋势进行预测。例如,预测案件的判决结果、审判时长、再犯率等,为司法决策提供参考。

(5)情感分析。

通过情感词典和深度学习模型评估文本数据的情感倾向,例如,分析公众对特定司法决策或事件的情绪反应,帮助司法机关优化沟通策略。

ChatGPT 对法律数据分析来说是革命性的,彻底改变了使用 Excel 或其他软件工具耗时费力的工作方式。现在用 ChatGPT 和 Python 的 Pandas、Matplotlib 等第三方库,可以高效地进行法律数据的处理、分析和可视化呈现。下面让 ChatGPT 用热力图做一个虚拟的知识产权法业务的相关性分析。

案例 1.

> 提示词：我是知识产权法的律师，我想用热力图做一个这个领域的相关性分析。包括，律师数量、案件数量、案件类型、市场规模等。请用热力图做虚拟的相关性分析。

ChatGPT：我可以为知识产权法领域创建一个虚拟的热力图来进行相关性分析。我将包括以下变量：

以下是 Python 代码，用于创建虚拟数据并生成热力图：

```python
import numpy as np
import pandas as pd
import seaborn as sns
import matplotlib.pyplot as plt
# 设置随机种子以确保结果可重现
np.random.seed(0)
# 创建虚拟数据
data = {
    'Number_of_Lawyers': np.random.randint(50, 500, 20),
    'Number_of_Cases': np.random.randint(100, 1000, 20),
    'Patent_Case_Percentage': np.random.randint(20, 60, 20),
    'Trademark_Case_Percentage': np.random.randint(20, 40, 20),
    'Copyright_Case_Percentage': np.random.randint(10, 30, 20),
    'Market_Size_Million_USD': np.random.randint(50, 500, 20)
}
# 确保案件类型百分比总和为100%
total = np.array(data['Patent_Case_Percentage']) + np.array(data['Trademark_Case_Percentage']) + np.array(data['Copyright_Case_Percentage'])
for key in ['Patent_Case_Percentage', 'Trademark_Case_Percentage', 'Copyright_Case_Percentage']:
    data[key] = np.round(np.array(data[key]) / total * 100, 2)
```

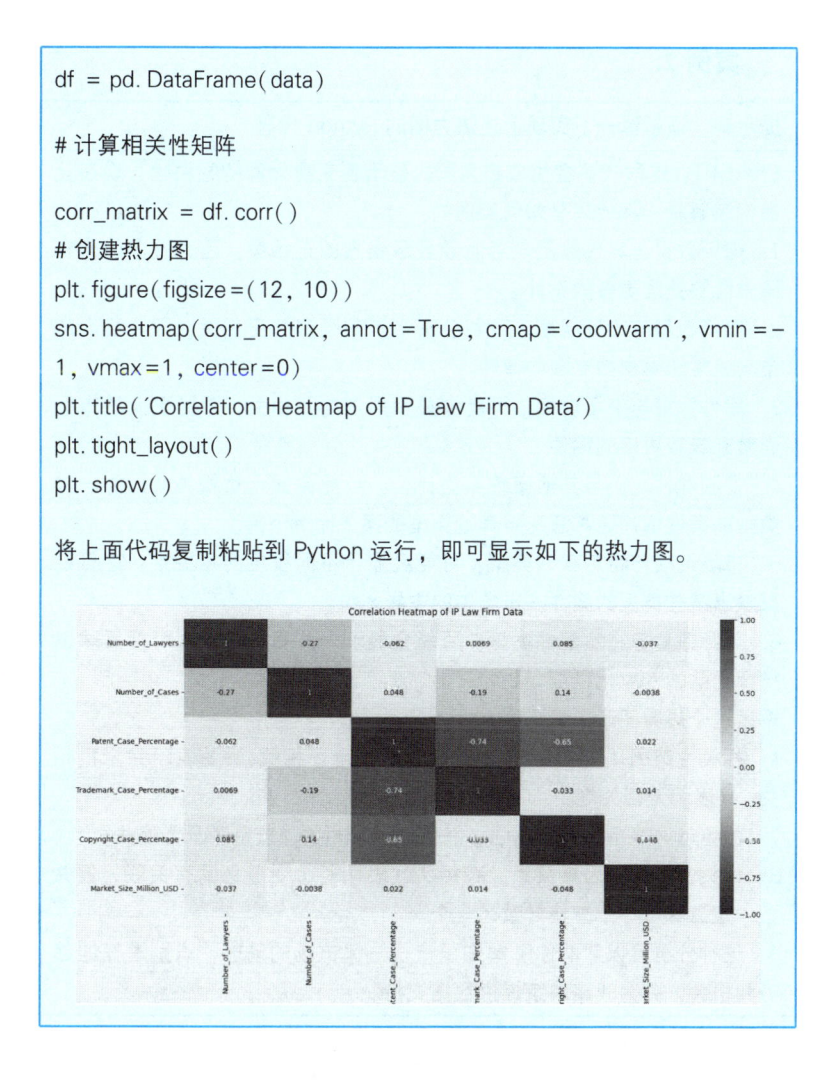

```
df = pd.DataFrame(data)
# 计算相关性矩阵
corr_matrix = df.corr()
# 创建热力图
plt.figure(figsize=(12, 10))
sns.heatmap(corr_matrix, annot=True, cmap='coolwarm', vmin=-1, vmax=1, center=0)
plt.title('Correlation Heatmap of IP Law Firm Data')
plt.tight_layout()
plt.show()
```

将上面代码复制粘贴到 Python 运行,即可显示如下的热力图。

案例 2.

> 提示词：请解释一下实现上述热力图的 Python 代码。

ChatGPT：这段代码会生成热力图，显示各变量之间的相关性。现在让我们来解释一下代码是如何实现的：

1. 律师数量与案件数量：可能会显示强烈的正相关，因为更多的律师通常能够处理更多的案件。
2. 律师数量与市场规模：可能会有中等到强烈的正相关，因为更大的市场通常能够支持更多的律师。
3. 案件数量与市场规模：可能会显示强烈的正相关，因为更大的市场通常意味着更多的案件。
4. 专利案件比例与其他案件类型比例：可能会显示负相关，因为一种类型的案件增加通常意味着其他类型的案件比例下降。
5. 市场规模与特定案件类型：可能会显示不同程度的相关性，这可能反映出某些类型的案件在市场中的主导地位。
6. 律师数量与特定案件类型：可能会显示一些相关性，这可能反映出律师团队的专业化程度。

解读这个热力图时，请记住：

1. 相关性范围从 –1 到 1，其中 1 表示完全正相关，–1 表示完全负相关，0 表示无相关性。
2. 颜色越深表示相关性越强，红色表示正相关，蓝色表示负相关。
3. 相关性不等于因果关系。高相关性表明两个变量之间有关联，但并不一定意味着一个直接导致另一个。
4. 这种分析可以帮助你了解知识产权法律市场的动态，识别潜在的趋势和机会，并为战略决策提供数据支持。

热力图作为一个直观、可视化的法律数据分析工具，还可以用于如下法律任务：

（1）案由分布：通过 Python 抓取裁判案例，生成案由分布热力图，分析案件趋势。

(2) 犯罪地理分析：通过热力图直观展示犯罪案件的地理分布情况，识别犯罪高发区域，优化警力部署，分析犯罪模式和趋势。

(3) 诉讼策略分析：通过热力图分析案件分布和趋势，分析同类案件在不同地区的胜诉率，为诉讼策略提供数据支持。

从上述的示例可以看出，ChatGPT 在法律数据分析中的作用和学习 Python 代码的用途，因为很多法律数据分析需要用 Python 代码实现。你只需要用明确的提示词，上传相关数据并告诉 ChatGPT 需要做什么分析，比如热力图、正态分布图、树状图、散点图等，ChatGPT 即可输出分析结果，如果需要 Python 实现的代码，你需要复制粘贴到 Python 去运行。在做法律数据分析时，特别是需要代码实现时，使用 ChatGPT 和 Claude3.5 Sonnet 的效果最好。目前 Kimi、文心一言和通义千问的代码生成能力也优于 DeepSeek。

虽然 ChatGPT 本身不直接生成思维导图、PPT、流程图，但你可以利用 ChatGPT 生成的分析结果或代码逻辑来构思你的思维导图、PPT 和流程图，然后复制粘贴到解析软件上运行。

案例 3.

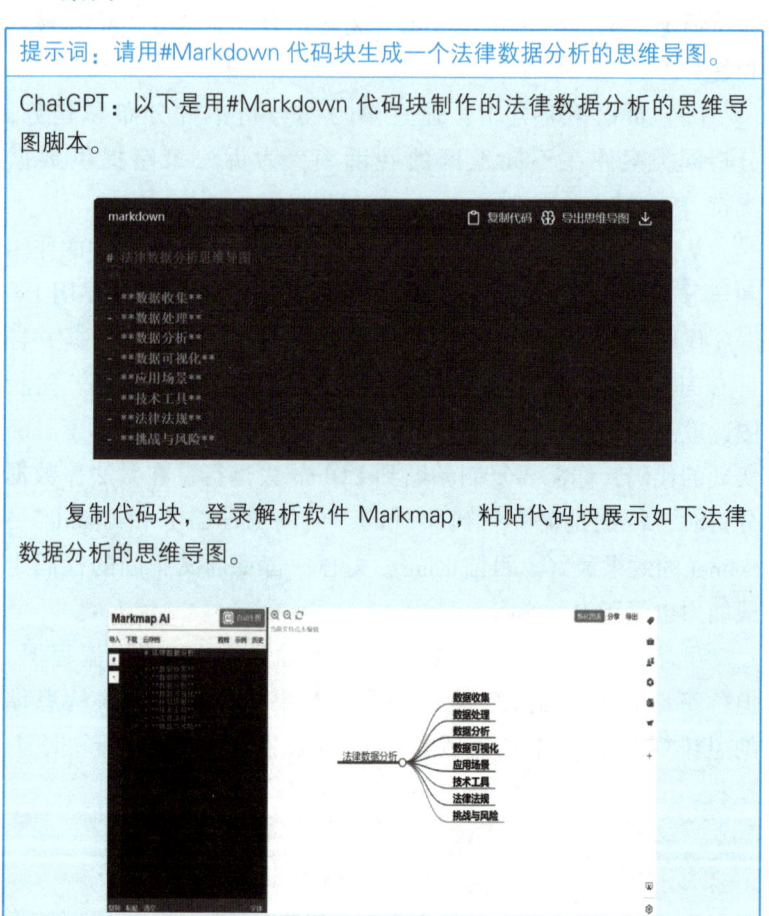

提示词：请用#Markdown 代码块生成一个法律数据分析的思维导图。

ChatGPT：以下是用#Markdown 代码块制作的法律数据分析的思维导图脚本。

复制代码块，登录解析软件 Markmap，粘贴代码块展示如下法律数据分析的思维导图。

案例 4.

提示词：请用#Markdown 代码块做一个下述案件的思维导图。
在本案中，甲方（投资者）与乙方（公司）签订了一份投资合同，约定甲方投资一定金额用于乙方公司的运营和扩张。合同明确规定，乙方应按照约定时间和方式提供合同所述的回报和利润。然而,乙方未能履行合同义务,严重违反了双方约定的条款。以下是乙方违约行为的详细情况,拖延支付回报:根据合同规定,乙方应按照每个季度的约定日期向甲方支付投资回报。然而,乙方多次拖延支付,并且在一些情况下完全未支付回报,导致甲方无法收回其应有的利益。虚假陈述:乙方在合同签订时作出了一系列虚假陈述,夸大了公司的盈利能力和财务状况。这些虚假陈述诱使甲方相信该投资具有很高的收益潜力,进而决定投资。然而,实际上公司的盈利状况远不如乙方所宣称的那样,导致甲方的投资遭受了巨大的损失。未公开关键信息:乙方未按照合同约定,向甲方披露与本合同有关的关键信息。这些信息包括业务风险、资金状况以及与公司合作的重要合作伙伴。乙方的隐瞒给甲方带来了不可挽回的财务损失,使其无法采取相应的风险控制措施。由于乙方的违约行为,甲方遭受了严重的财务损失,不仅未能获取到应有的投资回报,还失去了原始投资本金。甲方认为乙方的行为严重违反了合同约定,请求法院判决乙方承担相应的法律责任,并补偿甲方所遭受的全部经济损失和相关的法律费用。

ChatGPT:以下是一个思维导图的#Markdown 代码块,展示了甲方(投资者)与乙方(公司)投资合同纠纷的主要内容:

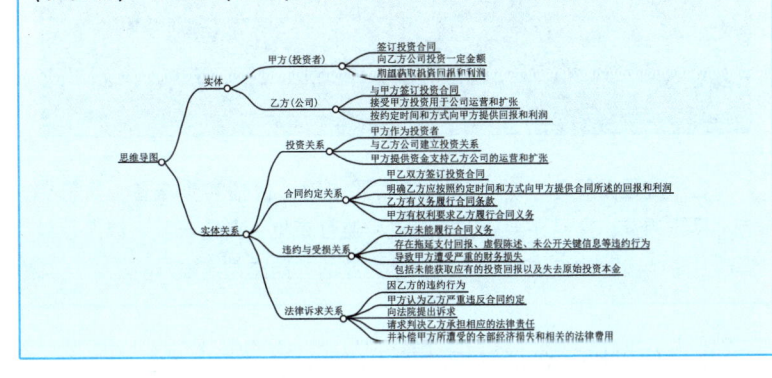

这个思维导图展示了甲方(投资者)与乙方(公司)投资合同纠纷的主要内容,包括乙方的违约行为、甲方的财务损失

以及甲方的法律请求。每个主要内容下还有一些具体的子内容，详细描述了案件的各个方面。

使用 ChatGPT 和解析软件 Markmap 做各类法律思维导图，不仅高效，而且展示效果非常清晰，有助于律师分析案情、准备开庭、设计商业交易方案等，而且可以随时指令 ChatGPT 帮助修改、完善。Markmap 只能导出 HTML 和 SVG 格式，不方便做格式和排版编辑，所以如果想把思维导图做得更美观，可以使用专门的思维导图制作工具 Xmind 完成。

案例 5.

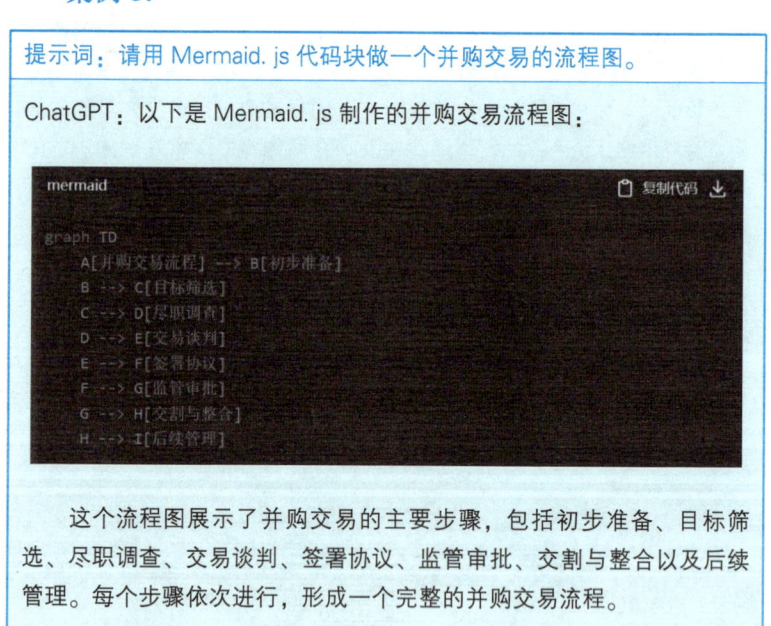

> 提示词：请用 Mermaid.js 代码块做一个并购交易的流程图。
>
> ChatGPT：以下是 Mermaid.js 制作的并购交易流程图：
>
> ```
> mermaid                                    复制代码
> graph TD
>     A[并购交易流程] --> B[初步准备]
>     B --> C[目标筛选]
>     C --> D[尽职调查]
>     D --> E[交易谈判]
>     E --> F[签署协议]
>     F --> G[监管审批]
>     G --> H[交割与整合]
>     H --> I[后续管理]
> ```
>
> 这个流程图展示了并购交易的主要步骤，包括初步准备、目标筛选、尽职调查、交易谈判、签署协议、监管审批、交割与整合以及后续管理。每个步骤依次进行，形成一个完整的并购交易流程。

复制代码块，登录解析软件 Mermaid（https：//mermaid.nodejs.cn），粘贴代码块展示如图 5-4 所示的并购交易的流程图。

第五章 ChatGPT 的法律实战案例

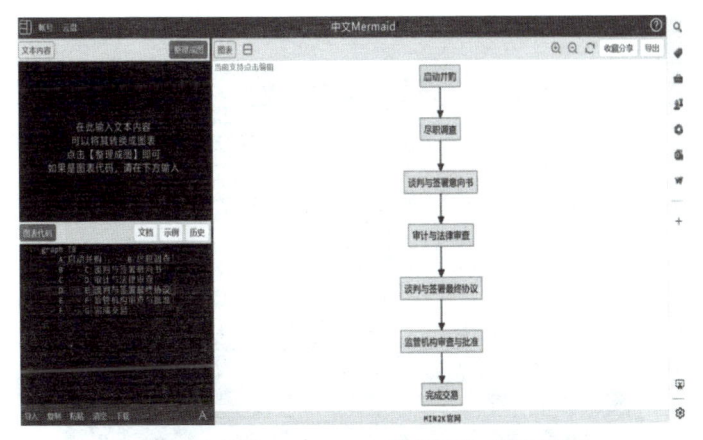

图 5-4 粘贴#Markdown 代码块生成流程图

使用解析软件 Mermaid 可以生成流程图、时序图、类图、状态图、实体关系图和思维导图，用于各种可视化的数据分析。ChatGPT 结合解析软件使过去耗时费力的可视化数据分析工作变得既简单快捷，又美观。除做并购交易流程图外，律师还可以用 ChatGPT 和 Mermaid 做各种诉讼案件、仲裁案件、律所管理方面的流程图，而且可以随时指令 ChatGPT 帮助修改、完善代码块，然后再复制粘贴到 Mermaid 展示流程图。

案例 6.

> 提示词：请用#Markdown 代码块创建一个有关仲裁的 PPT。
>
> ChatGPT：这是一个关于仲裁的 PPT，涵盖了仲裁的各个方面，包括仲裁概述、仲裁协议、仲裁机构、仲裁程序、仲裁裁决的执行、仲裁与诉讼的比较以及仲裁的最新发展。

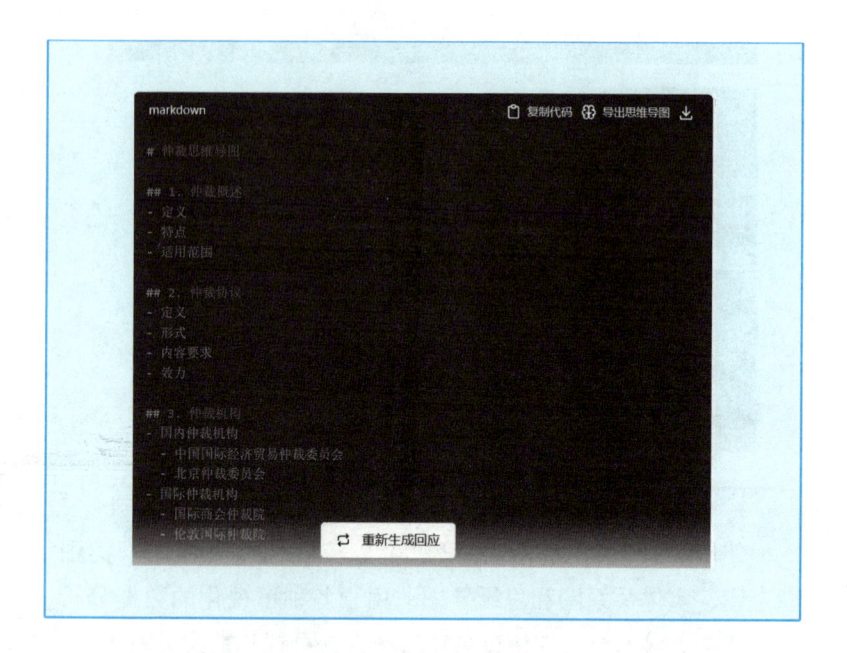

复制上述#Markdown 代码块，登录：https://mindshow.fun/#/home，点击右下方"AI 生成内容"（如图 5-5），即可进入生成页面。

图 5-5 MindShow 网站界面

粘贴#Markdown 代码块到输入框，再点击"AI 生成内容"，即可生成 PPT 内容，如图 5-6。

图 5-6　粘贴#Markdown 代码块

再点击"生成 PPT",即可演示、下载一份漂亮的 PPT。

图 5-7　选择 PPT 模版,演示、下载 PPT

过去需要一天甚至几天才能完成的 PPT,现在用 ChatGPT 和解析软件,几分钟即可完成,还可以随时修改,节省了法律人大量的宝贵时间。

八、审核专业报告

在法律实践中,律师常常需要处理来自不同领域的专业报告,例如医疗报告、工程鉴定书、专利技术报告等。这些报告通常包含复杂的术语和专业知识,对于不熟悉专业领域的律师来说，审核这些报告可能会面临一定的挑战。然而，ChatGPT可以作为一个非常有效的专业报告审核工具。它借助深度学习和自然语言处理技术，能够快速理解各类专业报告，解读报告的内容、提取关键信息、发现潜在问题，并提供报告的摘要、专业意见以及法律依据。这有助于律师更好地理解专业报告，分析其中的有利或不利因素，更准确、高效地运用专业报告为所处理的案件或项目提供支持，从而降低法律风险，为客户提供更专业的法律服务。

ChatGPT审核专业报告的操作步骤如下：

（1）文本格式：ChatGPT可以处理的文本格式（Word、PDF），并确保报告内容完整准确。

（2）上传或粘贴：上传全部报告内容或分段粘贴报告内容至ChatGPT，避免超出字数限制。

（3）审核请求：明确请求内容，如提取关键信息、专业术语、报告解读、发现潜在问题等。

（4）验证答案：ChatGPT提取的信息、指出的问题、分析和结论是否准确并有法律依据。

（5）提问或澄清：如有疑问，继续提问或澄清以获取更准确和详细的信息。

（6）记录和整理：将ChatGPT提供的关键信息和建议记录整理，作为后续参考。

（7）报告摘要：ChatGPT出具专业报告的摘要，并做思维导图，方便使用。

（8）专业判断：核实ChatGPT提供的信息，结合自身经验作出判断。

ChatGPT是律师审核专业报告的高效辅助工具，律师可以根据实际情况既使用ChatGPT，也同时使用AI工具，比如，Deep-

Seek、Kimi 等取长补短，达到更好的效果。

九、法律文件翻译

法律人特别是从事涉外业务的律师经常需要翻译各种法律文件，所以有些国内的红圈大所还专门设立了翻译部门，但遇到小语种的法律文件时仍然会束手无策，需要找小语种的翻译帮忙。笔者在一个"一带一路"希腊港口收购项目上，就遇到找不到希腊语翻译的窘境。ChatGPT 等国内外 AI 大模型可以快速、准确地翻译 20 多种语言，这也使得那些名不见经传的小型律所可以克服语言障碍去承接涉外法律项目。

目前市面上很多 AI 大模型都有收费和免费的翻译功能，使用起来都非常方便，而且翻译的准确度几乎达到甚至超过人类的水平，但是以严谨著称的法律人还是要对 AI 翻译的文件做最后的审核，以免因为 AI 的错误而承担法律责任。

"小法博智能助手"也专门设置了可以翻译 20 多种文字的翻译功能，它除支持 PDF、Word、TXT 文件的翻译外，还有原文与译文对比功能，方便高效审核译文。翻译完毕后可以选择只下载译文或者原文与译文对比。

十、市场开拓与案源

当你熟练地掌握了上述 ChatGPT 的使用方法后，需要有用武之地，施展 ChatGPT 赋予的能力。如何开拓法律市场，挖掘案源不仅是年轻律师的最大痛点，也是中老年律师面临的挑战。ChatGPT 可以为律师提供精准的市场分析和客户需求洞察，帮助其快速定位潜在客户群体，生成个性化的营销方案和建议，从而提升律师的市场竞争力，高效挖掘案源，为法律业务的拓展注入新的动力。

案例 1.

> 提示词：律师如何运用 ChatGPT 进行精准市场分析?

ChatGPT：以下是律师如何运用 ChatGPT 进行精准市场分析的详细步骤和方法：

1. 数据收集与整理
- 行业趋势分析：请提供当前法律市场的主要趋势和发展方向。
- 客户需求分析：请总结当前客户在法律服务方面的主要需求和关注点。
- 竞争对手分析：请列出本地区主要的法律服务提供商及其优势和劣势。

2. 市场细分与定位

市场细分：请根据客户类型（如企业客户、个人客户）对法律市场进行细分，并描述每个细分市场的特点。

客户画像：请为企业客户和个人客户分别创建详细的客户画像，包括他们的需求、痛点和期望。

3. SWOT 分析

SWOT 分析模板：请帮助我进行 SWOT 分析，评估我所在律师事务所的优势、劣势、机会和威胁。
- 优势：专业领域的深厚经验，强大的客户关系网络
- 劣势：市场营销能力不足，技术应用水平较低
- 机会：法律科技的发展，新兴市场的需求增长
- 威胁：竞争对手的增加，法律法规的变化

4. 制定市场策略
- 品牌定位：请帮助我制定律师事务所的品牌定位策略，突出我们的核心竞争力和独特价值。
- 营销策略：请提供一些有效的法律服务营销策略，包括线上和线下的推广方法。
- 客户关系管理：请提供一些客户关系管理的最佳实践，帮助我们提升客户满意度和忠诚度。

第五章 ChatGPT 的法律实战案例

5. 监测与反馈
· 市场监测：请提供一些方法和工具，用于监测法律市场的动态和变化。
· 客户反馈：请提供一些收集和分析客户反馈的有效方法，以帮助我们提升服务质量。
通过以上步骤，律师可以利用 ChatGPT 进行精准市场分析，获取有价值的信息和洞察，制定有效的市场策略，开拓市场和案源，提升竞争力和客户满意度。

案例 2.

提示词：在激烈竞争的市场环境下，律师如何开拓市场，获得案源?

ChatGPT：在激烈竞争的环境下，律师需要采取多种策略来开拓市场并获得案源。以下是一些有效的方法和策略：

1. 建立专业品牌
· 专业领域定位：选择一个或多个专业领域，成为该领域的专家。通过发表专业文章、参加行业会议和研讨会等方式，提升在该领域的知名度。
· 品牌形象塑造：设计专业的品牌形象，包括律师事务所的名称、标志、网站和宣传材料，确保品牌形象一致且专业。

2. 数字营销
· 网站优化（SEO）：优化律师事务所的网站，使其在搜索引擎中排名靠前。确保网站内容丰富，包括博客文章、案例研究和客户评价等。
· 社交媒体营销：在 LinkedIn、Twitter、Facebook 等社交媒体平台上建立专业形象，定期发布有价值的内容，吸引潜在客户。
· 内容营销：创建和分享高质量的内容，如法律指南、白皮书、视频和播客，展示专业知识，吸引目标客户。

3. 客户关系管理
· 客户满意度：提供优质的法律服务，确保客户满意。满意的客户更有可能推荐你的服务。

- 客户维护：定期与现有客户保持联系，了解他们的需求，并提供持续的法律支持。
- 推荐计划：建立客户推荐计划，鼓励现有客户推荐新客户，提供适当的奖励或折扣。

4. 网络与合作
- 行业协会与组织：加入相关的行业协会和专业组织，参加会议和活动，扩大人脉网络。
- 合作伙伴关系：与其他专业服务提供商（如会计师、咨询师等）建立合作关系，互相推荐客户。
- 社区参与：积极参与社区活动和公益项目，提升事务所在社区中的知名度和声誉。

5. 传统营销
- 广告投放：在法律杂志、报纸、广播和电视等传统媒体上投放广告，提升品牌曝光度。
- 讲座与研讨会：举办或参与法律讲座和研讨会，展示专业知识，吸引潜在客户。
- 直邮营销：通过邮件或邮寄方式发送宣传材料，直接触达目标客户。

6. 技术应用
- 客户管理系统（CRM）：使用客户管理系统，跟踪客户信息和沟通记录，提高客户服务效率。
- 在线咨询平台：提供在线咨询服务，方便客户随时获取法律建议，增加客户黏性。
- 自动化工具：使用自动化工具处理日常事务，提高工作效率，腾出更多时间专注于客户开发。

7. 持续学习与改进
- 行业动态：保持对法律行业动态的关注，了解最新的法律法规和市场趋势。
- 反馈机制：建立客户反馈机制，定期收集客户意见和建议，不断改进服务质量。

第五章 ChatGPT 的法律实战案例

> ・专业培训：参加专业培训和继续教育课程，提升专业技能和服务水平。
>
> 通过以上多种策略，律师可以在激烈竞争的环境下开拓市场，获得更多的案源。关键在于持续提升专业能力，建立良好的客户关系，并积极利用各种营销手段和技术工具。

笔者也让 Kimi 帮助律师们想一想如何开拓市场和案源的刚需，看看 Kimi 有何高见。

案例 3.

> 提示词：律师如何运用 Kimi 进行精准市场分析？
>
> Kimi：律师可以通过以下方式运用 Kimi 进行精准市场分析：
>
> ### 1. **客户画像与需求洞察**
> 律师可以利用 Kimi 分析客户咨询记录、社交媒体言论以及行业反馈等文本数据，提取关键信息，构建客户画像。通过这种方式，律师能够深入了解客户的法律需求、痛点以及潜在的法律问题，从而精准定位目标客户群体。
>
> ### 2. **市场趋势分析**
> Kimi 可以快速梳理行业动态、政策变化以及法律市场的最新趋势。律师可以通过输入相关关键词，获取行业报告、新闻资讯等信息，分析法律服务市场的变化趋势，提前布局业务方向。
>
> ### 3. **竞争分析**
> 律师可以利用 Kimi 分析竞争对手的业务特点、优势以及市场策略。通过对比分析，律师能够找到自身的差异化竞争优势，制定更具竞争力的市场策略。
>
> ### 4. **情感分析与客户满意度**
> Kimi 能够分析客户反馈中的情感倾向，帮助律师了解客户对法律服务的满意度和改进建议。通过情感分析，律师可以优化服务质量，提升客户体验。

5. **个性化营销策略**
律师可以结合 Kimi 生成的客户画像和需求分析，制定个性化的营销方案。例如，通过 Kimi 生成针对不同客户群体的法律文章、案例分析或咨询服务推荐，提升市场吸引力。
6. **法律知识普及与引流**
律师可以利用 Kimi 生成高质量的法律知识内容，如普法文章、法律问答等，通过社交媒体、专业平台等渠道分享，吸引潜在客户关注，扩大品牌影响力。
通过以上方式，律师可以借助 Kimi 的智能化能力，实现精准市场分析和案源拓展，提升法律服务的市场竞争力。

　　为了帮助律师朋友们开拓市场和案源，笔者在 ChatGPT 等很多 AI 大模型平台上尝试利用 AI 工具做市场分析和案源开拓的实验。只要大家认真并耐心尝试、摸索，AI 就可以用于开拓市场和案源。笔者的经验就是设计最佳的提示词，使用最佳的提示方法，不断发问就会逐渐逼近你所要的结果。比如，笔者曾经帮助婚姻家庭领域的律师，通过 ChatGPT 提示他们从心理医生处获得案源。其他法律领域的律师也可以尝试使用 ChatGPT、Kimi、DeepSeek 等开拓市场和案源。办法总比困难多！ChatGPT 会随时产生你意想不到的灵感，帮助你找到开拓市场和案源的创意。生成式 AI 时代，在改变我们的工作和生活的同时，也带来了无数全新的法律问题，可以预见的是，与生成式 AI 相关的法律挑战也将给律师们带来新的案源。

　　尽管笔者在本章展示了 ChatGPT 等 AI 大模型完成各项法律任务时令人瞩目的表现，但是在法律这个严谨且复杂的专业领域，它还是有诸多局限性和技术边界的。法律问题往往涉及精准的法律条文解读和深刻理解，以及对复杂案件的分析，而像 ChatGPT 这样的 AI 大模型目前还无法完全达到这个标准，特别是ChatGPT的疲劳和幻觉问题[1]导致提供的法律信息可能存在不准确、不完整，甚至误导性的情况，因此，不能将其作为法律判断和决策的唯一依据。[2]所以只有将ChatGPT作为辅助工具，结合法律专业知识，牢记谨慎使用原则，我们才能更好地发挥其优势，同时规避潜在风险。

---

[1] 笔者在使用和测试的过程中发现，幻觉这个看似是缺点的东西，有时候反而可以唤起创意和灵感。法条、案例的引用除外，因为ChatGPT不是搜索引擎，而是生成式AI，所以它不擅长回答事实问题。

[2] 随着DeepSeek推理大模型越来越强大，将ChatGPT的输出结果投喂给DeepSeek做交叉验证，是笔者常用的技巧。

第六章

ChatGPT 在法学院教育中的应用与未来

本章探讨了 AI 技术在法学教育领域的创新应用与发展前景。首先从法学教育的数字化转型背景出发,提出了智能法律教育的构想框架。重点介绍如何运用 ChatGPT 打造智能法律课程,包括课程设计、法律检索、案例分析、合同起草和高效提示方法。通过具体法律课程实战案例,展示 ChatGPT 在案例分析、教案设计、学习互动等教学场景中的实际应用效果。特别探讨了 ChatGPT 辅助法学生学习 Python 编程,并将其融入教学实践的独特价值。

> 教育不是注满一桶水，而是点燃一把火。
> ——威廉·巴特勒·叶芝

第一节　背景与构想

生成式 AI 对教育的影响可能远超其他领域，GPT-4 在各类考试中均表现出色，美国律师执业考试的成绩可以达到前 10% 的水平。2024 年，OpenAI 发布的 o1 已经可以达到物理博士的水平。GPT 的推理能力还在呈指数级的提升。美国在线教学网站可汗学院已经开始跟 OpenAI 合作，将 ChatGPT 融入其全部的在线教育系统。传统的死记硬背、填鸭式的教育模式已经过时，基于生成式 AI 的崭新的教育模式将应运而生。

生成式 AI 的兴起也改变着传统的法学教育，一些敢于创新的法学院已经先行一步，开始布局法律 AI 教育计划。西南政法大学成立了"法律 AI 学院"，清华大学法学院则开办了"法律 AI 硕士班"，北京理工大学法学院设立了"法律 AI 专业"。笔者有幸帮助北京理工大学法学院、深圳职业技术大学法律专业、福州大学法学院、广州财经大学法学院、广州交通大学（筹）海事法律与交通管理学院、大连海事大学法学院陆续开设法律 AI 课程。美国加州伯克利大学法学院也要开设美国法学院第一个人工智能法硕士班（LLM in AI Law）。北京和上海的中小学也在紧锣密鼓地布局，并在上百所中小学落地人工智能教学计划。

法学院使用 ChatGPT、DeepSeek 等 AI 大模型辅助教学，不仅可以提高教学质量，还可以让同学们提前接触 AIGC 的相关知识和使用方法。ChatGPT 在法学院的应用是一个非常好的人工智能应用场景，作为一个先进的人工智能工具，它不仅能够制定合理、高效的教育和培训计划，辅助教学和培训，还能够提供个性化的学习体验，从而极大地提高法学教育的质量和效率。因材施教、因人施教已不再是梦想。本章将深入探讨 ChatGPT 如何在法学院应用，以及面临的机遇与挑战。

一、法律知识的智能教学

传统的法律教育往往依赖于课堂讲授和案例分析，而 ChatGPT 可以为学生提供更加互动和灵活的学习方式。通过智能问答系统，学生可以随时向 ChatGPT 提出法律问题，并获得即时的反馈。这种方式不仅能够激发学生的学习兴趣，还能帮助他们建立起批判性思维和解决问题的能力。

此外，ChatGPT 还可以根据学生的学习进度和理解程度，提供个性化的学习建议和资源。例如，ChatGPT 可以讲解基础的法律概念和条文，提供更深入的法律分析和讨论。通过这种方式，ChatGPT 能够帮助学生构建起扎实的法律知识体系。

二、模拟案件分析与讨论

法律实务技能的培养是法律教育的重要组成部分。ChatGPT 可以模拟真实的法律案件，为学生提供一个虚拟的法律环境。在这个环境中，学生可以扮演律师、法官或当事人的角色，进行案件分析、证据搜集、论点构建和法庭辩论等活动。

通过模拟案件分析，学生不仅能够提前体验法律职业的工作流程和挑战，还能够将理论知识应用到实践中。ChatGPT 可以根据案件的复杂性和学生的反馈，不断调整案件的难度和深度，确保学生在每一个阶段都能得到充分的锻炼和提升。

三、法律实务技能的辅助训练

除了案件分析，ChatGPT 还可以辅助学生训练各种法律实务技能，如合同起草、法律文书撰写、谈判技巧等。通过与 ChatGPT 的互动，学生可以练习如何清晰、准确地表达自己的法律观点，如何有逻辑地组织和呈现证据，以及如何有效地与对方沟通和协商。

例如，在合同起草训练中，学生可以尝试使用 ChatGPT 生成的合同模板，然后对其进行审查和修改。ChatGPT 可以提供修改建议和风险提示，帮助学生理解合同条款的法律含义和后果。在法律文书撰写训练中，ChatGPT 可以提供文书的结构和语言风格的指导，帮助学生提高文书的专业性和说服力。

四、法律伦理和职业责任的教育

法律伦理和职业责任是法律教育的核心内容。ChatGPT 可以通过模拟不同的法律情境，帮助学生理解和掌握法律伦理的原则和规范。例如，ChatGPT 可以创建涉及利益冲突、律师保密义务、司法公正等主题的案例，引导学生进行讨论和分析。

通过这种方式，学生不仅能够学习到法律伦理的知识，还能够培养起对法律职业的责任感和使命感。这对于他们未来成为 AI 时代合格的法律专业人士具有重要意义。

五、法律教育的未来趋势

未来的法律教育可能会更加个性化、更加数字化，强调师生互动、理论和实践相结合。学生将能够在虚拟环境中进行更多的模拟实践，获得更丰富的学习体验。同时，法律教育者也需要不断更新自己的教学理念和方法，以适应这一变革。他们需要学会如何有效地结合 ChatGPT 等人工智能工具，设计出更加高效和更有吸引力的教学内容和创新课程。

总之，ChatGPT 在法律教育与培训中的应用，不仅能够提高教育的质量和效率，还能够为法律人才培养提供新的机遇和挑战。法律教育者和学生都应该积极拥抱这一变革，充分利用 ChatGPT 等人工智能技术，共同推动法律教育的发展和创新。

第二节　智能法律课程和提示方法

2016 年，AlphaGo 战胜世界围棋冠军李世石后，我们就开始推动人工智能在法学院的应用了，并在好几所法学院建立了"法律 AI 实验室"，开设相关课程和实训项目。ChatGPT 已经使智慧法学院建设更上一层楼。

笔者基于 ChatGPT 开发了"小法博智能助手"系统，除智能问答、案例分析、合同审查、文本生成、法律案例功能外，还开发了一个"智慧法学院"模块，上面有"智能法律课程目录"和"智能法律课程提示词（老师版）"。老师们可以在此基础上，根据所授课程和教学经验，以及学生们实际的学习情况调整，并添加新的内容。为方便法律学生们使用，还有一个"智能法律课程提示词（学生版）"。如下是在传统法学院课程的基础上，添加了法律与人工智能概论、法律 AI 大模型等有关课程设计的"智能法律课程目录"，方便将人工智能融入传统法律课程。

一、智能法律课程目录

A	B	C	D
序号	课程名称	学时	必修/选修
1	宪法		
2	行政法与行政诉讼法		
3	法理学		

第六章 ChatGPT 在法学院教育中的应用与未来

续表

A 序号	B 课程名称	C 学时	D 必修/选修
4	中国法制史		
5	西方法制史		
6	民法		
7	民事诉讼法		
8	刑法		
9	刑事诉讼法		
10	物权法		
11	合同法		
12	劳动法		
13	婚姻家庭法		
14	继承法		
15	侵权责任法		
16	公司法		
17	金融法		
18	证券法		
19	知识产权法		
20	经济法		
22	破产法		
23	票据法		
24	保险法		
25	法律会计学		
26	海商法		
27	国际法		
28	国际私法		
29	国际经济法		
30	国际贸易法		
31	国际金融法		
32	国际环境法		
33	国际商事纠纷调解		
34	法律与人工智能概论		
35	法律 AI 大模型		
36	法律+Python		
37	法律机器学习		

二、智能法律课程提示词（老师版）

ChatGPT 用于法律课程教学时效果如何，很大程度上取决于提示词使用得如何。我们需要用好的提示词和提示方法与ChatGPT 实现人机互动，让 ChatGPT 为我们赋能。未来，我们每个法律人都可以成为优秀的提示工程师，法学院需要培养这样的法律人才，这是一个具有很大创新空间的领域。提示词的重要性和使用方法在本书的第四章"法律提示词与提示方法"中已经详细介绍了，大家可以参阅。

虽然法学院的课程有 37 门之多，但是在提示词和提示方法的使用上具有一定的共性，很多提示词和提示方法稍作修改即可通用。为了提高使用效率，方便老师们在教学中使用，笔者设计了通用性的"智能法律课程提示词（老师版）"。老师们可以在此基础上，根据所授课程、教学经验和教学风格，以及学生们实际的学习情况进行调整，并添加新的内容。为了方便法学院学生们使用，笔者还专门设计了"智能法律课程提示词（学生版）"。无论是老师，还是学生，除使用本章提供的提示词外，在具体课程的教学和学习时，还可以使用本书附录 2 法律提示词集中按法律分类做的提示词。以下是笔者为法学院老师设计的"智能法律课程提示词"。

（1）请为我准备一份 45 个学时的必修课的教学大纲，并将生成式 AI 融入教学实践。

（2）请为我提供使用生成式 AI 教学的建设性意见和方案。

（3）请用生成式 AI 结合传统教学实践，归纳、总结所授课程中需要讲授的主要法律原则。

（4）请用生成式 AI 结合传统教学实践，归纳、总结所授课程的主要知识点。

（5）请用生成式 AI 结合传统教学实践，归纳所授课程学生们可能遇到的难点。

（6）请用生成式 AI 结合传统教学实践，根据所授课程的法律原则模拟相似度最高的案情和引用相似度最高的法条。

（7）请用生成式 AI 列举所授课程需要阅读的主要参考书。

（8）请用生成式 AI 结合传统教学实践，按章节准备思考题和参考答案。

（9）请用生成式 AI 结合传统教学实践，准备期中或期末试题。

（10）请用生成式 AI 结合传统教学实践，根据试题准备参考答案。

（11）请用生成式 AI 扮演老师就所授课程自动让学生一问一答，最后汇总结果并做分析。

（12）请用生成式 AI 结合传统教学实践，挑选和分析教学案例，并高亮教学案例的重点、难点。

（13）请建议如何使用生成式 AI 来培养学生的法律分析、推理和文书写作等实际技能。

（14）请用生成式 AI 结合传统教学实践进行所授课程的持续评估和个性化教学的指导。

（15）请教育学生认识到使用生成式 AI 在法律领域的道德和法律责任。

（16）请界定生成式 AI 在教学中的作用和学生们如何使用该工具并防止学术不端行为。

三、智能法律课程提示词（学生版）

（1）请用生成式 AI 规划法学院四年本科的学习。

（2）请用生成式 AI 归纳、总结所修课程的重要知识点。

(3) 请用生成式 AI 归纳、总结所修课程的主要法律原则。

(4) 请用生成式 AI 辅助法律检索和法律研究。

(5) 请用生成式 AI 检索相似度最高的法条。

(6) 请用生成式 AI 模拟所修课程的类案,并辅助分析、推理。

(7) 请用生成式 AI 辅助法律文件、论文起草。

(8) 请用生成式 AI 列举所修课程的主要参考文献。

(9) 请用生成式 AI 模拟所修课程的思考题和参考答案。

(10) 请用生成式 AI 模拟所修课程的考试。

(11) 请用生成式 AI 模拟所修课程与授课老师一对一问答。

(12) 请用生成式 AI 准备面试和模拟与面试官一对一面试。

同学们可以根据自己所修课程的难易程度、授课老师的教学风格、自己的学习习惯等设计提示词,并在使用中不断修改、提升。总之,这是一次全新的学习体验,在增长学识、探索未知的同时,享受美好的法学院学习之旅。从科学技术的角度,特别是从今天 AIGC 一日千里的发展速度来看,对能够抓住这个千载难逢的机会的同学来说,这是一个最好的时代。

第三节 ChatGPT 的法律课程实战

一、ChatGPT 等 AI 辅助教学

虽然上述 37 门课程都可以用 ChatGPT 等 AI 重塑一遍,但刑法、合同法、诉讼法、婚姻法、侵权法、证券法更适合作为试点尝试,所以笔者选择合同法作为如何用 AI 辅助教学的实际例子,并让其扮演授课老师。鉴于国内大模型在中文文本和数据方面的优势,笔者在几个案例中选用了国内大模型 Kimi。

第六章 ChatGPT 在法学院教育中的应用与未来

案例 1.

> 提示词：请根据《民法典》合同编和相关司法解释，为我准备一份关于合同法的教学大纲，并将生成式 AI 融入教学实践。

Kimi：

很高兴你对《民法典》中的合同法部分感兴趣。以下是一份基于《民法典》合同法章节的教学大纲草案，同时考虑了将生成式 AI 技术融入教学实践的方法。

教学大纲：《民法典》合同法

第一章：合同法概述

1.1 合同法的基本原则
- 自愿原则
- 平等原则
- 公平原则
- 诚实信用原则
- 法律适用原则

1.2 合同法的地位与作用
- 在民法中的位置
- 对市场经济的规范作用

1.3 合同的分类
- 有名合同与无名合同
- 单务合同与双务合同
- 要式合同与不要式合同

第二章：合同的订立

2.1 合同的形式
- 书面形式
- 口头形式
- 其他形式

2.2 合同的条款
- 必备条款
- 选择性条款

2.3 要约与承诺
- 要约的构成要件
- 承诺的构成要件
- 要约与承诺的法律效力

2.4 合同的成立与效力
- 成立的时间点
- 生效的条件
- 无效合同与可撤销合同

第三章：合同的效力

3.1 合同的履行
- 履行的原则
- 履行的抗辩

3.2 合同的保全
- 代位权
- 撤销权

3.3 合同的担保
- 保证
- 抵押
- 质押

第四章：合同的履行障碍

4.1 不可抗力
- 不可抗力的法律定义
- 不可抗力对合同履行的影响

4.2 情势变更
- 情势变更原则
- 情势变更对合同的影响

第五章：合同的变更与转让

5.1 合同的变更
- 变更的条件
- 变更的程序

5.2 合同的转让

· 债权转让

· 债务承担

第六章：合同的解除与终止

6.1 合同的解除

· 解除的条件

· 解除的程序

· 解除的效力

6.2 合同的终止

· 终止的原因

· 终止的程序

· 终止的效力

第七章：违约责任

7.1 违约责任的构成

· 违约行为

· 违约责任的承担方式

7.2 违约责任的免除

· 免责条件

· 免责的程序

第八章：合同争议的解决

8.1 协商解决

· 协商的原则

· 协商的程序

8.2 仲裁解决

· 仲裁的程序

· 仲裁裁决的效力

8.3 诉讼解决

· 诉讼的程序

· 诉讼的效力

融入生成式 AI 的教学实践：

> 1. 智能案例分析：利用生成式 AI 分析历史合同案例，为学生提供案例分析的自动化工具，帮助他们理解合同法的实际应用。
> 2. 模拟合同起草：通过 AI 辅助的合同起草工具，让学生实践合同的起草过程，AI 可以提供模板、自动填充条款，并给出法律意见。
> 3. 合同风险评估：利用 AI 进行合同风险评估，帮助学生识别潜在的合同风险点，提高风险管理意识。
> 4. 互动式学习：创建一个基于 AI 的问答系统，学生可以通过与系统互动来测试他们对合同法知识点的掌握程度。
> 5. 模拟法庭辩论：利用 AI 生成的案例，组织模拟法庭辩论，提高学生的法律辩论技巧和法律实践能力。
> 6. 个性化学习路径：根据学生的学习进度和理解能力，AI 可以提供个性化的学习建议和资源。
> 7. 实时法律更新：AI 可以实时监控法律变更，及时更新教学内容，确保教学内容的时效性。
> 8. 合同履行模拟：通过 AI 模拟合同履行过程中可能遇到的各种情况，让学生在安全的环境中学习和应对。
>
> 请注意，这份教学大纲是一个基本框架，具体的教学内容和方法可能需要根据学生的具体情况和教学目标进行调整。同时，融入 AI 技术也需要考虑技术的实际可行性和学生的接受程度。

做了上述的关于合同法的教学大纲，Kimi 还可以按 40 个学时，根据每个章节的复杂度、重要性以及学生的理解能力来合理分配授课时间，节省了老师准备教学计划的宝贵时间。老师需要做的是，根据《民法典》核证各章节的准确性。

案例 2.

提示词：请根据《民法典》合同编和相关司法解释，用生成式 AI 结合传统教学实践，归纳、总结合同法中需要讲授的主要法律原则。

Kimi：

《民法典》是中华人民共和国的基本民事法律，其中合同法部分规定了合同的订立、效力、履行、保障以及违约责任等内容。在传统教学实践中，结合生成式 AI 技术，可以更加高效地归纳和总结合同法中的主要法律原则。以下是一些关键的法律原则：

1. 自愿原则：合同的订立应当基于当事人的真实意愿。
2. 公平原则：合同的内容应当公平合理，不得违反社会公共利益。
3. 平等原则：合同当事人的法律地位平等，一方不得将自己的意志强加给另一方。
4. 合法原则：合同的内容和目的不得违反法律、行政法规的强制性规定。
5. 诚实信用原则：当事人在订立、履行合同过程中应当遵守诚实信用的原则。
6. 合法形式原则：合同的订立、变更、转让、解除等应当符合法定形式。
7. 合同自由原则：当事人有权自主决定是否订立合同、与谁订立合同以及合同的内容等。
8. 履行义务原则：当事人应当按照合同的约定履行自己的义务。
9. 违约责任原则：当事人不履行合同义务或者履行合同义务不符合约定的，应当承担违约责任。
10. 合同解除原则：在特定条件下，当事人可以解除合同，并根据具体情况承担相应的责任。
11. 担保原则：为确保合同履行，当事人可以约定担保条款，如保证、抵押、质押等。
12. 情势变更原则：合同成立后，如果出现了当事人在订立合同时无法预见、不能克服的情况，导致合同目的无法实现，当事人可以请求变更或解除合同。

13. 公序良俗原则：合同的内容和目的不得违反社会公德和良好风俗。在教学中，可以通过案例分析、模拟合同谈判、角色扮演等方式，结合AI 技术提供的信息检索、数据分析等功能，帮助学生更深入地理解和掌握这些法律原则。同时，AI 还可以辅助教师设计个性化的教学计划，提高教学效率和质量。

案例 3.

提示词：请根据《民法典》合同编和相关司法解释，用生成式 AI 结合传统教学实践，归纳、总结合同法中需要讲授的主要知识点。

Kimi：
在《民法典》中，合同法是其中的重要组成部分，它规定了合同的订立、效力、履行、变更、转让、终止以及违约责任等内容。结合生成式 AI 和传统教学实践，以下是合同法中需要讲授的主要知识点：
1. 合同的定义和特征：明确合同是平等主体之间设立、变更、终止民事权利义务关系的协议。
2. 合同的分类：介绍不同类型的合同，如买卖合同、租赁合同、承揽合同等。
3. 合同的订立：包括要约、承诺的过程，以及合同成立的条件。
4. 合同的形式：讲授合同可以采用的书面形式、口头形式以及其他形式。
5. 合同的内容：合同应当包含的主要条款，如当事人的姓名或名称、标的、数量、质量、价款或报酬等。
6. 合同的效力：包括生效时间、效力范围以及无效合同的情形。
7. 合同的履行：介绍当事人如何按照合同约定履行义务，以及履行抗辩权。
8. 合同的保全：包括债权人的代位权和撤销权等。
9. 合同的变更和转让：讲解合同条款的变更、债权债务的转让以及相关法律效果。

> 10. 合同的权利义务终止：包括清偿、提存、抵销、免除等方式。
> 11. 违约责任：介绍违约的情形、违约责任的形式（如支付违约金、赔偿损失等）以及免责事由。
> 12. 合同的解释：讲解合同条款不清楚时的解释原则和方法。
> 13. 合同争议的解决：包括协商、调解、仲裁和诉讼等。
> 14. 特殊合同的规定：如格式条款合同、消费合同等特殊类型的合同及其相关规定。
> 15. 国际合同的特殊规则：如果涉及跨国交易，还需介绍国际合同的相关法律规则。
>
> 在教学过程中，可以利用生成式 AI 来辅助学生理解合同法的复杂概念，例如，通过模拟合同纠纷的案例分析，让学生在 AI 的帮助下模拟合同谈判、起草合同文本、分析合同风险等。此外，AI 还可以用于个性化学习路径的设计，根据学生的学习进度和理解能力提供定制化的教学内容和练习题，从而提高教学效果。

你可以用提示词"继续"让 Kimi 说得更详细一点，也可以提出你的要求或告诉 Kimi 遗漏了什么。你的提示词越好，输出结果的满意程度也就越高，但是千万别忘记验证回答的结果，这是 AIGC 时代考验学习能力的一个最重要的环节，也许以后法学院的试题是以提问、识别、验证、对齐能力为标准的。

案例 4.

> 提示词：请根据《民法典》合同编和相关司法解释，给出合同法的 5 个选择题和标准答案。

> Kimi：
> 根据《民法典》合同编，以下是 5 个关于"合同法"的选择题，以及标准答案：

选择题

1. 合同的生效时间是何时?

A. 当事人双方签署合同时

B. 当事人双方达成一致意见时

C. 合同文本交付时

D. 合同中规定的生效日期

2. 以下哪项不属于合同的必备条款?

A. 当事人的姓名或名称和住所

B. 合同的标的

C. 合同的履行期限

D. 合同的签订地点

3. 当事人一方不履行合同义务时,另一方可以采取哪些措施?

A. 请求履行

B. 请求赔偿损失

C. 要求支付违约金

D. 所有以上选项

4. 在合同中,对价不足可能导致什么后果?

A. 合同无效

B. 合同可撤销

C. 合同需要重新协商

D. 合同部分条款无效

5. 以下哪种情况下,合同可以被认定为无效?

A. 当事人一方缺乏民事行为能力

B. 合同违反法律、行政法规的强制性规定

C. 合同损害社会公共利益

D. 所有以上选项

标准答案

1. 答案：B

合同自当事人双方达成一致意见时成立。

> 2. 答案：D
> 合同的签订地点并非合同的必备条款。
> 3. 答案：D
> 当事人一方不履行合同义务时，另一方可以请求履行、请求赔偿损失或要求支付违约金。
> 4. 答案：B
> 对价不足可能导致合同可撤销。
> 5. 答案：D
> 所有以上选项均是合同可以被认定为无效的情况。
> 请注意，这些选择题和答案是基于《民法典》合同编的一般原则制作的，具体情况可能需要根据具体法律条文和司法解释进行判断。

授课老师可以用 ChatGPT 等 AI 工具出题考查学生们的学习情况，并用收集的数据让 ChatGPT 等 AI 工具评估教学效果和改进方案。

最后还有一个用 ChatGPT 教学的场景很有意思。老师可以在每一章结束后，让 ChatGPT 扮演授课老师，向学生们就每一章的教学内容提问。ChatGPT 每次只可以问一个问题，学生们回答后，再问下一个问题。问答结束后，让 ChatGPT 根据学生的回答情况做一个评论和总结。这个功能不仅可以让 ChatGPT 扮演面试官，还可以扮演法官模拟法庭庭审。

案例 5.

> 提示词：你是《合同法》课程的授课老师，请提问让学生回答，每次只能问一个问题，学生回答后，再问下一个问题，问完 5 个问题后结束。现在你开始提问吧。

ChatGPT：
好的，让我们开始提问吧！

1. 在合同法中，什么是合同的要素？
答：合同双方当事人、合同标的、合同的对价、合同的履行。
ChatGPT：
非常好！下一个问题：
2. 在合同法中，合同的成立有哪些条件？
答：双方当事人同意合同的条款，并有权签署合同。
ChatGPT：
正确！接下来是第三个问题：
3. 在合同法中，什么是无效合同？
答：一方当事人违约，导致合同无法履行。合同本身违法。
ChatGPT：
正确！下一个问题：
4. 在合同法中，有哪些情况下合同可以被解除？
答：一方不能履行合同，构成违约。
ChatGPT：
正确！最后一个问题：
5. 在合同法中，什么是合同的解除？
答：经双方当事人同意，合同可以解除……
ChatGPT
非常好！你已经回答了五个问题，这是我们的最后一个问题。感谢你的参与！

案例 6.

提示词：请给出上述 5 个问题的参考答案，并为学生的回答打分。

ChatGPT：
作为老师，我会给学生的回答打分：
对于第一个问题，学生提供了合同的四个要素：合同双方当事人、合同标的、合同的对价、合同的履行。这是正确的，得分：4/4。

第六章　ChatGPT 在法学院教育中的应用与未来

> 对于第二个问题，学生回答了合同成立的条件之一：双方当事人同意合同的条款，并有权签署合同。这也是正确的，得分：1/1。
> 对于第三个问题，学生提到了两种情况下合同可能会无效：一方违约导致合同无法履行，以及合同本身违法。这也是正确的，得分：2/2。
> 对于第四个问题，学生回答了合同可以被解除的一种情况：一方不能履行合同构成违约。这是正确的，得分：1/1。
> 对于最后一个问题，学生提到了合同可以经双方当事人同意解除。这也是正确的，得分：1/1。
> 综合起来，学生的回答总共得到了 9 分（满分为 10 分）。学生的回答整体上非常不错，对合同法的基本概念和原则有很好的理解。

这只是一个简单的实验，仅提供了一个有趣的思路，后续需要老师提供标准答案，让 ChatGPT 在学生回答后进行点评、打分。

由于 ChatGPT 没有语音功能，可以用 Kimi 或者豆包的语音功能，让 Kimi 或豆包作为考官或面试官提问，采用一问一答的方式进行，然后让 Kimi 或豆包根据你的表现打分。也可以让 Kimi 或豆包作为法官，你作为律师，进行一对一问答，锻炼应对能力。

工欲善其事，必先利其器。最近腾讯推出的，基于知识库的 AI 助手 ima 接入了 DeepSeek 的满血版 V3、R1，可以为法学院老师和同学快速搭建属于自己的 AI 知识库。它有共享功能和提供大量知识的知识广场，使用非常方便。它还有智能问答、阅读、笔记和写作等功能，让保存的知识发光发热。如何搭建、使用 ima 知识库见本书第七章第五节。另外，可以参见本书第七章第六节和第七节，学习使用字节跳动最近推出的 Coze 搭建法律智能体和法律工作流。教师可以用 Coze 工作流，让法学院的教学流程化，让法学院的学习事半功倍、多姿多彩。

二、用 ChatGPT+Markmap 做教学和学习思维导图

下面我们将学习如何用#Markdown 代码块做思维导图和 PPT。此外，#Markdown 代码块还可以做课堂笔记的自动分段、标注段落标题、分词、词频、提取要点等。只要上传笔记，用提示词提出需求即可。具体做法可以参见本书第五章关于诉讼准备的案例。

案例

> 提示词：请根据《民法典》合同编，用# Markdown 代码块做一个思维导图大纲。

ChatGPT：
当然，以下是根据《民法典》合同编的通则分编的一个简单的 Markdown 格式的思维导图大纲：
#《民法典》合同编思维导图大纲
第一分编 通则
  ### 第一章 一般规定
    - 合同的定义和法律效力
    - 合同的基本原则
    - 合同的解释
  ### 第二章 合同的订立
    - 要约
    - 承诺
    - 合同成立的时间与地点
    - 合同的形式
  ### 第三章 合同的效力
    - 生效
    - 无效
    - 可撤销
    - 效力待定

```
### 第四章 合同的履行
    - 履行的原则
    - 履行的地点和方式
    - 第三人履行
### 第五章 合同的保全
    - 债权人的代位权
    - 债权人的撤销权
### 第六章 合同的变更和转让
    - 合同的变更
    - 合同权利的转让
    - 合同义务的转移
### 第七章 合同的权利义务终止
    - 清偿
    - 抵销
    - 提存
    - 免除
    - 混同
### 第八章 违约责任
    - 违约责任的构成
    - 违约责任的形式
    - 违约责任的免除
## 第二分编 典型合同
    ### 第九章 买卖合同
    ### 第十章 供用电、水、气、热力合同
    ### 第十一章 赠与合同
    ### 第十二章 借款合同
    ### 第十三章 租赁合同
    ### 第十四章 融资租赁合同
```

```
### 第十五章 承揽合同
### 第十六章 建设工程合同
### 第十七章 运输合同
### 第十八章 技术合同
### 第十九章 保管合同
### 第二十章 仓储合同
### 第二十一章 委托合同
### 第二十二章 行纪合同
### 第二十三章 居间合同
## 第三分编 准合同
### 第二十四章 无因管理
### 第二十五章 不当得利
```

请注意，这个大纲是根据《民法典》合同编的章节结构制作的，具体的法律条文内容需要查阅法律文本。这个大纲可以作为一个基础框架，用于进一步的学习和讨论。

复制上述#Markdown 代码块格式，登录 Markmap 网站，将上面的#Markdown 代码块格式粘贴在左边空白处，如图 6-1 所示。

图 6-1　Markmap 网站粘贴#Markdown 代码块

Markmap 输出了下面的思维导图，如图 6-2 所示。

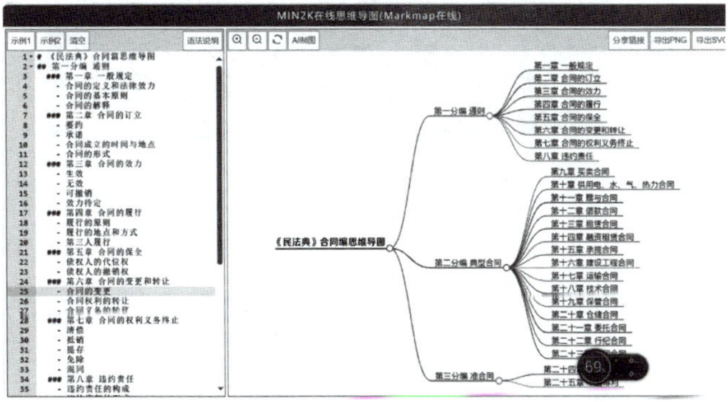

图 6-2 自动输出思维导图

可以从上面的 Markmap 上下载生成的思维导图，粘贴到指定文件。如果想做得更漂亮一点，可以登录专业的思维导图网站 Xmind 加工制作。

做思维导图是一个很好的学习方法，但是又非常花费时间，还难免有遗漏，可是用上面的方法几分钟即可完成。

三、用 ChatGPT + MindShow 做教学和演讲 PPT

用 PPT 教学、演讲是老师必须具备的技能，但是制作优质的 PPT 非常耗时费力，可以用类似上述方法制作 PPT 为你排忧解难。

首先复制上述的《民法典》合同编的思维导图#Markdown 代码块格式，然后登录：https：//mindshow.fun/#/home，显示如图 6-3 所示界面：

图 6-3　MindShow 网站界面

点击 AI 生成内容，显示如图 6-4 所示界面，在 PPT 中需要显示的内容处粘贴《民法典》合同编#Markdown 代码块格式。

图 6-4　MindShow AI 生成内容界面

点击生成内容，显示如图 6-5 所示界面：

图 6-5　MindShow 粘贴#Markdown 代码块

点击生成 PPT，《民法典》合同编 PPT 显示如图 6-6 所示：

图 6-6　MindShow 生成 PPT 界面

除像上述合同法使用 ChatGPT 的实例外，还有几个不错的方法，比如，上传案情，用一句提示词让 ChatGPT 帮你找到嫌疑犯；用文生图的方法描述一个犯罪现场，比文字和口述更加形象。如果像 Sora 这样的文生视频物理模型推出后，所有课程的教学模式也将发生翻天覆地的变化。

在笔者开发的"小法博智能助手"系统上，制作的所有法学院课程的思维导图和提示词库都可以用于教学。授课老师可以根据所授课程的特点、教学风格和学生们的水平，设计自己喜欢的提示词。随着 ChatGPT 和 DeepSeek 等 AI 大模型在教学中的实际应用，还会有更多的创意让法学院的教学更丰富多彩。

第四节　ChatGPT 如何辅助法律学生学习 Python 编程

ChatGPT 开启了生成式人工智能的时代，国内外很多法学院都在布局如何将 ChatGPT 融入法学院的教学和研究，要了解 AI 的运作逻辑并充分发挥 AI 工具的潜力，法学院的老师和同学需学习基础的计算机和编程知识。伽利略认为，自然界是由数学语言书写的。而著名的计算机科学家斯蒂芬·沃尔弗拉姆（Stephen Wolfram）则认为，自然界是由编程语言书写的，而且是简单的编程语言。乔布斯说："我们每个人都应该学习编程，因为它教你如何思考。"可见，法律人学习一些编程语言不仅是工具适配，更是思维升级。

如今，在 ChatGPT 的辅助下，法学院的师生能够较为轻松地学习运用计算机语言与逻辑思维，并借此解决复杂的法律问题。这种方式可表述为"法律即代码"，其本质由 0 和 1 控制。倘若有兴趣，人们可以尝试利用 ChatGPT 构建法律问题的数学模型，例如，构建一个关于合同违约金计算的数学模型，并用 Python 代码将其实现。实际上，许多具体法律问题都可以借助 ChatGPT 辅助构建数学模型，使用者只需提供相应的数据和变量即可。正如德国哲学家、科学家和数学家莱布尼茨所言：法律是可以计算的。笔者认为，法律的数学表达有助于更好地了解法律的本质，年轻的法律学者和学生可以借助 AI 大模型越来越强大的计算和推理能力，尝试探索法律未知的领域。

虽然有很多计算机编程语言可以学习，比如 C、C++、Java 等，但是笔者觉得最好的切入点就是用 ChatGPT 辅助学习 Python 这门人工智能编程语言。Python 简单易学，是目前最火爆的编程语言，而且已经广泛应用于办公自动化、数据分析、网络开发和人工智能领域。为此，笔者根据自学 Python 编程和 ChatGPT 应用的经历，为法律人编写了一本《法律人的 Python 课》的教材，其中还特别加入了如何用 ChatGPT 学习和使用 Python 的方法。以下用几个实例来看一下，ChatGPT 是如何降低法学院学生学习 Python 编程的入门门槛的。

案例 1.

> 提示词：我是编程零基础的法律学生，我应该学习哪种编程语言？
>
> ChatGPT：
> 作为法律学生，学习编程语言可以为你的学习和职业发展增添很多优势，特别是在法律技术领域。以下是几种适合初学者的编程语言，可以根据你的兴趣和学习目标选择：
> 1. Python：Python 是一种简单易学的编程语言，广泛应用于数据分析、人工智能、网络开发等领域。它的语法清晰简单，对于初学者来说很友好，而且在法律技术领域也有广泛的应用，比如文本分析、自然语言处理等。
> 2. JavaScript：JavaScript 是一种用于网页开发的脚本语言，它是现代网页应用的基础。学习 JavaScript 可以让你理解网页开发的基本原理，对于涉及网络法律、在线隐私等领域会有所帮助。
> R：如果你对数据分析和统计学感兴趣，学习 R 语言可能会很有用。R 语言被广泛用于统计分析、数据可视化等领域，在法律研究中也有一定的应用，特别是在分析法律数据和进行定量研究时。
> 3. SQL：结构化查询语言（SQL）用于管理和查询关系型数据库，对于需要处理大量结构化数据的法律项目（比如案件管理系统、法律文书管理系统等）来说，学习 SQL 会很有帮助。
> 不论你选择哪种语言，建议从基础开始学习，通过在线教程、视频课程或者参加编程培训班来系统地学习编程知识和技能。同时，尝试将编程技能与你的法律知识结合起来，探索如何利用编程来解决法律领域的问题和挑战。

案例 2.

> 提示词：法律学生学习 Python 应该如何入门？

ChatGPT：
作为法律学生学习 Python 的入门建议如下：
1. 理解基本概念：在开始学习 Python 之前，先了解一些基本的编程概念，比如变量、数据类型、条件语句、循环等。这些概念是学习任何编程语言的基础，也适用于 Python。
2. 选择学习资源：选择一些适合初学者的学习资源，比如在线教程、视频课程、书籍等。一些免费的在线资源像是 Codecademy、Coursera、edX，以及 Python 官方网站上的教程都是不错的选择。
3. 学习语法和基本操作：学习 Python 的语法和基本操作，比如如何定义变量、如何使用条件语句和循环、如何定义函数等。这些是编写 Python 程序的基础。
4. 练习编程：在学习过程中，一定要多练习编程，通过实际动手写代码来加深对 Python 语言的理解。可以尝试一些简单的编程挑战或者项目，比如编写一个简单的文本处理程序、编写一个简单的数据分析脚本等。
5. 学习常用库和工具：Python 有许多强大的库和工具，可以帮助你完成各种任务，比如数据分析、文本处理、网页开发等。学习一些常用的库，比如 NumPy、Pandas、Matplotlib 等，可以让你更高效地进行编程工作。
6. 探索法律技术应用：尝试将 Python 编程技能应用到法律领域，探索如何利用 Python 来处理法律数据、分析法律文本、构建法律应用等。可以参考一些与法律技术相关的案例和项目，以此来加深对 Python 在法律领域的应用理解。

记住，学习编程需要耐心和持之以恒的努力，不要害怕犯错，通过不断地练习和实践来提高自己的编程水平。

第六章 ChatGPT 在法学院教育中的应用与未来

案例 3.

> 提示词：法律学生学习 Python 应该掌握哪些知识点？

ChatGPT：
作为法律学生学习 Python，以下是你应该掌握的一些基本知识点：
1. 基本语法和数据类型：
学习 Python 的基本语法，包括变量、数据类型（整数、浮点数、字符串、布尔值等）、运算符等。
理解 Python 中的列表、元组、字典等数据结构，并学会如何操作它们。
2. 条件语句和循环结构：
掌握条件语句（if-else 语句）和循环结构（for 循环、while 循环），以及如何使用它们来控制程序的流程。
3. 函数和模块：
学习如何定义和调用函数，以及函数的参数传递和返回值。
理解模块的概念，学会如何导入和使用 Python 标准库中的模块，以及如何创建和使用自定义模块。
4. 异常处理：
了解异常处理的概念，学会如何使用 try-except 语句来捕获和处理异常，以增强程序的健壮性。
5. 文件操作：
学习如何打开、读取和写入文件，以及如何处理文件对象。
6. 面向对象编程：
了解面向对象编程的基本概念，包括类、对象、方法、继承等。
学习如何定义类和创建对象，并掌握如何使用面向对象编程来组织和管理代码。
7. 常用库和工具：
熟悉一些常用的 Python 库和工具，比如 NumPy、Pandas、Matplotlib 等，以及它们在数据分析、可视化等方面的应用。
8. 数据处理和分析：
学习如何使用 Python 进行数据处理和分析，包括数据清洗、转换、分组、聚合等操作。

> 9. 文本处理和自然语言处理：
> 掌握如何使用 Python 进行文本处理和自然语言处理，包括分词、词频统计、情感分析等常见任务。
> 10. Web 开发基础（可选）：
> 了解一些基本的 Web 开发知识，比如 HTTP 协议、HTML、CSS，以及一些常见的 Web 框架（如 Django、Flask 等），可以帮助你更深入地理解 Web 应用的工作原理。

通过学习以上知识点，你将能够掌握 Python 编程的基础，并可以做一些基本的法律应用项目。

案例 4.

> 提示词：ChatGPT 如何助力 Python 的学习呢？
>
> ChatGPT：
> 1. 通过与 ChatGPT 对话，学习 Python 的数据结构和基础语法，比如，数据结构、变量、运算符、逻辑运算、条件语句、循环、函数、类，并给出代码示例。
> 2. 通过与 ChatGPT 对话，提出有关 Python 编程的问题，并让它给出相关的答案和解释。你可以询问关于语法、常见错误、编程方法、第三方库的使用等各种有关 Python 的问题，帮助你更好地学习 Python。
> 3. 通过与 ChatGPT 对话，告诉它你想完成的任务，让它帮你写代码，供你参考，还可以给每一条代码做注释和代码块的实现过程，方便你理解代码。
> 4. 上传报错的代码，让 ChatGPT 给你纠错，并给你一个正确的示例，还可以告诉你为什么 Python 会报错的原因，供你参考。

如果没有 ChatGPT，遇到上述问题只有去百度查代码示例或问老师了，耗时费力，让编程零基础的法律人望而却步，难以完成 Python 的学习，更不用说用 Python 解决法律问题了。而 ChatGPT 使这些问题迎刃而解。

案例 5.

> 提示词：根据应该掌握的 Python 知识点，做一份 10 周的 Python 学习计划。
>
> ChatGPT：
> 下面是一个为期 10 周的 Python 学习计划，着重于基础知识和简单项目的实践：
> 第 1 周．Python 基础和数据类型
> 学习目标：了解 Python 的基本语法和数据类型。
> 学习内容：
> 变量、数据类型（整数、浮点数、字符串、布尔值）的定义和使用。
> Python 中常用的数据结构：列表、元组、字典。
> 学习资源：
> 在线教程：Codecademy 的 Python 基础课程。
> 书籍：《Python 编程快速入门》第 1-2 章。
> 第 2 周．条件语句和循环结构
> 学习目标：掌握条件语句和循环结构的使用。
> 学习内容：
> if-else 语句和条件表达式的使用。
> for 循环和 while 循坏的使用。
> 学习资源：
> 在线教程：Codecademy 的 Python 条件语句和循环结构课程。
> 书籍：《Python 编程快速入门》第 3-4 章。
> 第 3 周．函数和模块
> 学习目标：学会定义和调用函数，理解模块的概念。
> 学习内容：
> 函数的定义和调用，参数传递和返回值。
> 模块的导入和使用，自定义模块的创建和使用。
> 学习资源：

在线教程：Codecademy 的 Python 函数和模块课程。
书籍：《Python 编程快速入门》第 5-6 章。
第 4 周：异常处理和文件操作
学习目标：了解异常处理的概念，学会文件操作。
学习内容：
try-except 语句的使用。
文件的打开、读取和写入操作。
学习资源：
在线教程：Codecademy 的 Python 异常处理和文件操作课程。
书籍：《Python 编程快速入门》第 7-8 章。
第 5 周：面向对象编程
学习目标：了解面向对象编程的基本概念，掌握类和对象的定义与使用。
学习内容：
类、对象、方法的概念和使用。
继承、多态等面向对象编程的特性。
学习资源：
在线教程：Codecademy 的 Python 面向对象编程课程。
书籍：《Python 编程快速入门》第 9 章。
第 6-7 周：常用库和工具（数据处理）
学习目标：熟悉常用的数据处理库和工具，如 NumPy、Pandas。
学习内容：
NumPy 和 Pandas 库的基本使用。
数据清洗、转换、分组、聚合等操作。
学习资源：
在线教程：DataCamp 的 Python 数据科学入门课程。
书籍：《Python for Data Analysis》(数据分析使用 Pandas 的经典教材)。
第 8-9 周：文本处理和自然语言处理
学习目标：掌握如何使用 Python 进行文本处理和自然语言处理。
学习内容：

第六章 ChatGPT 在法学院教育中的应用与未来

> 文本处理的基本操作,如分词、词频统计等。
> 自然语言处理技术的基本原理和应用。
> 学习资源:
> 在线教程:DataCamp 的 Python 自然语言处理基础课程。
> 书籍:《自然语言处理入门》。
> 第 10 周:综合项目
> 学习目标:应用所学知识完成一个综合项目。
> 学习内容:
> 自选项目或参与开源项目,应用 Python 编程知识解决问题。
> 学习资源:
> 在线资源:GitHub 等开源社区。
> 实践:不断学习和解决项目中遇到的问题。
> 这个 10 周的学习计划将帮助你建立 Python 编程的基础,掌握必要的知识和技能,并通过综合项目加强实践能力。

在让 ChatGPT 做学习计划时,笔者用的第一个提示词不太好,所以学习计划中遗漏了学习 Python 必须掌握的基础知识。重新修改了提示词后,让 ChatGPT 根据它建议的学习 Python 应该掌握的知识点,重新做一份学习计划,结果一份不错的学习计划便完成了,再一次证明了提示词的重要性。如果没有 ChatGPT 助力,老师做上述的工作从构思到起草至少需要几天时间,而笔者用 ChatGPT 只用了几分钟就完成了,因此有更多的时间做 Python 代码和法律应用项目。[1]

作为一个大型语言模型,ChatGPT 还有一个非常重要的功能,就是可以完成基础的编程工作,并可以帮你查找代码中的 bug。如果你想为某个法律任务做个程序,你只需要告诉它是一

---

[1] 参见笔者编著的《法律人的 Python 课》,包括完整课程、常用代码和 10 个法律实战项目。

项什么任务和具体要求。它可以很快帮你写好代码，你只要稍加修改就可以使用。老师和同学还可以尝试用 ChatGPT 做法律的数学模型，比如，某个法律领域制定的法律数量与案件数量之间的关系。再让 ChatGPT 生成 Python 代码并做可视化分析和展示。笔者测试发现，虽然 ChatGPT 在法律数学建模方面表现出色，但是 DeepSeek-V3 在 Python 代码生成方面更胜一筹。

对于零基础学习 Python 的法律人来说，ChatGPT 将是你的良师益友，事半功倍的神器。因为它让 Python 学习变得前所未有的简单。有了 ChatGPT，学习效率高速提升。再也不用因为一个 Python 语法概念找不到好的示例而发愁；再也不用因为一个代码跑不通，要花许多时间一遍遍地重试；再也不用因为不知道该怎么写一段代码而冥思苦想。但是，必须学会 Python 的基础语法，看懂代码，否则将是白费力气。

总之，ChatGPT 正在深刻地改变着我们传统学习编程的范式，使学习效率大幅提升。只要我们抱着对 ChatGPT 和 DeepSeek 等 AI 大模型的敬畏和好奇心，发挥我们的想象力和创造力，我们就能实现无限的可能。法学院的老师和同学们一定能够在 ChatGPT、DeepSeek 等 AI 大模型的辅助下，快速掌握 Python 这一人工智能语言，并将其应用于法学院的教学以及法律研究实践之中，开启智慧法学院的科学探索之旅。

第七章

DeepSeek 的法律实战案例

本章深入探讨 DeepSeek 在法律领域的创新应用与实践价值。首先，分析 DeepSeek 为法律行业带来的技术变革与发展机遇，展现其在智能化法律服务中的独特优势。其次，探索 DeepSeek 在法学院教育中的创新应用模式，展示其如何辅助法律教学与研究。最后，重点介绍利用 DeepSeek 构建专业化法律知识库和智能体的实用方法，为法律人实现知识管理与服务升级提供技术路径。本章通过丰富的实践案例，既呈现 DeepSeek 在法律垂直领域的深度应用潜力，也为法律行业拥抱 AI 技术提供指引。

> DeepSeek 带来了 21 世纪的"斯普特尼克时刻"。
> ——《华盛顿邮报》

第一节　DeepSeek 带来的变革和机遇

2024 年 12 月底，杭州深度求索公司（DeepSeek）推出了 DeepSeek-V3，在大咖云集的 AI 界以极低的成本一跃成为最好的开源模型。一个月后，DeepSeek 又推出了新模型 DeepSeek-R1，同样延续了高性价比的优势，仅用十分之一的成本就达到了 GPT-4 级别的表现。DeepSeek 以约 550 万美元的算力训练成本，6710 亿参数打破了"大力出奇迹"的神话，大胆尝试着"小力出奇迹"也可以是一条通往"通用人工智能"（AGI）的途径。

DeepSeek 的横空出世，在国内外引起了轩然大波。美国科技界甚至把 DeepSeek 带来的技术突破，称之为人工智能的"斯普特尼克时刻"。[1]为了应对 DeepSeek 带来的挑战，美国的英伟达、微软、英特尔、AMD、AWS 云巨头都上架或集成了 DeepSeek。在国内的华为云、腾讯云、百度智能云、三大电信运营商等大平台宣布上线 DeepSeek 大模型后，很多公司也已经连续接入 DeepSeek 大模型 V3、R1 版本，进行私有化部署，开发垂直领域大模型，建立知识库、问答、生成式 AI、智能体等功能，服务垂直领域的客户。

---

〔1〕 1957 年，苏联发射成功第一颗人造卫星"斯普特尼克 1 号"，使美国看到了其在航天领域的落后，这直接催生了美国大举投资科技的决策。

DeepSeek 正在引爆法律服务业的重大变革。开源、免费带来的技术平权，使每个人都可以拥有一个免费和聪明的法律智能助手，也给传统的法律行业带来巨大的冲击和变革的曙光。

一、DeepSeek 是什么？

DeepSeek 是由深度求索公司（一家专注于"通用人工智能"研发与应用的公司）推出的开源的 AI 推理大模型，其 R1 模型擅长处理复杂任务，在解决数学、物理问题方面的表现可与 OpenAI-o1 相媲美，而且可以免费使用。DeepSeek 创造了 10 多天用户量突破 1.2 亿，日活 3500 万的奇迹，超过了 OpenAI 之前创造的奇迹。

DeepSeek-R1 在后训练阶段大规模使用了强化学习技术，在仅有极少标注数据的情况下，极大提升了模型推理能力，在数学、代码、自然语言推理等任务上，性能比肩 OpenAI-o1 正式版。

DeepSeek 的主要创新包括模型架构（混合专家 MoE、MLA）、训练方法（纯强化学习）、蒸馏优化和推理效率提升，使得 AI 算法效率和性能明显提升。接入 DeepSeek-R1 后，用户的使用门槛大幅降低，大模型应用的成本也进一步降低。DeepSeek-R1（程序编程接口）的调用成本仅为 OpenAI-o1 的 1/30。

二、DeepSeek 可以做什么？

跟其他 AI 大模型差不多，DeepSeek 可以提供智能对话、文本生成、语义理解、计算推理、代码生成、纠错和补齐等诸多应用场景。DeepSeek 支持 V3、深度思考（R1）和联网搜索模式，同时支持文件上传，能够扫描读取各类文件及图片中的文字内容。DeepSeek 最大的亮点就是：深度思考（R1）可以为用户提供基于清晰的逻辑推理过程和思维链的输出结果。所有 AI 大模型，特别是 DeepSeek 的精华是推理、快速生成能力和提供分析、创意和思路的能力，而不是引用法条和案例。理解这一点对有效使用 DeepSeek 和其他 AI 大模型非常重要。为了帮助大家知道 DeepSeek 可以做什么，清华大学发布的《DeepSeek：从入门到精通》做了完整的 DeepSeek 应用图（图 7-1）。

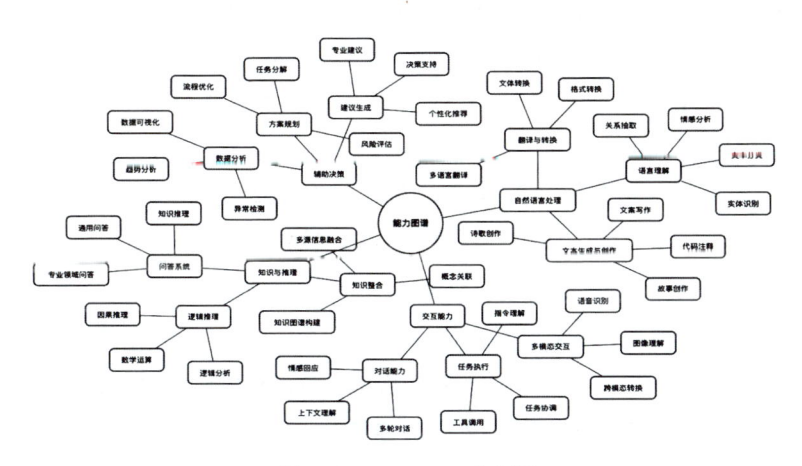

图 7-1　DeepSeek 应用图

三、如何使用 DeepSeek？

（一）如何安装 DeepSeek？

DeepSeek 的安装非常简单，你可以通过如下 2 种方式安装：

（1）访问 DeepSeek 官网：https://chat.deepseek.com/。

（2）在 AppStore 或安卓应用商店搜索"DeepSeek"下载并可免费使用。

（二）DeepSeek 的模型和功能

DeepSeek 有三种模型：V3、深度思考（R1）和联网搜索，可以根据需要选择使用。

在使用时，注意聊天输入框下方的两个选择："深度思考

（R1）"和"联网搜索"。

（1）当你需要更简单快速的回答时，不必打开"深度思考（R1）"，使用默认模型 V3 即可。

（2）当你需要完成更复杂的任务，希望 AI 输出的内容更结构化，更深思熟虑时，应该打开"深度思考（R1）"选项。

（3）当你的任务所涉及的知识是在 2023 年 12 月之前的，你无须打开"联网搜索"功能，大模型本身就有此前被充分训练过的语料知识。

（4）当你的任务所涉及的知识是在 2023 年 12 月之后的，你必须打开"联网搜索"功能，否则大模型在回答时会缺乏相应的知识。

（三）DeepSeek 使用方法

（1）如果你只需要问一个简单的问题，并想快速获得答复的话，比如，问一个法律定义或法律概念，你无须打开深度思考（R1）和联网搜索，使用默认的 V3 模型即可，而且速度比较快。

（2）如果你需要问一个复杂的法律问题，你最好先使用深度思考（R1），然后再和联网搜索同时使用，因为同时使用时会因为网络数据太多的干扰，影响深度思考（R1）的逻辑推理效果。

（3）深度思考（R1）和联网搜索同时使用时，可以通过多个来源验证法律条文、案例的准确性和可靠性。但是同时使用深度思考（R1）和联网搜索时，不仅速度会比较慢，而且还经常会出现服务器繁忙的情况。

DeepSeek 的官网提供了最详细和系统的 DeepSeek 介绍和使用方法，比如在 DeepSeek 的 API 文档中，提供了如图 7-2 所示的相关提示场景的示例。

第七章　DeepSeek 的法律实战案例

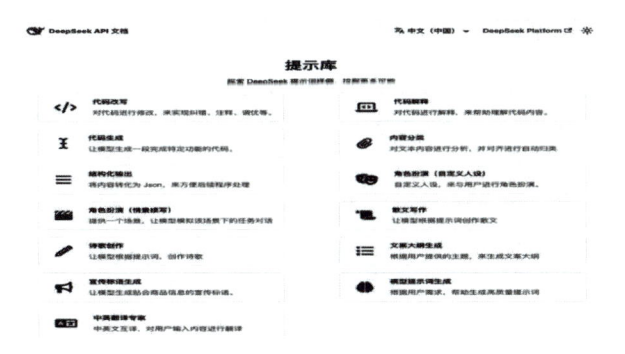

图 7-2　DeepSeek 的 API 文档中的提示场景示例

1. DeepSeek 深度思考（R1）示例

深度思考（R1）具有强大的逻辑推理能力，它会先根据用户提交的问题进行深度思考，输出的灰色字体显示的内容就是 DeepSeek 深度思考的逻辑推理过程，然后才是输出的结果。这对于需要缜密逻辑思维的法律人来说很有帮助，也是 DeepSeek 区别于其他 AI 大模型的一大亮点。下面是用深度思考（R1）做的一个简单的法律示例（图 7-3），第一部分为灰色字体是深度思考部分；第二部分是输出的结果。

图 7-3　DeepSeek 深度思考（R1）的简单示例界面

附上输出结果的完整部分:

DeepSeek:AI 在法律领域的应用确实显著提升了信息检索和基础咨询的效率,但在复杂的法律实践中,律师的作用仍然不可或缺。以下是关键分析:
AI 在法律领域的优势与局限
1. **高效信息处理**
   - **优势**:AI 可快速解析法律条文、检索判例,提供标准化解答,降低基础咨询成本。
   - **局限**:法律问题常涉及事实细节、证据链和司法裁量权,AI 难以模拟人类对复杂情境的综合判断。
2. **标准化与个性化矛盾**
   - **优势**:AI 能生成合同模板、风险提示等标准化内容,适用于简单场景。
   - **局限**:商业谈判、诉讼策略需结合客户具体目标灵活调整,律师的经验和创造力是关键。
3. **成本与可及性**
   - **优势**:AI 降低法律服务的门槛,帮助更多人获得基础法律知识。
   - **局限**:弱势群体在复杂纠纷中仍需律师的深度代理(如出庭、证据收集)。
律师不可替代的核心价值
1. **复杂问题解决能力**
   - **策略制定**:案件胜负可能取决于证据取舍、法官心理预判等"非标因素",律师的经验至关重要。
   - **法律漏洞利用**:在合规灰色地带(如税务筹划、商业创新),律师的创造性思维可规避风险或开辟新路径。
2. **伦理与责任承担**
   - **职业责任**:律师需对法律建议的后果负责,AI 错误的责任归属尚不明确。
   - **保密与利益冲突**:律师受职业道德约束,而 AI 可能因数据泄露或算法偏差而损害客户利益。

3. **司法系统的参与权**

- **法庭职能**：AI 无法代表客户出庭、质证或说服法官，这些是法律程序的刚性要求。

- **法律文书权威性**：合同、诉状等文件的签署和执行需律师身份背书。

未来趋势：AI 与律师的协同进化

1. **角色分工**

- **AI 作为效率工具**：处理文书整理、法条检索等重复性工作，释放律师精力。

- **律师聚焦高价值服务**：战略咨询、危机处理、合规创新等需人类专业判断的领域。

2. **新型法律服务模式**

- **"AI+律师"团队协作**：例如，AI 预判案件胜率，律师制定具体策略。

- **法律产品化**：AI 将部分服务标准化（如在线合同审查），律师转向定制化解决方案。

结论

AI 是律师的"增强工具"，而非"替代者"。在可预见的未来，**基础法律咨询可能由 AI 主导，但复杂问题的解决、司法实践和伦理责任仍需律师深度参与**。律师的核心竞争力将转向更高阶的分析、判断与客户关系管理能力，而 AI 的普及反而可能推动法律行业向更专业化的方向发展。

2. DeepSeek 功能键的使用

（1）点开右上角的+号开启一个新的对话；

（2）点开左上角查看所有历史对话；

（3）点开下面的+号可以拍照识义字、图片识文字、上传文件。

DeepSeek 的功能键使用非常简单（图 7-4），但是它目前还没有语音转换功能和多模态功能。

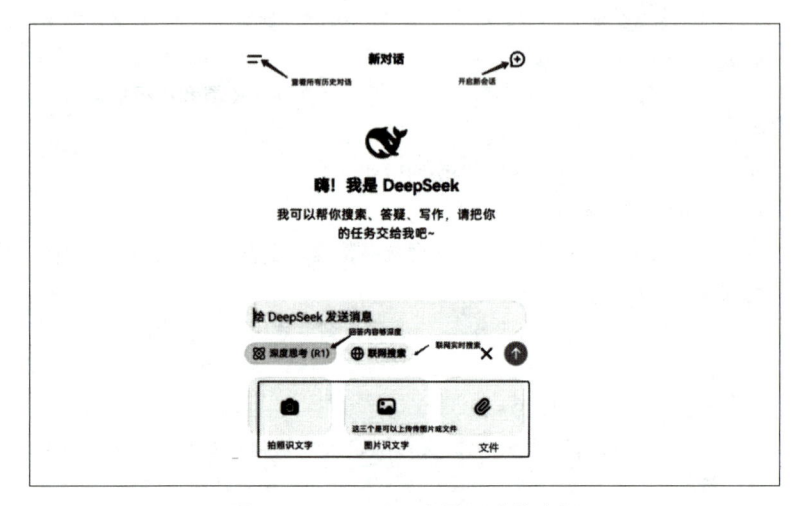

图 7-4 DeepSeek 主界面功能介绍

第二节 DeepSeek 为法律人带来的助力

一、DeepSeek 可以为法律人做什么？

跟其他 AI 大模型差不多，法律人所从事的工作 DeepSeek 几乎都能够完成，工作类型如图 7-5 所示。

第七章 DeepSeek 的法律实战案例

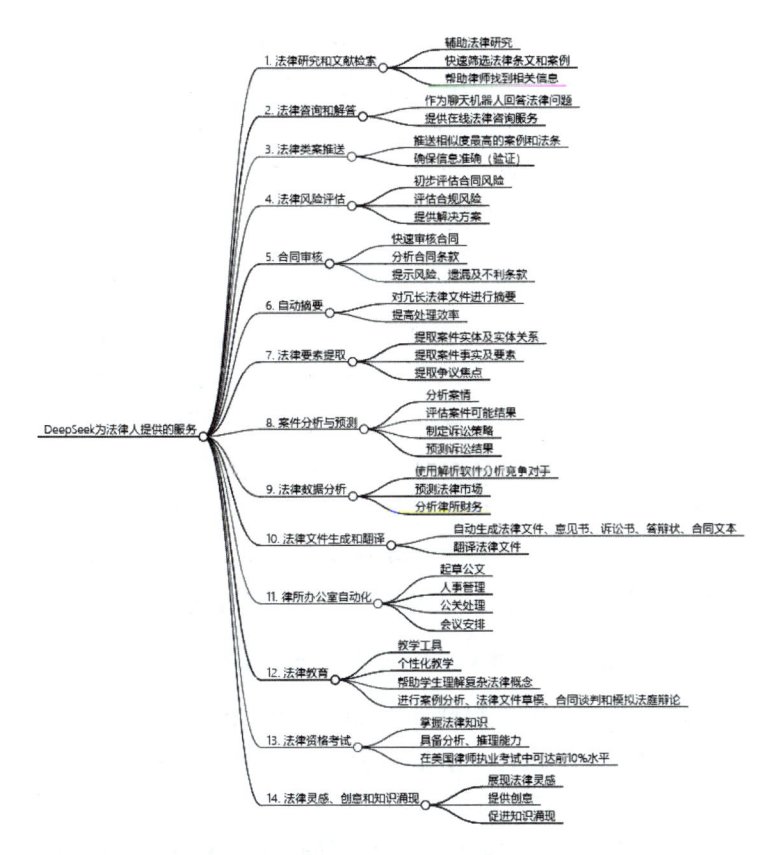

图 7-5 DeepSeek 为法律人提供的服务

DeepSeek 为法律人提供的服务：

- **1. 法律研究和文献检索**
  - 辅助法律研究
  - 快速筛选法律条文和案例
  - 帮助律师找到相关信息
- **2. 法律咨询和解答**
  - 作为聊天机器人回答法律问题
  - 提供在线法律咨询服务
- **3. 法律类案推送**
  - 推送相似度最高的案例和法条
  - 确保信息准确（验证）
- **4. 法律风险评估**
  - 初步评估合同风险
  - 评估合规风险
  - 提供解决方案
- **5. 合同审核**
  - 快速审核合同
  - 分析合同条款
  - 提示风险、遗漏及不利条款
- **6. 自动摘要**
  - 对冗长法律文件进行摘要
  - 提高处理效率
- **7. 法律要素提取**
  - 提取案件实体及实体关系
  - 提取案件事实要素
  - 提取争议焦点
- **8. 案件分析与预测**
  - 分析案情
  - 评估案件可能结果
  - 制定诉讼策略
  - 预测诉讼结果
- **9. 法律数据分析**
  - 使用解析软件分析竞争对手
  - 预测法律市场
  - 分析律师所财务
- **10. 法律文件生成和翻译**
  - 自动生成法律文件、意见书、诉讼书、答辩状、合同文本
  - 翻译法律文件
- **11. 律所办公室自动化**
  - 起草公文
  - 人事管理
  - 公关处理
  - 会议安排
- **12. 法律教育**
  - 教学工具
  - 个性化教学
  - 帮助学生理解复杂法律概念
  - 进行案例分析、法律文件草模、合同谈判和模拟法庭辩论
- **13. 法律资格考试**
  - 掌握法律知识
  - 具备分析、推理能力
  - 在美国律师执业考试中可达前 10% 水平
- **14. 法律灵感、创意和知识涌现**
  - 展现法律灵感
  - 提供创意
  - 促进知识涌现

虽然，DeepSeek-V3（非推理大模型）和 DeepSeek（推理大模型）作为推理型 AI 大模型，分别在自然语言处理、数学、物理、编程等方面表现出色，但是跟其他 AI 大模型一样，DeepSeek 也有它的局限性，特别是它产生的"AI 幻觉"问题，即生成的文本或回答的问题表面上看似乎符合逻辑和语法，但实际上输出的内容可能是虚构、不准确或与事实不符的。这是由 AI 大模型的技术原理所决定的。"AI 幻觉"可能会对用户产生误

导,而这对于法律人来说是严重的缺陷,甚至会产生专业责任问题。因此,法律人在使用 DeepSeek 的输出结果前,必须认真验证。由于 AI 大模型都是通过一个词出现的概率预测下一个词,而且采用随机抽样的机制,所以即使是同一个问题,每次输出的结果也可能不尽相同。

二、法律人如何使用 DeepSeek?

DeepSeek 是一款强大的 AI 助手,它具有强大的逻辑分析和推理能力,能够为律师提供从案件咨询、法律研究、文书撰写、合同审查、案件准备到庭审支持、法律文件翻译等全方位的辅助服务。通过熟练使用 DeepSeek,律师可以显著提升工作效率,确保法律服务的专业性和准确性。如下是律师如何在各个工作流程中使用 DeepSeek 完成各项法律任务的指引。另外,可参见本书第五章第三节律师 AI 大模型使用指南的相关内容。

三、DeepSeek 使用时的法律提示词和提示方法

即使 DeepSeek 具有深度推理和联网搜索的能力,提示词和提示方法仍然是让 DeepSeek 输出满意结果的关键所在。通过指定垂直领域、明确用户身份、意图和需求就可以让 DeepSeek 输出用户满意的结果。与通用大模型不同,DeepSeek 作为推理型大模型不需要通过提示词一步步引导,只需要告诉它你需要做什么?达到什么目的?具体要求是什么?DeepSeek 就可以为你工作了。下面我们来问 DeepSeek 如何写法律提示词。

提示词：法律人用 DeepSeek 时，提示词应该怎么写，才能让 DeepSeek 理解法律问题并输出更好的结果？

DeepSeek：法律从业者使用 DeepSeek 时，通过优化提示词可获得更精准专业的输出。以下是经过法律实务验证的提示词设计方法（附典型场景示例）：
一、结构化提示词设计框架
1. **角色定位法**
"markdown
"你作为［民商事诉讼专业律师/公司法务总监/知识产权顾问］，请根据以下要素分析...［具体问题］..."

...

场景示例：
"你作为处理股权纠纷的资深律师，请根据《公司法司法解释三》第12条，分析隐名股东显名化的可行性路径及证据清单要求"
2. **要素拆解法**
"markdown
"请按以下结构输出：
①法律依据（注明条文序号）
②司法裁判规则（附2020-2023年典型案例）
③风险防控建议
④文书起草要点"

...

3. **约束条件法**
"markdown
"请重点审查以下条款：
- 合同第7.3条违约金计算方式
- 附件2中的知识产权归属约定
要求：①指出违法性风险 ②给出修订建议 ③附裁判案例支撑"
...

** 二、典型场景优化策略
场景1：** 合同审查 **
" markdown
" 你作为公司法律顾问，请以《民法典》合同编为基础，结合最高法买卖合同司法解释，逐条分析以下采购合同的法律风险：
1. 重点审查：付款条款（第5条）、质量异议期（第8条）、管辖条款（第15条）
2. 输出要求：
   ■ 风险评级（高/中/低）
   ■ 条款修改建议（红色标注重构内容）
   ■ 同类案件败诉案例摘要（2020年后）
3. 特别提示：我方作为采购方需强化质量保证条款"
...

场景2：** 诉讼策略分析 **
" markdown
" 你作为建设工程纠纷专业律师，请针对以下案情设计应诉方案：
【案情要素】
- 工程地点：杭州市萧山区
- 争议焦点：逾期竣工违约金计算（合同约定日3‰是否过高）
- 已查明事实：发包方存在设计变更延误60天
输出要求：
① 违约金调整的法律依据（附浙江高院类案裁判标准）
② 举证责任分配策略
③ 庭审发问提纲（针对工期签证问题）
④ 调解方案建议区间"
...

场景3：** 法律文书起草 **
" markdown
" 请根据以下要素起草股东会决议：
■ 公司类型：有限责任公司（注册资本5000万元）

■ 决议事项：①增资 2000 万元 ②修改章程第 12 条
■ 特殊要求：控股股东放弃优先认购权
格式要求：
① 按照《公司法》第 37 条必备要素
② 增加法律效力提示条款
③ 使用工商登记机关最新模板结构"
...

**三、高阶技巧

1. **案例穿透检索**
" markdown
" 请检索近三年最高人民法院审理的'对赌协议效力纠纷'案件：
■ 提炼裁判要旨变化趋势
■ 统计支持投资方请求的胜诉率
■ 归纳法院认可的回购条件触发情形"
...

2. **法规动态追踪**
" markdown
" 请对比分析：
《公司法》2023 修订草案三审稿第 53 条（股东出资加速到期）
与现行《九民纪要》第 6 条的规则差异
输出要求：
① 制作新旧条文对比表
② 预判对债权人诉讼策略的影响
③ 设计公司章程修改建议条款"
...

3. **证据清单优化**
" markdown
" 针对房屋买卖合同纠纷（买方主张解除合同），请：
① 列举必备证据类型及证明目的
② 标注证据收集难点（如微信记录取证要点）

③ 制作证据目录模板（含证据编号、来源、页码）"
...
** 四、避坑指南
1. ** 时效性校验 **
   ▶ 添加提示："请确认引用的法律文件现行有效性，若已废止需特别标注"
2. ** 地域性限定 **
   ▶ 增加限定："以上分析仅适用于江苏省范围内基层法院审理的民事案件"
3. ** 风险警示 **
   ▶ 要求输出："本建议存在的法律适用不确定性及补充取证建议"
** 实战建议 **：
1. 复杂问题采用「分步提问法」：将综合性问题拆解为"法律检索→案例验证→文书起草"多轮交互
2. 关键结论要求标注依据来源："请注明所引用案例的案号及裁判法院"
3. 对输出结果追加验证指令："请用《民事案件案由规定》复核上述诉讼策略的案由准确性"

通过精细化提示词设计，可将法律分析准确度提升 40% 以上（基于 500 份合同审查测试数据）。建议建立常用提示词模板库，并通过 3—5 轮追问完善输出结果。

第七章　DeepSeek 的法律实战案例

第三节　DeepSeek 法律实战

一、案件咨询与初步评估阶段

（一）客户咨询解答

> 提示词：根据民法典合同编，针对合同违约的常见法律后果进行简要说明。

> DeepSeek：根据《民法典》合同编相关规定，合同违约的常见法律后果主要包括以下内容：
> ### ** 一、继续履行义务 **
> - ** 法律依据 **：第 577 条［1］
> - ** 规则 **：违约方应继续履行合同义务（金钱债务必须履行，非金钱债务在具备履行条件且不损害效率时可强制履行）。
> - ** 例外 **：法律或事实上不能履行、债务标的不适于强制履行或履行费用过高、债权人在合理期限内未要求履行。
> ### ** 二、采取补救措施 **
> - ** 法律依据 **：第 582 条
> - ** 适用情形 **：标的物质量不符合约定时，非违约方可要求修理、重做、更换、退货、减少价款或报酬等。
> - ** 补充责任 **：采取补救措施后仍造成损失的，违约方需赔偿。
> ### ** 三、赔偿损失 **
> - ** 法律依据 **：第 584 条
> - ** 赔偿范围 **：包括实际损失（直接损失）和可得利益损失（合同履行后可获得的利益）。
> - ** 限制 **：损失不得超过违约方订立合同时预见或应当预见的范围（可预见性规则）。

---

〔1〕 DeepSeek 不是搜索引擎，所以法条、案例的引用是不准确的，引用时须认真核查。有些法律依据也可能是编造的，实际并不存在。本书不作纠正。

四、违约金责任
- **法律依据**：第 585 条
- **规则**：当事人可约定违约金，若违约金低于实际损失，法院可调增；若过高（超过损失的 30%），可调减。
- **与履行义务并存**：支付违约金后仍需履行债务（除非约定为解除合同的违约金）。

五、定金罚则
- **法律依据**：第 586-588 条
- **规则**：
  - 收受定金方违约：双倍返还定金；
  - 给付定金方违约：无权请求返还定金。
- **限制**：定金不得超过主合同标的额的 20%，超出部分无效。

六、违约责任免除
- **法律依据**：第 590 条
- **不可抗力**：因不可抗力（如自然灾害、战争等）导致不能履行合同的，可部分或全部免责，但需及时通知对方并提供证明。

七、双方违约处理
- **法律依据**：第 592 条
- **规则**：当事人双方均违约的，应当各自承担相应责任，不得以对方违约为由减轻自身责任。

八、减损规则
- **法律依据**：第 591 条
- **非违约方义务**：应采取适当措施防止损失扩大，否则对扩大的损失无权主张赔偿。

九、责任竞合
- **法律依据**：第 186 条
- **规则**：违约行为同时侵害他人人身、财产权益的，受损害方可选择主张违约责任或侵权责任。

总结：民法典通过多元化责任方式平衡合同双方利益，既保障守约方权益，又避免过度加重违约方负担。具体责任适用需结合合同约定、违约性质及实际损失综合判断。

第七章 DeepSeek 的法律实战案例

(二) 案件初步评估

> 提示词：请根据交通事故责任认定的相关法律规定和典型案例，结合案件事实，分析事故双方的责任承担问题。

DeepSeek：以下是针对交通事故责任认定的法律分析与典型案例应用，结合假设案件事实的责任划分建议：
一、法律依据
1. **《道路交通安全法》**
   - **第 70 条**：交通事故责任按过错原则划分，机动车之间按过错比例担责；机动车与非机动车/行人之间，机动车方承担更高责任(除非后者故意)。
   - **第 90 条**：违反交通信号灯、超速等行为直接构成过错。
2. **《民法典》**
   - **第 1165 条**：过错责任原则，行为人因过错侵害他人民事权益应担责。
   - **第 1173 条**：被侵权人对损害扩大有过错的，可减轻侵权人责任。
3. **司法解释**
   -《最高人民法院关于审理道路交通事故损害赔偿案件适用法律若干问题的解释》(2020 年修正)：细化责任比例认定规则。
二、假设案件事实
场景：
- **A 车**在红灯时通过十字路口，与绿灯正常直行的**B 车**发生碰撞。
- **B 车**经鉴定超速 10%(限速 60km/h，实际速度 66km/h)。
- **损害结果**：A 车驾驶员受伤，两车车损共计 20 万元。
三、责任分析
1. 过错认定
- **A 车的过错**：
  - 违反《道路交通安全法》第 38 条(闯红灯)，属于**严重过错**，直接导致事故发生。

  - 若无紧急避险等免责事由，需承担主要责任。
- **B车的过错**：
  - 超速10%（未达20%），违反《道路交通安全法》第42条，构成**一般过错**。
  - 超速可能影响制动距离，但非事故主因，承担次要责任。

2. 因果关系
- **直接因果关系**：A车闯红灯是事故发生的必要条件（若无此行为，事故可避免）。
- **间接因果关系**：B车超速虽未直接引发事故，但可能加重损害后果。

3. 责任比例划分
- **参考规则**：主要过错方承担70%-90%，次要过错方承担10%-30%。
- **本案建议**：
  - **A车**：承担**80%**责任（闯红灯为主要原因）。
  - **B车**：承担**20%**责任（超速为次要原因）。

四、典型案例支持
案例1：最高人民法院指导案例19号（张某闯红灯案）
- **案情**：张某闯红灯撞伤行人，行人未走斑马线。
- **裁判**：张某承担70%责任，行人承担30%。
- **参考点**：违反信号灯的行为通常被认定为重大过错。

案例2：北京高院（2022）京民终XX号（超速车辆碰撞案）
- **案情**：甲车超速15%与违规变道的乙车相撞。
- **裁判**：乙车承担70%（违规变道），甲车承担30%（超速）。
- **参考点**：超速作为次要过错，责任比例一般不超过30%。

五、特殊情形处理
1. **若B车未超速**：
   - A车闯红灯为唯一过错方，承担**100%**责任。

2. **若 A 车为避让救护车闯红灯**：
   - 需审查是否符合紧急避险的成立条件（《民法典》第 182 条）。若成立，可减轻或免除责任，但需证明避险必要性及合理性。
3. **若 B 车存在酒驾**：
   - 酒驾构成严重过错，责任比例可能调整为 A 车 60%、B 车 40%。

六、赔偿计算示例
- **总损失 20 万元**：
  - A 车承担 80%：16 万元（由 A 车交强险及商业险赔付，不足部分由个人承担）。
  - B 车承担 20%：4 万元（由 B 车交强险赔付，超速可能导致商业险免赔率上升）。

七、实务建议
1. **固定证据**：
   - 及时报警获取《交通事故认定书》，保存监控视频、行车记录仪数据。
   - 对车辆损伤、现场痕迹拍照留存。
2. **异议处理**：
   - 若对责任认定不服，可自收到责任认定书 3 日内向上一级交管部门申请复核。
3. **保险理赔**：
   - 交强险优先赔付（死亡伤残 18 万/医疗 1.8 万/财产损失 2000 元），超出部分按责任比例由商业险分担。

结论：本案中，A 车闯红灯为主要过错方，承担 80% 责任；B 车超速为次要过错方，承担 20% 责任。责任划分需结合具体过错行为与因果关系，并参考类似判例的裁量尺度。

二、法律研究阶段

(一) 法律法规检索

> 提示词：请提供有关知识产权侵权的最新法律规定和司法解释。

DeepSeek：以下是关于中国知识产权侵权的最新法律规定和司法解释的概要整理，涵盖著作权、商标、专利、商业秘密等主要领域：
** 一、主要法律依据 **
1. **《民法典》**（2021 年生效）
 — 第 1185 条：故意侵害知识产权情节严重的，可主张惩罚性赔偿。
 — 第 1194–1197 条：网络侵权责任规则（如"通知—删除"规则、平台责任等）。
2. **《著作权法》**（2020 年修正）
 — 提高法定赔偿上限至 500 万元，明确惩罚性赔偿（故意侵权且情节严重的，可判 1–5 倍赔偿）。
 — 新增"视听作品"类型，扩大广播权范围，强化技术措施保护。
3. **《商标法》**（2019 年修正）
 — 恶意注册商标可被宣告无效，惩罚性赔偿（1–5 倍）适用于恶意侵权且情节严重的案件。
 — 法定赔偿上限提高至 500 万元。
4. **《专利法》**（2020 年修正）
 — 法定赔偿上限提高至 500 万元，引入惩罚性赔偿（1–5 倍）。
 — 新增药品专利链接制度，延长外观设计专利保护期至 15 年。
5. **《反不正当竞争法》**（2019 年修正）
 — 强化商业秘密保护，明确电子侵入、教唆侵权等行为构成侵权。
 — 法定赔偿上限提高至 500 万元，可适用惩罚性赔偿。
6. ** 其他专项法规 **
 —《植物新品种保护条例》(2025 年修订)
 —《集成电路布图设计保护条例》
 —《电子商务法》(2019 年生效，明确平台知识产权保护义务)。

二、核心侵权规则与责任
1. 侵权认定标准
- **著作权**：未经许可复制、传播、改编他人作品，且无合理使用等抗辩事由。
- **商标权**：未经许可在相同或类似商品上使用相同或近似商标，易导致混淆。
- **专利权**：未经许可实施专利技术（制造、使用、销售等），落入权利要求保护范围。
- **商业秘密**：以不正当手段获取、披露或使用他人商业秘密。
2. 赔偿计算方式
- **实际损失**：权利人因侵权所遭受的直接损失。
- **侵权获利**：侵权人因侵权获得的利益。
- **许可费倍数**：参照同类知识产权许可费的合理倍数确定。
- **法定赔偿**：由法院在 500 万元以下酌定（著作权、商标、专利统一上限）。
- **惩罚性赔偿**：对恶意、情节严重的侵权，可判赔 1–5 倍损失或获利（需权利人主动主张）。
3. 举证责任减轻
- **举证妨碍规则**：法院可责令侵权人提交与侵权行为相关的账簿、资料，拒不提交的，可参考权利人主张和证据认定赔偿额。
- **商业秘密侵权**：权利人需初步证明保密措施及侵权行为，侵权人需证明其未侵权（部分举证责任倒置）。
三、最新司法解释与政策
1. **《关于审理侵害知识产权民事案件适用惩罚性赔偿的解释》**（2021 年）
   - 明确"故意""情节严重"的认定标准（如重复侵权、伪造证据、拒不履行禁令等）。
   - 细化惩罚性赔偿基数的计算方法，强调基数与倍数需分别论证。
2. **《关于知识产权民事诉讼证据的若干规定》**（2020 年）
   - 完善证据保全、举证责任分配规则，允许通过区块链等技术手段固定电子证据。

- 明确"先行判决"制度,可就侵权认定部分先行判决,再处理赔偿问题。

3. **《关于审理网络知识产权侵权纠纷案件若干问题的规定》**(2021年征求意见稿)

- 强化网络服务提供者的审查义务,细化"红旗规则"(明知或应知侵权仍不采取措施的,承担连带责任)。
- 明确直播、短视频等新业态中的侵权责任认定。

4. **《最高人民法院关于第一审知识产权民事、行政案件管辖的若干规定》** (2022年)

- 调整管辖法院层级,基层法院管辖标的额500万元以下普通案件,专业技术性较强的案件由知识产权法院或中院管辖。

四、重点领域特殊规则

1. **网络侵权**

- 平台适用"通知-删除"规则,但对明知或应知侵权未采取必要措施的,承担连带责任。
- 短视频、直播中未经许可使用音乐、影视片段等可能构成侵权。

2. **药品专利**

- 仿制药上市需通过专利链接制度声明专利状态,引发纠纷的可暂停审批9个月。

3. **商业秘密**

- 员工、前员工非法披露企业商业秘密的,可能承担刑事责任(《刑法》第219条)。

4. **跨境电商**

- 海关对进出口货物实施知识产权保护,电商平台需建立侵权商品下架机制。

五、典型案例参考

1. **"红牛商标权属案"** (2023年)

- 法院认定商标权归属许可方,驳回红牛公司索赔33亿元的请求,凸显合同约定在商标归属中的重要性。
2. **"香兰素商业秘密案"**（2021年）
 - 最高人民法院判赔 1.59 亿元（含惩罚性赔偿），创商业秘密案件赔偿纪录。
3. **"小米商标恶意侵权案"**（2023年）
 - 法院认定被告恶意抢注商标并侵权，判赔 3000 万元，适用惩罚性赔偿。
六、总结与趋势
- **严惩恶意侵权**：通过惩罚性赔偿、提高法定赔偿上限加大威慑。
- **强化技术保护**：区块链存证、电子证据规则适应数字化需求。
- **聚焦新兴产业**：网络直播、人工智能生成内容等新型侵权问题逐步纳入规制。
- **国际接轨**：履行《中美经贸协议》承诺，完善药品专利、电商平台责任等规则。
建议：权利人需注重事前防范（如登记确权、保密协议），侵权纠纷中积极运用举证妨碍、诉前禁令等程序，主张惩罚性赔偿需充分证明"恶意"和"情节严重"。

（二）案例检索与分析

提示词：请检索并总结有关劳动纠纷中加班工资支付问题的法律规定和典型案例。

DeepSeek：以下是关于中国劳动纠纷中加班工资支付问题的法律规定和典型案例总结，涵盖加班认定标准、工资计算规则、举证责任及司法实践要点：
一、法律规定
1. 加班认定与时间限制

- **《劳动法》第 41 条**：
用人单位因生产经营需要，经与工会和劳动者协商后可延长工作时间，**每日不得超过 3 小时，每月不得超过 36 小时**（特殊行业除外）。
- **《劳动合同法》第 31 条**：
用人单位不得强迫或变相强迫劳动者加班，加班须支付加班费。

2. 加班工资计算标准
- **《劳动法》第 44 条**：
  - **工作日延长工作时间**：不低于工资的 150%；
  - **休息日工作且未补休**：不低于工资的 200%；
  - **法定休假日工作**：不低于工资的 300%。
- **《工资支付暂行规定》第 13 条**：
加班工资基数以劳动合同约定的工资为准；未明确约定的，以实际工资的 70% 作为计算基数（部分地方有细化规定）。

3. 举证责任
- **《劳动争议调解仲裁法》第 6 条**：
劳动者主张加班工资的，应初步证明存在加班事实；用人单位否认的，需提供考勤记录等反证。
- **《最高人民法院关于审理劳动争议案件适用法律问题的解释（一）》第 42 条**：
劳动者有证据证明用人单位掌握加班事实证据但拒不提供的，法院可推定劳动者主张成立。

4. 特殊工时制度
- **不定时工作制**：需经劳动行政部门批准，通常不支付加班工资（法定节假日除外）。
- **综合计算工时制**：周期内总工时超过法定标准的，按 150% 支付加班费。

二、典型案例
案例 1：未约定加班基数，按实际工资计算（2023 年，上海）
- **案情**：某公司以"基本工资 2000 元"为基数支付加班费，但员工实际月均收入 8000 元（含绩效、补贴）。
- **裁判**：法院认定加班基数应为实际工资的 70%（5600 元），判令公司补足差额。
- **参考点**：未明确约定时，加班基数以实际工资为基准。

案例 2：超时加班且未足额支付工资（2022 年，最高人民法院指导案例 181 号）
- **案情**：员工每月加班超 100 小时，公司仅按基本工资的 150% 支付加班费。
- **裁判**：公司违反每月 36 小时上限，需按实际工资补足差额，并承担违法超时加班行政处罚。
- **参考点**：超时加班本身违法，不影响劳动者主张加班费。

案例 3：电子考勤记录缺失（2021 年，北京）
- **案情**：员工提交微信工作群记录证明加班，公司以"考勤系统故障"为由拒绝提供考勤数据。
- **裁判**：公司未完成举证责任，法院采纳员工证据，支持加班费诉求。
- **参考点**：用人单位负有保管考勤记录的义务，举证不能时承担不利后果。

案例 4："自愿加班"免责条款无效（2020 年，广东）
- **案情**：劳动合同约定"员工自愿放弃加班费"，但实际存在公司安排加班的情形。
- **裁判**：条款违反法律强制性规定无效，公司需支付加班费。
- **参考点**：放弃加班费的约定无效，以实际加班事实为准。

案例 5：值班是否算加班（2019 年，江苏）
- **案情**：保安主张夜间值班应算加班，公司辩称值班期间可休息。
- **裁判**：若值班期间需在岗待命、无法自由活动，视为加班；若可正常休息，不视为加班。
- **参考点**：加班认定需结合工作内容与自由受限程度。

三、实务要点
1. **加班事实举证**：
    - 劳动者可提供考勤表、排班记录、工作邮件、微信聊天记录、工资条等证据。

— 用人单位需至少保存 2 年考勤记录（《工资支付暂行规定》第 6 条）。

2. **加班基数争议**：

— 双方可约定加班基数，但不得低于当地最低工资标准。

— 未约定时，部分地区（如北京、上海）按实际工资的 70％ 计算，部分（如广东）按正常工作时间工资计算。

3. **时效问题**：

— 加班工资仲裁时效为 1 年，但劳动关系存续期间不受时效限制（离职后 1 年内需主张）。

4. **企业合规建议**：

— 明确加班审批制度，避免"隐形加班"（如下班后线上工作）。

— 特殊工时制需经行政审批，不得单方实施。

— 工资结构中拆分"加班费"项目，避免争议。

四、总结

- **劳动者**：应保留加班证据，及时主张权利；注意区分"值班"与"加班"。
- **用人单位**：需规范加班管理，避免超时加班；合理约定加班基数，留存考勤记录。
- **司法倾向**：对加班事实认定从宽，对恶意规避加班费的企业加大惩罚力度。

附：计算公式

- 工作日加班费 = 加班基数 ÷ 21.75 天 ÷ 8 小时 × 加班小时 × 150％；
- 休息日加班费 = 加班基数 ÷ 21.75 天 × 加班天数 × 200％；
- 法定节假日加班费 = 加班基数 ÷ 21.75 天 × 加班天数 × 300％。

三、法律文书撰写阶段

（一）文书草稿生成

> 提示词：根据以下案件事实，包括双方婚姻状况、子女情况、财产分割要求等，请帮我起草一份离婚起诉状。

DeepSeek：以下为离婚起诉状模板，请根据实际情况补充详细信息：

离婚起诉状
原告：XXX，女，汉族，XX年XX月XX日生
身份证号：XXXXXXXXXXXXXXXX
住址：XX省XX市XX区XX路XX号
联系电话：XXXXXXXXXX
被告：XXX，男，汉族，XX年XX月XX日生
身份证号：XXXXXXXXXXXXXXXX
住址：XX省XX市XX区XX路XX号
联系电话：XXXXXXXXXX
诉讼请求：
一、判决原告与被告离婚；
二、婚生子/女XXX（姓名）由原告抚养，被告每月支付抚养费XXX元至其年满18周岁；
三、依法分割夫妻共同财产（详见财产清单）；
四、本案诉讼费用由被告承担。
事实与理由：
原告与被告于XX年XX月XX日登记结婚（结婚证号：XXXXXXX），婚后育有X子/女XXX（姓名，XX年XX月XX日出生）。婚姻存续期间存在以下问题：
1. 感情破裂事实（例：因性格不合长期争吵/被告存在家庭暴力/婚外情等，需具体说明时间及情形）；
2. 子女抚养现状（例：子女长期由原告照顾，被告未尽抚养义务等）；

3. 财产争议情况（例：被告隐匿转移财产/双方对房产分割存在争议等）；
4. 其他重大矛盾（如存在家庭暴力需附报警记录、验伤证明等证据）。
鉴于夫妻感情确已破裂且无和好可能，为维护合法权益，根据《民法典》相关规定，特向贵院提起诉讼，望判如所请。
此致
XX 市 XX 区人民法院
具状人（签字）：XXX
XX 年 XX 月 XX 日
附：
1. 起诉状副本 X 份
2. 结婚证复印件
3. 子女出生证明
4. 财产清单及相关证明
5. 其他证据材料
注意事项：
1. 需根据实际情况填写具体时间、金额、房产信息等细节
2. 涉及房产分割需注明房屋地址、购买时间、产权登记情况
3. 抚养费标准建议按对方月收入 20％-30％主张
4. 家庭暴力、出轨等情形需提供相应证据
5. 建议委托专业律师审核后再提交法院
请补充以下信息以便完善诉状：
1. 双方结婚登记的具体时间和地点
2. 子女姓名、出生日期及当前生活状况
3. 需要分割的财产明细（房产、车辆、存款、投资等）
4. 是否存在家庭暴力、分居等特殊情形
5. 是否有需要特别说明的其他情况

(二) 文书审核与优化

提示词：请审核此商业合同，并指出可能的风险和关键条款，提出优化建议。

DeepSeek：以下为商业合同审核要点及优化建议框架，你需提供具体合同条款内容方可进行针对性分析。现就常规合同风险点及建议梳理如下：

一、关键风险条款识别

1. **主体资质风险**
   - 需核查签约方营业执照、授权文件是否有效
   - 特殊行业需关注特许经营资质（如医疗、教育、危化品等）

2. **权利义务不对等**
   - 注意单方解约权、验收标准模糊、单方责任加重条款
   - 示例："乙方需满足甲方合理要求" → 应明确"合理要求"定义

3. **付款条款漏洞**
   - 未约定分期付款节点与履约进度挂钩
   - 未明确发票开具时间与付款义务关系
   - 缺少逾期付款违约金计算方式（建议约定 LPR 的 1.5 倍）

4. **知识产权归属**
   - 开发类合同需明确成果所有权、使用权范围
   - 保密条款未覆盖合同终止后的持续义务

5. **违约责任缺失**
   - 违约金上限未约定（建议不超过合同总额 30%）
   - 不可抗力条款未列明具体情形及通知程序

6. **争议解决条款**
   - 仲裁/诉讼管辖地约定不利于己方
   - 未约定律师费、鉴定费等维权成本承担方

二、核心条款优化建议

条款类型	**常见问题**	**优化方案**

标的条款	商品/服务规格描述模糊	添加技术参数附件，约定验收标准与方法
交付条款	未约定运输风险转移时点	明确适用 FOB/CIF 等国际贸易术语
质量条款	质保期起算点不明确	改为"自验收合格之日起计算"
保密条款	保密期限过短	延长至合同终止后 3-5 年
解除条款	任意解除权滥用风险	限定解除条件（如累计 3 次违约）

三、风险防控补充建议

1. **增信措施**
   - 大额交易可要求提供履约保函/保证金
   - 关联公司或股东追加连带责任担保
2. **证据留存条款**
   - 约定通知送达方式（如电子邮箱+EMS）
   - 明确微信聊天记录等电子证据效力
3. **条款联动设计**
   - 付款进度与阶段验收结果挂钩
   - 知识产权归属与付款比例相关联
4. **行业特殊要求**
   - 数据合规：加入 GDPR/《个人信息保护法》遵守条款
   - 建设工程：约定农民工工资专户监管条款

四、重点提示

1. 建议在争议解决条款中选择己方所在地法院/仲裁委管辖
2. 对外担保条款需核查公司章程规定的决议程序
3. 涉外合同务必约定准据法（建议选中国法）
4. 格式条款需用加粗/下划线等方式履行提示义务

请提供具体合同文本，可进一步分析条款细节。若涉及跨境交易或特殊行业（如对赌协议、VIE 架构），需另行设计风控方案。

(提示：最终需由执业律师结合交易背景出具正式法律意见)

四、合同审核与起草

(一) 合同审核

> 提示词：请审核此商业合同，并指出可能存在的风险和关键条款，提出优化建议。
>
> DeepSeek：由于你未提供具体的合同文本，我将基于商业合同的常见风险点和优化策略进行框架性分析。若你能提供具体条款（建议隐去敏感信息），我可进一步出具针对性法律意见。以下为通用审核要点：
> ### ** 一、高风险条款预警 **
> #### 1. ** 主体条款瑕疵 **
>   - 风险示例：未要求对方提供最新营业执照、法定代表人身份证件
>   - 优化建议：增加"签约方保证其具备完全履约资质，否则承担缔约过失责任"条款
> #### 2. ** 付款条款缺陷 **
>   - 风险示例：仅约定"分期付款"，未与里程碑节点挂钩
>   - 优化建议：采用「3-4-3」付款结构（预付款30%+进度款40%+验收款30%）
> #### 3. ** 验收标准模糊 **
>   - 风险示例："达到行业通用标准"等主观表述
>   - 优化建议：采用「量化验收指标+第三方检测」双保险机制
> #### 4. ** 知识产权陷阱 **
>   - 风险示例：未明确委托开发成果的著作权归属
>   - 优化建议：增加"受托方须签署知识产权归属确认函作为合同附件"
> #### 5. ** 违约责任失衡 **
>   - 风险示例：仅约定单方违约金而无责任上限
>   - 优化建议：设置「违约金累计不超过合同总额30%」的封顶条款

二、核心条款强化方案

条款类型	**风险等级**	**升级方案**
保密条款	★★★★	增加泄密赔偿计算公式：直接损失+合同总额20%惩罚性赔偿
解除条款	★★★★	限定解除权行使条件:"收到书面整改通知后15日未纠正"
不可抗力	★★★	列明具体情形（如战争、传染病红色预警），缩短通知期至48小时
送达条款	★★	约定电子送达（邮箱/微信）与纸质送达并行生效

三、高阶风控设计

1. **履约保障机制**
   - 增设「银行保函+股权质押」双重担保（适用于500万元以上交易）
   - 引入「创始人无限连带责任」条款（针对初创企业交易）

2. **证据固化条款**
   - 约定「钉钉/企业微信聊天记录可作为争议证据」
   - 要求「关键会议必须形成经双方签字的备忘录」

3. **条款联动设计**
   - 知识产权归属与付款比例挂钩（如支付80%款项后转移所有权）
   - 质量保证金释放与质保期表现绑定（可设5%-10%浮动比例）

四、重点实务提示

1. **仲裁条款攻防**
   - 优先选择中国国际经济贸易仲裁委员会（CIETAC）等知名机构
   - 避免约定"争议提交香港国际仲裁中心"等高成本争议地（除非涉及跨境交易）

2. **格式条款提示**
   - 对免责条款采用**加粗/红色字体**并单独签署确认页
   - 在合同首部增加"重点条款提示索引表"

第七章　DeepSeek 的法律实战案例

3. **数据合规要点**
   - GDPR 合规：约定数据跨境传输需单独签署 DPA 协议
   - 个人信息保护：禁止转委托数据处理且需约定删除返还时限

如需具体合同条款分析，请提供文档片段（可隐去商业秘密）。对于涉及股权对赌、VIE 架构、跨境支付等复杂交易，建议委托专业律师开展尽职调查并制定风控方案。

（注：本文书不构成正式法律意见，具体条款需结合交易背景、行业监管要求及司法判例综合判断）

（二）合同起草

提示词：根据以下合同主体和服务内容要求，请帮我起草一份技术服务合同。

DeepSeek：以下为技术服务合同通用模板，请根据实际情况补充【】内信息及具体条款：

技术服务合同

甲方（委托方）：
名称：【_____】
统一社会信用代码：【_____】
地址：【_____】
联系人：【_____】
联系电话：【_____】

乙方（服务方）：
名称：【_____】
统一社会信用代码：【_____】
地址：【_____】
联系人：【_____】
联系电话：【_____】

** 第一条 服务内容 **
1.1 乙方为甲方提供【＿＿＿＿＿＿＿＿＿＿】技术服务（具体内容详见附件1《技术服务清单》）
1.2 服务交付标准：【■ 通过甲方验收测试 ■ 达到行业 GB/T XXXXX 标准 ■ 其他：＿＿＿＿＿＿＿＿＿＿】
** 第二条 服务期限 **
2.1 起止时间：自＿＿＿年＿＿＿月＿＿＿日至＿＿＿年＿＿＿月＿＿＿日
2.2 里程碑节点：
- 第一阶段（需求确认）：＿＿＿年＿＿＿月＿＿＿日前完成
- 第二阶段（方案交付）：＿＿＿年＿＿＿月＿＿＿日前完成
- 第三阶段（验收上线）：＿＿＿年＿＿＿月＿＿＿日前完成
** 第三条 服务费用 **
3.1 合同总价：人民币【】元（大写：＿＿＿＿＿＿＿＿＿＿）
3.2 付款方式：
- 预付款：签约后【】个工作日内支付合同总额【】%
- 进度款：第二阶段交付后【】个工作日内支付合同总额的【】%
- 验收款：最终验收通过后【】个工作日内支付余款
** 第四条 知识产权 **
4.1 开发成果所有权归【■ 甲方所有 ■ 乙方所有 ■ 双方共有】，乙方保留【】使用权
4.2 背景知识产权归属原有方，使用范围限于本合同目的
** 第五条 保密义务 **
5.1 保密期限：自合同生效之日起【】年，不受合同终止影响
5.2 保密范围：包括但不限于技术数据、商业模式、客户信息等
** 第六条 违约责任 **
6.1 逾期交付：每逾期1日按合同总额【】%支付违约金，最高不超过【】%
6.2 质量瑕疵：乙方需在【】日内免费修复，逾期甲方有权解除合同

** 第七条 争议解决 **
凡因本合同引起的争议，双方同意提交【】所在地有管辖权的人民法院诉讼解决
** 附件清单： **
1. 附件1：《技术服务详细清单》
2. 附件2：《验收标准及测试方法》
3. 附件3：《保密信息范围清单》
** 请补充以下关键信息以完善合同： **
1. ** 技术服务的具体工作内容 **（需细化到功能模块/技术指标）
   ▶ 示例：开发ERP系统需明确用户管理、订单处理等核心模块及响应时间要求
2. ** 数据安全特别条款 **（如涉及个人信息处理）
   ▶ 示例:"乙方处理数据需符合《个人信息保护法》，发生数据泄露需24小时内通知甲方"
3. ** 服务团队配置 **
   ▶ 示例:"乙方需指派至少2名PMP认证项目经理全程驻场服务"
4. ** 知识成果交割程序 **
   ▶ 示例:"验收通过后5日内移交源代码、设计文档及操作手册"
5. ** 灾备与运维条款 **
   ▶ 示例:"服务期内提供7×24小时技术支持，系统故障恢复时间不超过2小时"
** 重点提示： **
- 涉及软件开发的合同需增加《需求变更确认单》签署流程
- 建议约定"未经书面同意不得转包或分包"条款
- 涉外合同需增加法律适用条款（建议选择中国法）
如需进一步制定条款或审核合同风险，请提供具体业务场景说明。

五、案件准备与庭审阶段

（一）案件抗辩思路生成

> 提示词：在此案件中，针对对方主张合同无效的抗辩思路，请提供抗辩建议。
>
> DeepSeek：针对对方主张合同无效的抗辩，建议从以下五个维度构建抗辩体系，并附司法实践要点：
> ### **一、合同效力要件抗辩**
> **法律依据**：
> 《民法典》第 143 条（民事法律行为有效要件）
> **抗辩路径**：
> 1. **缔约能力**
>   - 举证签约时双方均具备完全民事行为能力
>   - 提供加盖公章的营业执照复印件佐证法人主体资格
> 2. **意思表示真实**
>   - 提交合同磋商阶段的往来函件、会议纪要
>   - 援引（2023）最高法民终 XX 号案例：微信聊天记录可作为意思表示真实性佐证
> 3. **内容合法性**
>   - 论证合同标的未违反效力性强制性规定（如非禁止流通物）
>   - 区分效力性/管理性强制规定（参考《九民纪要》第 30 条）
> ### **二、无效事由排除抗辩**
>
> | **无效事由类型** | **抗辩策略** | **典型案例** |
> | --- | --- | --- |
> | **恶意串通** | 举证合同定价符合市场公允价值（如提供同期同类交易审计报告） | （2021）京民终 XX 号：无证据证明价格异常不构成恶意串通 |
> | **虚假意思表示** | 证明合同已实际履行（如付款凭证、货物签收单） | （2022）沪 01 民终 XX 号：实际履行行为可推翻虚伪表示主张 |

| **违法性主张** | 论证所涉规范属管理性规定（如备案程序性要求）|（2020）粤民申 XX 号：违反资质备案规定不导致合同无效 |

三、效力补正抗辩

1. **追认制度适用**
   - 援引《民法典》第 145 条：法定代理人/被代理人事后追认
   - 提供股东会决议、付款接受等追认证据
2. **部分无效规则**
   - 主张无效条款可分割（如独立仲裁条款）
   - 引用（2019）最高法民辖终 XX 号：部分无效不影响整体效力
3. **转换解释规则**
   - 请求将无效合同转换为其他有效法律关系（如借贷关系转为投资关系）

四、程序性抗辩

1. **举证责任倒置**
   - 强调对方应就合同无效事由承担举证责任（《民诉法解释》第 91 条）
2. **诉讼时效抗辩**
   - 主张确认无效请求权受时效限制（参考（2018）最高法民申 XX 号裁定）
3. **管辖异议**
   - 合同无效争议仍受原协议管辖条款约束（（2022）京民辖终 XX 号裁定）

五、替代性救济主张

备选方案设计：

1. **可撤销合同转化**
   - 若涉欺诈/胁迫，主张撤销权已过除斥期间（《民法典》第 152 条）
2. **不当得利对冲**
   - 预先准备已履行部分的价值评估报告，防范无效后返还风险
3. **缔约过失追责**
   - 收集对方缔约过程过错证据，预备反诉索赔

> **证据组织清单**：
> 1. 合同签订过程公证录像（证明无胁迫情形）
> 2. 行业标准文件（佐证交易内容合法性）
> 3. 完税凭证（证明合同已实际履行）
> 4. 第三方评估报告（印证交易价格公允性）
>
> **实务提示**：
> - 同步准备合同有效/无效双版本诉讼策略
> - 对可能被认定无效的合同，提前固定履行现状证据
> - 涉及行政审批的合同，立即启动补正程序
>
> 建议根据具体案情选择3—4项核心抗辩点重点突破，并制作《合同效力抗辩对比表》可视化呈现理据。如需进一步分析，请补充合同类型及对方主张无效的具体事由。

（二）模拟法庭辩论

> 提示词：在此案件中，我方主张对方违约，对方可能会提出哪些抗辩理由？请模拟对方律师的辩论策略，帮助我准备应对方案。
>
> DeepSeek：以下针对违约纠纷中对方可能提出的抗辩理由及应对策略，结合司法实践要点进行系统梳理，并附攻防策略设计：
> ### **一、对方律师常见抗辩策略及法律依据**
> #### **1. 不可抗力/情势变更抗辩**
> **模拟辩论要点**：
> "因政策调整导致无法按期履行，属于《民法典》第590条规定的不可抗力，应免除违约责任"
> **法律依据**：
> -《民法典》第533条（情势变更）
> **应对策略**：
> ① **证明不构成法定要件**
> - 举证疫情前已存在履约障碍（如提供对方在防疫政策出台前3个月的

违约证据)
- 引用（2022）沪01民终XX号判例：单纯市场风险不构成不可抗力
② **通知义务抗辩**
- 调取对方未在法定期限内提交书面通知的通信记录
- 适用《民法典》第590条第2款主张丧失免责权
③ **减损规则适用**
- 提供替代履约方案被拒的证据（如邮件、微信记录）

2. 合同条款不明确抗辩

模拟辩论要点：
"合同第5.2条关于验收标准的约定存在歧义，双方对违约责任认定存在重大误解"

法律依据：
-《民法典》第142条（意思表示解释规则）

应对策略：
① **文义解释强化**
- 提交缔约过程中的补充协议、会议纪要等辅助解释文件
- 引用（2021）最高法民申XX号：格式条款争议应作不利于提供方解释
② **交易习惯举证**
- 整理过往三年同类交易验收记录（需连续、稳定履行）
- 提供行业协会发布的验收标准文件

3. 履行瑕疵抗辩

模拟辩论要点：
"我方已履行主要义务，轻微瑕疵不构成根本违约"

法律依据：
-《民法典》第582条（瑕疵履行救济规则）
-《九民纪要》第48条（轻微违约处理规则）

应对策略：
① **根本违约论证**
- 委托第三方机构出具质量鉴定报告（需CMA认证）

- 统计瑕疵导致的实际损失占比（超过合同总额30%）
② **补救机会剥夺**
- 整理书面催告函及对方超期未修复的证据链
- 适用《民法典》第563条第1款第3项解除权

二、进阶抗辩模拟及破解方案

抗辩类型	**模拟辩论逻辑**	**反制证据清单**
同时履行抗辩	"对方未支付预付款,我方享有先履行抗辩权"	①银行流水证明已付款 ②合同明确约定无预付款条款
债权人过错	"损失扩大系因原告未及时减损"	①风险提示函件 ②替代方案书面建议 ③减损措施实施凭证
诉讼时效	"原告主张的2019年违约已超三年诉讼时效"	①最近一次书面催告记录(2022年) ②对方承认债务的录音证据

三、证据攻防体系构建

核心证据清单：

1. **履约事实证据**
    - 阶段性验收确认单（需双方签章）
    - 监理日志/项目管理台账（记录每日履约情况）
2. **损失关联证据**
    - 第三方审计报告（直接损失与违约行为因果关系证明）
    - 市场同期价格比对表（间接损失计算依据）
3. **主观过错证据**
    - 内部会议纪要（显示对方存在恶意拖延决策）
    - 竞业禁止协议违反证据（如涉关联交易）

证据组织技巧：
- 采用「时间轴+要件对应」可视化图表呈现证据
- 对电子证据提前办理《电子数据存证证明》

四、庭审应对预案

1. 质证焦点预测
- 重点质疑对方单方委托的鉴定意见（申请重新鉴定）

- 对"行业惯例"主张要求提供国家级行业协会证明
2. 法庭发问设计
- "被告在2022年6月是否收到我方要求提供履约担保的书面通知?"
- "请说明在合同约定验收截止日后继续要求补充材料的法律依据"
3. 法律观点预判
- 提前准备《类案检索报告》(近三年上级法院判例)
- 针对《民法典》第580条合同僵局条款准备替代方案

五、诉讼策略组合

1. **程序施压**
   - 申请财产保全冻结对方账户(不超过诉讼标的30%)
   - 追加股东/实际控制人为共同被告(适用法人人格否认)
2. **调解筹码**
   - 制定阶梯式违约金让步方案(调解阶段逐步释放)
   - 设计附条件撤诉条款(如担保函+分期履行协议)

实务提示:
- 开庭前组织模拟法庭演练对方抗辩话术
- 对可能涉及的酌减违约金主张(《民法典》第585条),提前准备实际损失30%以上的举证

建议根据具体案情选择3—4项核心抗辩点重点突破,并制作《违约争议攻防对照表》指导诉讼团队协同工作。如需制定个性化方案,请补充以下信息:(1)合同类型(买卖/承揽/服务等);(2)违约行为具体表现(迟延履行/瑕疵履行/拒绝履行);(3)争议金额及已采取保全措施情况

(三) 证据整理与分析

> 提示词：请对以下证据材料（如照片、视频、证人证言等）进行整理和分析，评估其合法性和证明力，并提出在庭审中如何有效展示这些证据的建议。

DeepSeek：以下是根据中国诉讼证据规则制定的证据分析框架，结合司法实践需求，对证据材料进行系统性整理和效力评估的操作指引：

一、证据分类整理标准

1. 证据类型化处理

证据类别	整理要点	法律依据
书证	按形成时间排序，标注页码并制作《证据来源说明》	《民事诉讼法》第66条
电子数据	单独建立文件夹保存原始载体，生成SHA-1校验码	《电子证据规定》第5条
视听资料	逐帧截取关键画面并标注时间戳	《民诉法解释》第116条
证人证言	制作《证人背景调查表》（含利害关系说明）	《证据规定》第67条

二、合法性审查清单

1. 取证程序合规性

- **禁止性排除**：
  - 偷拍、偷录证据（非公共场所且侵害他人隐私）
  - 通过非法软件获取的通信记录
  - 未经对方同意的单方录音（特定关系除外）
- **瑕疵补正**：
  - 缺少取证见证人的情况说明
  - 未加盖公章的复印件补强措施

2. 典型证据合法性审查表

| 证据形式 | 审查要点 | 风险等级 |

| ---------- | ---------- | ---------- |
微信聊天记录	①原始设备展示 ②对方身份核验	★★★☆
监控录像	①存储介质封存 ②连续完整性	★★☆☆
单方委托鉴定	①机构资质 ②检材流转记录	★★★★

三、证明力评估模型

1. 三维评估体系

- **关联度**（与待证事实匹配率）
- **完整度**（证据链闭合程度）
- **可信度**（伪造可能性评估）

2. 常见证据证明力排序

"markdown

1. 公证文书（推定真实）
2. 原始票据（需查验签章）
3. 无利害关系证人证言
4. 单方制作的工作记录

...

3. 证据链构建示例

待证事实：合同实际履行

"markdown

■ 基础证据：合同原件（证明约定内容）
■ 履行证据：
  ①银行流水（付款凭证）
  ②物流签收单（交货证明）
  ③验收报告（质量标准确认）
■ 补强证据：
  履约过程会议纪要（证明变更合意）

...

四、庭审展示策略设计

1. 多媒体证据呈现规范

| 证据类型 | 展示方式 | 技术标准 |

| ---------- | ---------- | ---------- |
视频证据	关键片段循环播放+全片备查	分辨率≥1080P
电子文档	区块链存证验证演示	调用司法链平台 API
数据图表	动态可视化呈现（如时间轴）	使用 Tableau/PowerBI 工具

2. 证人询问技术方案

证人类型	**询问重点**	**风险防控**
专家证人	资质审查+论证逻辑严密性	提前申请专家出庭令
事实证人	记忆细节追问+场景还原	避免诱导性发问
对方证人	利害关系揭露+前后陈述矛盾点	申请证言弹劾

3. 质证应答话术库

对方质疑点	标准回应模板
"证据来源不明"	"该证据经公证处封存（公证书编号：XXX），可当庭核验"
"存在剪辑可能"	"已提交原始存储介质，申请当庭播放完整时间码版本"
"证人存在偏见"	"证人近三年银行流水显示与对方无经济往来（见证据补强附件）"

五、证据攻防演练方案

1. 模拟法庭测试

- **攻击方任务**：
  ① 寻找证据时间逻辑漏洞（如签名日期与会议时间冲突）
  ② 挑战证据来源合法性（如取证人员资质瑕疵）
  ③ 质疑证据关联性（如证人证言与待证事实偏离）

- **防守方任务**：
  ① 制作《证据漏洞补强清单》
  ② 设计证据组合解释方案（如用履约事实反推合同成立）
  ③ 预设电子证据验证方案（当庭演示哈希值比对）

2. 反向推演训练
- **步骤1**：假设对方主张"证据系伪造"
- **步骤2**：启动证据鉴真程序（如申请笔迹鉴定/电子数据恢复）
- **步骤3**：同步准备替代证据（如调取同期监控录像佐证）

六、证据效力补强指南

1. 常见瑕疵证据补救措施

证据类型	常见缺陷	补强方案
复印件	无原件核对	① 提供其他证据印证内容 ② 申请法院调取工商档案
单方录音	未告知对方	提交同期书面记录佐证录音真实性
证人证言	有利害关系	追加证人经济往来审计报告

2. 证据链完整性审查表

```markdown
■ 每个待证事实至少有2个独立证据支撑
■ 时间线完整无断点（误差≤3个工作日）
■ 关键环节存在第三方留痕（如快递单、发票）
■ 电子证据形成闭环（发送→接收→反馈记录）
...
```

七、庭审证据突袭应对预案

1. 对方证据突袭处置流程

```mermaid
graph TD
    A［当庭提出异议］--> B｛证据类型｝
    B -->| 新书证| C［申请延期质证+追究举证责任］
    B -->| 新证人| D［要求庭前证言比对］
    B -->| 新鉴定| E［质疑检材污染可能性］
...
```

2. 证据反制战术库

- **战术1**：证据污染抗辩

"对方提交的2023年检测报告所用样本,系在2022年争议发生后取得,存在事后篡改风险"

- **战术2**：证据效力降级

"该微信聊天记录未保留原始载体,且关键对话存在断章取义,证明力应显著降低"

- **战术3**：证据矛盾揭示

"证人当庭陈述的交付时间,与其此前书面证言存在27天差异,证言可信度存疑"

八、证据可视化呈现模板

1. 时间轴动态演示

"示例

2022.03.15 签约（合同原件）

2022.05.06 首次验收不合格（监理报告）

2022.05.20 书面催告（EMS妥投记录）

2022.06.01 替代采购（发票+付款凭证）

...

2. 证据关联图谱

"mermaid

graph LR

　　A [合同违约] --> B [履行证据]

　　A --> C [损失证据]

　　B --> D [验收记录]

　　B --> E [催告函]

　　C --> F [审计报告]

　　C --> G [采购合同]

...

九、特别证据处理指引

1. 区块链存证操作

- **步骤1**：通过司法链平台固化证据（如权证链、公证云）

- **步骤 2**：生成存证证书（含时间戳、哈希值）
- **步骤 3**：当庭演示验证过程（需提前测试法庭网络环境）
2. 境外证据转化
- **认证要求**：
  ① 经所在国公证机关公证
  ② 经中国驻该国使领馆认证
  ③ 附中文译本（需翻译机构盖章）
十、证据管理行动清单
1. **开庭前 7 日**
   - 完成证据册编目（含电子版 U 盘备份）
   - 向法庭提交《证据目录及证明目的说明》
2. **开庭前 3 日**
   - 组织证据预演（模拟书记员证据编号流程）
   - 检查证据原件携带清单
3. **当庭**
   - 采用"三线表"举证法（证据名称-页码-证明目的）
   - 对关键证据进行分步解读（先结论后细节）

执行提示：
- 对证明力较弱的证据采用"组合拳"策略（3 个间接证据支撑 1 个直接证据）
- 涉及专业领域证据，提前申请专家辅助人出庭（《民诉法》第 82 条）
- 每项证据展示后，总结陈述："该证据已完整形成［待证事实］的证据闭环"

如需针对具体证据材料制定策略，请提供以下信息：
(1) 证据清单及待证事实对应表；
(2) 对方已提出的质证意见（如有）；
(3) 案件适用的特殊证据规则（如知识产权、海事案件）。

(四) 庭审策略制定

> 提示词：根据案件事实、证据以及我方的辩护方向，请提供庭审策略建议，包括如何开场陈述、如何交叉询问证人等。

DeepSeek：以下是针对庭审全流程的策略建议，结合中国民事诉讼程序规则与实战经验，分为六个核心环节进行系统部署：
一、开场陈述设计（控制在5分钟内）
1. 三维定调法
- **事实锚点**
 "本案核心事实可概括为：被告在合同履行期间连续三次未通过质量验收（证据7-9号），且经书面催告后仍未补救（证据15号）"
- **法律支点**
 "根据《民法典》第577条及最高法《买卖合同司法解释》第8条，被告行为已构成根本违约"
- **情感共鸣**
 "原告为减少损失，不得不以高于原合同价20%的价格紧急采购替代产品（证据23号审计报告）"
2. 结构化表述
"markdown
■ 争议焦点：被告是否构成根本违约及赔偿责任范围
■ 三大核心证据：
① 三次验收不合格记录（附监理单位签章）
② 书面催告函及EMS妥投证明
③ 替代采购差价专项审计报告
■ 法律依据：
① 《民法典》第563条第3项
② 《民事证据规定》第10条（免证事实）
…
禁忌：避免在开场陈述中详述证据细节，保留后续质证空间

二、举证质证攻防
1. 证据呈现策略
- **可视化编排**

制作《违约时间轴图》（标注：签约日→应履行日→催告日→解约日）

使用三色标注证据册（红色：要件事实证据；黄色：损失计算证据；蓝色：主观过错证据）

- **强化证明力**

对关键书证申请当庭核验原件

电子数据提前办理区块链存证公证（援引《电子证据规定》第 11 条）

2. 质证话术模板

证据类型	对方攻击点预测	标准化回应
单方委托鉴定	"程序不合法"	"该鉴定机构入选法院司法鉴定名册（证据 33 号），且我方已提前送达样本"
微信聊天记录	"真实性存疑"	"聊天记录原始载体已公证（证据 28 号），且内容与履约过程形成完整印证"
证人证言	"与本案无关"	"该证人负责项目现场管理，其证言直接反映被告履约情况（见证据关联表）"

三、交叉询问战术组合
1. 己方证人引导术（项目经理出庭）
"markdown
Q1:"请说明 2022 年 5 月 6 日现场验收时被告的具体表现?"
  ▶ 预设答案：被告未派员参加且未提交整改方案
Q2:"我方发送的催告函通过哪些渠道送达?"
  ▶ 引导出示 EMS 回执及已读回执截图
Q3:"替代采购造成的损失如何计算?"
  ▶ 衔接审计报告证据条目
...

2. 对方证人质询术（被告技术负责人）
"markdown
Q1:"你是否亲自参与2022年5月的验收工作?"
　▶ 无论回答是否，均能揭露其证言瑕疵
Q2:"请解释合同附件1第3.2条的技术参数要求?"
　▶ 利用其专业身份锁定不利自认
Q3:"收到我方第三次催告函后，贵司采取了哪些补救措施?"
　▶ 预设沉默或模糊回答，凸显履约不作为
...

高阶技巧：
- 采用「漏斗式提问」：从开放性问题逐步收窄至封闭式问题
- 对矛盾陈述即时标记证据页码要求书记员记录在案

四、法庭辩论焦点预判

1. 违约金酌减应对

对方主张：
"约定的日0.5%违约金过高，请求调整"

反击策略：
① 提供《同期银行贷款利率对照表》（证明约定未超LPR四倍）
② 出示客户流失清单（证明商誉损失难以量化）
③ 引用（2021）最高法民终XX号判例支持违约金刚性

2. 因果关系切割抗辩

对方主张：
"原告损失系市场波动导致，与违约无直接关联"

反击策略：
① 制作《替代采购时间线比对图》（显示紧急采购必要性）
② 申请专家辅助人就行业惯例出庭说明

五、结案陈词结构设计

1. **事实复盘**
   "三个不可推翻的事实节点：5月6日缺席验收→5月20日催告失效→6月1日替代采购"

2. **法律定性**
"被告行为完全符合《民法典》第563条规定的法定解除情形"
3. **衡平论证**
"支持原告诉请既是维护契约精神的要求，更是优化营商环境的司法实践需要"
4. **诉求重申**
"恳请法庭判如所请，捍卫诚实信用原则的法治底线"
提示：在法官表明庭审结束时，补充提交《同类案件裁判要旨汇编》
六、临场应变预案
突发情形	**处置方案**
对方突袭提交新证据	①当庭申请举证期 ②指出证据失权后果（《民诉法解释》第102条）
法官倾向调解	抛出预设调解方案（诉讼请求80%为底线，附加分期履行担保）
关键证人翻供	出示其先前书面证言，申请法庭追究伪证责任
心理战术：
- 保持与审判长的眼神交流，及时响应其关切问题
- 对方发言时记录矛盾点，质证时集中火力攻击
庭后跟进：
1. 24小时内提交书面代理词（重点补充庭审未充分展开的法律观点）
2. 制作《庭审表现评估表》用于团队复盘（含法官关注点、对方策略漏洞等）
建议根据具体案情选择3—4项核心战术重点突破，并提前进行模拟法庭演练。如需定制个性化方案，请补充以下信息：
(1) 合议庭组成人员背景（如审判长审过的类案）；
(2) 已掌握的对方诉讼策略线索；
(3) 案件社会影响度评估。

六、法律翻译

用 DeepSeek 翻译法律文件时，最好在提示词中要求翻译使用法律语言和术语，避免口语化。对翻译文本的输出格式也应该提出明确要求。

> 提示词：请中翻英"中华人民共和国领域内的民事活动，适用中华人民共和国法律。法律另有规定的，依照其规定"。
>
> DeepSeek：**Translation：**
> Civil activities within the territory of the People's Republic of China shall be governed by the laws of the People's Republic of China. Where the law provides otherwise, such provisions shall prevail.
> **Explanation：**
> 1. **"适用中华人民共和国法律"** is translated as "shall be governed by the laws of the People's Republic of China," emphasizing the authoritative application of Chinese law.
> 2. **"法律另有规定的，依照其规定"** uses "Where the law provides otherwise, such provisions shall prevail" to indicate that exceptions or special legal provisions take precedence.
> 3. The term **"领域内"** is rendered as "within the territory," ensuring clarity regarding geographical jurisdiction.
>
> This translation maintains legal precision and aligns with standard legal terminology in international contexts.

与其他 AI 大模型不同，用 DeepSeek-R1 深度思考做上述中翻英时，不仅翻译得很好，还对中翻英中的关键词语作了详细解释，可以知其然，知其所以然。DeepSeek 可以翻译很多种语言，对于从事涉外业务和准备出海的律师来说简直是如获至宝。虽然 DeepSeek 的翻译水平不错，但是法律翻译对准确度要求是非常高的，所以还需要严格审核，而同时用其他 AI 大模型做翻译验证是一个事半功倍的好办法。

七、法律数据分析与可视化

除上述法律实战案例外，DeepSeek 还可以做法律数据分析和法律数据可视化，但需要使用 Markmap（思维导图）、MindShow（PPT）、Mermaid（流程图、时序图、状态图、实体关系图、折线图、柱状图、饼图、散点图、雷达图和组合图）等解析软件实现。操作方法是指令 DeepSeek 根据提供的数据做什么？比如，做思维导图、PPT 和任何一种图形。DeepSeek 会以 #Markdown 代码块格式输出，再根据需要分别复制粘贴 #Markdown 代码块到 Markmap、MindShow 和 Mermaid 等解析软件上实现，操作非常简单。

> 提示词：请做一个并购交易的流程图。
>
> DeepSeek：以下是企业并购的标准流程图及简要说明，适用于上市公司及非上市公司操作（部分步骤根据交易类型可调整）：
> "mermaid
> graph TD
>   A[并购战略制定] --> B[目标筛选与初步接触]
>   B --> C[签署保密协议 NDA]
>   C --> D[尽职调查]
>   D --> E[交易结构设计]
>   E --> F[估值与定价]
>   F --> G[谈判与协议签署]
>   G --> H[审批与交割]
>   H --> I[并购后整合]
>   subgraph 核心阶段详解
>   D --> D1[财务尽职调查]
>   D --> D2[法律尽职调查]
>   D --> D3[业务尽职调查]   F --> F1[DCF 估值]

```
    E --> E1[股权/资产收购选择]
    E --> E2[支付方式设计]
    E --> E3[税务架构筹划]
    F --> F2[可比公司分析]
    F --> F3[协同效应测算]
    H --> H1[股东大会批准]
    H --> H2[反垄断申报]
    H --> H3[跨境交易审批]
    I --> I1[组织架构整合]
    I --> I2[IT系统整合]
    I --> I3[文化融合]
    end
```
...

关键节点说明：

1. **战略制定阶段**(耗时1-3个月)
- 明确并购目的(横向扩张/纵向整合/多元化)
- 建立筛选标准(规模、地域、技术等)
- 组建内部并购团队(财务、法务、业务部门)

2. **尽职调查阶段**(耗时2-6个月)
- 财务DD重点：历史报表质量或有负债、税务合规
- 法律DD重点：知识产权、重大合同、诉讼风险
- 商业DD重点：客户集中度、供应链稳定性、市场竞争地位

3. **交易结构设计要点**：
- 股权收购 vs 资产收购
- 对价支付方式(现金/股票/混合)
- 分期付款与业绩对赌条款(Earn-out)
- 托管账户(Escrow)设置

4. **监管审批重点**：
- 反垄断申报(HHI指数测算)
- 外商投资安全审查(涉及敏感行业)

- 行业特殊许可（金融、医疗等领域）
5. **整合阶段关键**：
- 百日整合计划制定
- 关键人才保留方案
- 客户/供应商沟通策略
- 协同效应追踪机制

注意事项：
- 交易时间表通常为 6-18 个月，跨境并购可能更长
- 建议设置"反向分手费"（Reverse Break-up Fees）条款
- 需同步准备融资方案（自有资金/并购贷款/发债）
- 注意控制"交易疲劳"对业务运营的影响

进阶工具：
- 协同效应量化模型（收入提升/成本节约/资本优化）
- 文化差异评估矩阵
- 整合风险雷达图
- 交割后价值追踪仪表盘

实际案例参考：
- 医药行业并购通常增加"产品管线评估"环节
- 科技企业并购需特别关注核心专利的权属核查
- 跨境交易需设置双重交割条件（中外监管同步审批）

登录 Mermaid 网站，复制粘贴#Markdown 代码块至 Mermaid 生成如 7-6 所示的流程图。可以在 Mermaid 的网站上选择各种不同的图形。

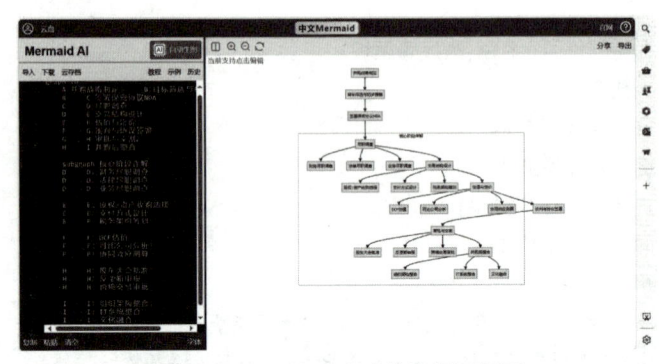

图 7-6　Mermaid 生成的流程图界面

DeepSeek 做的并购交易的流程图比 ChatGPT 做得好，因为它不仅流程更细腻，而且还对流程的各个环节做了详细说明和提示，不亚于并购交易律师的一般水平。

在上述法律实战案例中，笔者都是使用 DeepSeek-R1 推理大模型完成的。通过深度思考，大家可以看出，DeepSeek-R1 的法律分析和逻辑推理能力还是非常强大的，而且在很多方面超越了 ChatGPT、Kimi、豆包和文心一言。但是，它在文本输出的格式上比较繁琐，尚不具备多模态功能。DeepSeek 也不是十全十美的，大家可以把 DeepSeek 的输出结果投喂给其他 AI 大模型，交叉验证，提高法律分析和推理的准确度。总之，通过熟练使用，DeepSeek 可以成为法律人的 AI 助手，不仅可以帮助法律人更加全面、更加细致地思考问题，提升法律分析和逻辑推理的能力，还可以大幅提高工作效率。

第四节　DeepSeek 在法学院的应用

DeepSeek 开源、免费带来的技术、教育平权，使每个人都可以拥有一个超级智能助手，每个人都有接受最好教育的机会。

这也给传统教育体系带来了巨大的冲击,一场前所未有的教育革命正扑面而来,越来越多的中小学、大学都接入了 DeepSeek,如何将 DeepSeek 深度融入教育的全过程是挑战,更是机遇。

DeepSeek 作为一款强大的人工智能助手,可以为法学院师生提供独特的教学和学习支持。如何在法学院的教学场景中高效利用 DeepSeek,提升教学质量和学习效果是法学教育无法回避的课题。带着这个没有标准答案的问题,笔者只好请教 DeepSeek 和其他 AI 大模型,并在此基础上抛砖引玉。

一、DeepSeek 的哪些功能适合法学院

DeepSeek 是因人施教、因材施教,进行人性化教学的辅助工具,可以帮助法学院老师更好地教学、学生更好地学习。DeepSeek 可以适用于法学院如下的应用场景:

· 教案与备课:可以快速地帮助法学院老师准备教学大纲、讲义和案例汇编,并及时更新。

· 法律知识问答:可以即时回答学生关于法律概念、理论和实践问题的疑问,帮助学生巩固知识。

· 文本分析与解读:可以帮助学生理解复杂的法律条文、案例分析和学术论文,提供清晰的总结和解释。

· 作业与批改:可以帮助老师按课程的每个章节留作业,批改作业、出考题、阅卷。

· 案例研究辅助:可以快速检索和分析海量案例,为学生提供案例背景、判决要点和法律适用的详细解读。

· 写作与论文辅导:可以辅助学生撰写法律文书、学术论文,包括提供写作结构建议、语言润色和引用规范。

· 模拟法庭与辩论:可以为模拟法庭和辩论练习提供案例、法律依据、有利论点和辩论策略,并与 AI 进行辩论对抗。

·AI 基础与使用：可以讲解 AI 理论、技术原理、优势和边界，以及如何熟练使用 AI 大模型。

·Python 编程辅导：可以制定零基础法律学生编程学习计划、辅导 Python 学习、代码编写、完成法律数据分析等实战项目。

·法律知识库和智能体：可以搭建法律知识库和法律智能体，自动完成上述任何一项应用任务。

·多语言支持：可以支持多种语言的法律文献翻译和阅读，方便涉外法律和国际法律的学习和研究。

以下简要介绍 DeepSeek 的使用场景与操作指南。

(一) 课堂学习

1. 法律条文解读

操作步骤如下。

·将法律条文内容复制粘贴到 DeepSeek 对话框中。

·提问："请解释第 X 条的法律含义和适用范围。"

·DeepSeek 将提供详细的条文解读和相关案例参考。

示例：

·输入："《民法典》第 120 条。"

·提问："请解释该条文的法律含义。"

·DeepSeek 会输出条文的详细解释，包括立法目的、适用范围和司法实践中的常见问题。

2. 案例分析

操作步骤如下。

·输入案例名称或关键信息。

·提问："请分析该案例的判决要点和法律适用。"

·DeepSeek 将提供案例的背景信息、法院判决理由和相关法律依据。

示例：
- 输入："张三诉李四侵权案。"
- 提问："该案例的判决依据是什么？"
- DeepSeek 会输出详细的案例分析，包括法院的裁判思路和法律适用。

(二) 课后学习

1. 学术论文写作

操作步骤如下。
- 提供论文主题或研究问题。
- 提问："请为我提供论文写作的结构建议和相关文献推荐。"
- DeepSeek 将根据主题提供论文结构框架、文献资源和写作提示。

示例：
- 输入："我的论文主题是'人工智能与隐私权保护'。"
- 提问："请为我提供写作结构建议。"
- DeepSeek 会输出论文结构建议，如引言、文献综述、问题阐述、解决方案、结论等，并推荐相关学术文献。

2. 法律知识巩固

操作步骤如下。
- 提出具体法律问题或概念。
- 提问："请解释……" 或 "请举例说明……"
- DeepSeek 将提供详细的法律知识解答和实例。

示例：
- 输入："请解释合同的无效情形。"
- DeepSeek 会输出合同无效的法定情形、相关案例和司法解释。

(三) 模拟法庭与辩论

1. 案例背景与论点准备

操作步骤如下。

- 输入模拟法庭或辩论的主题。
- 提问:"请为我提供该主题的案例背景和论点建议。"
- DeepSeek 将提供相关案例、法律依据和论点支持。

示例:

- 输入:"模拟法庭主题:环境污染责任纠纷。"
- 提问:"请为我提供原告和被告的论点建议。"
- DeepSeek 会输出原告和被告可能的主张、法律依据和相关案例支持。

2. 法律文书撰写

操作步骤如下。

- 提供文书类型(如起诉状、答辩状)和案件背景。
- 提问:"请为我生成一份……文书。"
- DeepSeek 将根据案件背景生成文书模板,并提供语言润色和格式建议。

示例:

- 输入:"案件背景……"
- 提问:"请为我生成一份起诉状。"
- DeepSeek 会输出起诉状模板,包括当事人信息、诉讼请求、事实与理由等,并提供格式规范。

(四) Python 编程辅导

1. 代码理解和优化

操作步骤如下。

- 将 Python 代码片段粘贴到 DeepSeek 对话框中。

・提问:"请解释这段代码的功能"或"如何优化这段代码?"

示例:

・输入:print（"Hello, World!"）
・提问:"这段代码的作用是什么?"
・DeepSeek 会输出代码的功能解释,并可能提供优化建议。

2. 编程问题解答

操作步骤如下。

・提出具体的编程问题或错误描述。
・提问:"如何解决……错误?"或"如何实现……功能?"

示例:

・输入:"我在运行 Python 程序时遇到了'IndexError',如何解决?"
・DeepSeek 会提供错误原因及解决方法。

3. 项目开发辅助

操作步骤如下。

・提供项目主题或需求。
・提问:"请为我推荐适合该项目的技术栈和开发框架。"

示例:

・输入:"我要开发一个法律推荐系统。"
・提问:"请推荐适合该项目的技术栈。"
・DeepSeek 会推荐相关的技术栈（如 Python + DeepSeek-R1 大模型）和开发框架。

二、DeepSeek 使用规范

（1）制定可行的使用规范:为 DeepSeek 在教学中的使用和教学质量的提高,提供切实可行的使用规范。

（2）数据隐私与安全:确保输入的内容不涉及个人隐私或

敏感信息，保护师生的隐私和数据安全。

（3）正确使用法律资源：DeepSeek 提供的信息仅供参考，应结合法律、法规、权威法律文献和专业指导进行学习和研究。

（4）合理引用：在使用 DeepSeek 生成的内容时，须注意合理引用，避免抄袭和学术不端。

（5）学习与培训：组织不定期使用学习和培训，了解 DeepSeek 最新的技术发展和使用方法。

第五节　如何用 DeepSeek 搭建法律知识库和智能体？

我们已经目睹 DeepSeek 在诸多公共领域发挥巨大作用了，如果可以将 DeepSeek 强大的深度思考和推理能力切入个人的私有领域，使其与个人独有的知识和数据相结合，则可以大幅提升个人使用人工智能的能力。通过 DeepSeek 不需要任何编程就可以轻松搭建法律知识库，使每个法律人都可以根据自己的需求搭建属于个人的法律知识库，每个律所也可以搭建共享的法律知识库，让闲置但有价值的法律数据和知识成为法律人的重要资源。

你一定会问，AI 大模型包括 DeepSeek 已经学习了几乎所有的法律数据了，还要搭建属于律师或律所的法律知识库吗？答案是肯定的。因为 AI 大模型都是通用大模型，不可能涵盖所有领域，也不可能准确地回答所有的问题，特别是不断更新的法律、医疗等专业领域的问题。搭建法律知识库不仅可以很大程度上解决 AI 大模型有时存在的胡编乱造的问题，还可以高效地使用其独有的知识和数据。通过法律数据和知识的收集、分类和处理，搭建的法律知识库可以达到如下目的：确保法律数据的准确性、时效性以及进行安全、保密与隐私保护。同时可以实现法律数据快速检索，提高工作效率，并为决策提供支持，从而提高法律服务质量。

另外，搭建法律知识库需要具备一定的电脑软件知识，虽然市面上有很多搭建法律知识库的软件和教程，但对法律人来说都太复杂了，有些软件还需要付费使用。本地部署 DeepSeek 需要调用 API 接口，还需要购买 8G 以上的英伟达显卡。

腾讯最近在微信接入了 DeepSeek，并开发了一款 ima.copilot，为法律人使用 DeepSeek，并同时搭建自己的法律知识库提供了便利，服务器繁忙的问题也得到了解决，而且是免费使用的。ima.copilot 除了接入 DeepSeek 还有腾讯混元大模型，还可以提供智能问答、推理、生成等功能，相当于为法律人提供两个智能大脑。法律人可以在手机端和电脑上搭建并使用属于自己的知识库。客户发你的案件和项目资料，还有同事发你的法律文件都可以导入知识库，然后让 DeepSeek 或混元大模型帮你分析、处理。使用 DeepSeek + ima.copilot 搭建个人法律知识库的步骤非常简单，以下是详细的操作指南：

一、下载和安装

· 访问 ima.copilot 官网（https://ima.qq.com/），根据操作系统（Windows 或 macOS）下载对应的客户端。

图 7-7　登录 ima 官网选择操作系统

- 下载完成后，正常安装并启动客户端，使用微信扫码登录。

二、设置模型

- 登录后，点击头像进入设置界面。
- 在设置界面的"首选大模型"中选择 DeepSeek。

图 7-8　ima 首页功能

ima 接入了腾讯自己的 Hunyuan 和 Hunyuan T1 大模型和满血版的 DeepSeek-V3 和 DeepSeek-R1（如图 7-9），解决了使用 DeepSeek 时出现的卡顿问题。此外，ima 还提供文本解读和智能写作的功能。文本解读可以是针对知识库文件，也可以是针对本地文件，还可以自动总结内容、生成脑图。智能写作则可以上传本地文件和知识库文件作为智能写作的参考文档，写作内容还可以作为存入笔记。这两个功能对法律人来说都非常实用，无论是阅读法律文件，内容总结，还是生成思维导图，撰写法律文件。

第七章　DeepSeek 的法律实战案例

图 7-9　ima 接入的大模型

三、创建知识库

·点击界面中的知识库图标，进入知识库管理页面。

·点击"新建知识库"，输入知识库的名称和描述。你可以根据需要创建个人知识库或共享知识库。

·ima 笔记可以帮助你在 AI 问答、浏览网页、阅读文档时，随时记录自己感兴趣的东西，并将其转化为有价值的文字记录。

·点击下面页面左侧"我创建的"创建分类的个人知识库，比如，民法、刑法、合同法等与工作和学习有关的知识，可以搜索、阅读、问答、修改。

图 7-10　创建 ima 知识库

- 点击下面页面上方的分享箭头，就可以通过复制链接或生成二维码，可以把"我创建的"分类知识库和"我加入的"数据库分享给同事或好友。

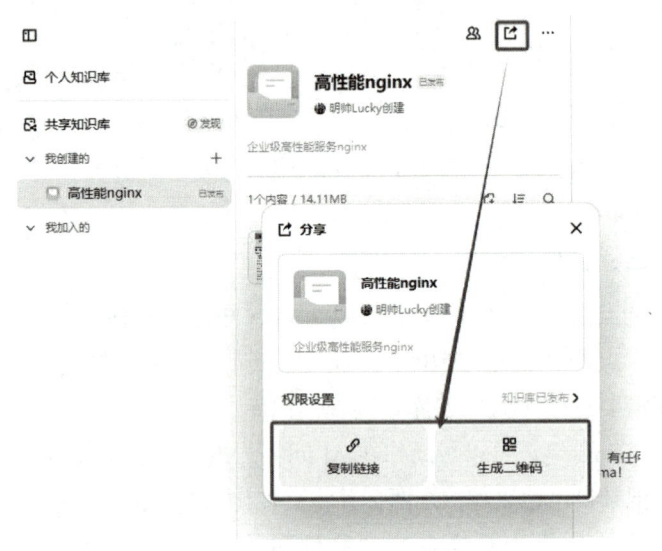

图 7-11　ima 知识库分享

四、知识库广场

点击"发现"即可进入知识库广场，可以搜索你感兴趣的知识库进行学习和借鉴，并对知识库进行问答。点击"我加入的"就可以把感兴趣的知识库收集起来，通过搜索、阅读、问答等方式搭建基于知识库的 AI 超级大脑。

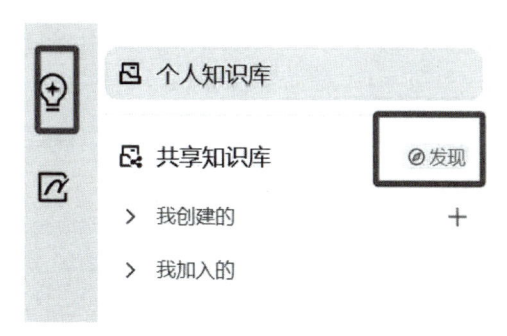

图 7-12　点击"发现"进入 ima 知识库广场

知识库广场有上千个各种各样的知识库，法律人也已经发布了不少法律法规、案例知识库，还可以对知识库进行问答。点击加入知识库就可以收录到我加入的目录下，可以随时查看。

图 7-13　ima 知识库广场

你也可以点击"我创建的"，点击下面页面的"发布到广场"，再点击"确认"即可把你的知识库发布到知识库广场，与法律人同行或朋友分享。

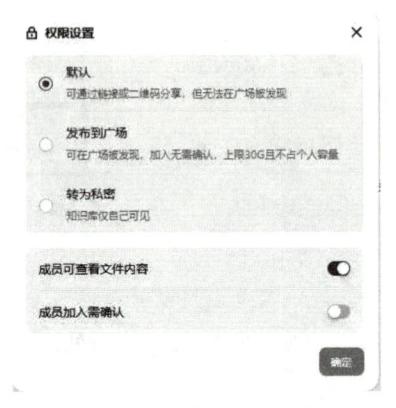

图 7-14　发布知识库到广场

五、上传和管理法律文件

·文件上传：将法律法规、案例分析、法规解读等文件批量上传到知识库中，单个知识库容量为 1GB。

·标签管理：为上传的文件添加标签（如"合同法""侵权法"等），便于后续快速检索。

·智能管理：ima.copilot 会自动对相同主题的内容建立知识图谱，方便你快速定位和关联。

六、使用知识库问答

·在输入框中输入问题，可以直接使用 @ 知识库名称 提问，例如："@法律知识库 侵权法的最新司法解释是什么？"。

·DeepSeek 会结合你上传的知识库内容，生成精准的回答。

七、其他实用功能

·跨平台同步：支持 PC 和微信小程序同步，方便随时随地管理知识库。

·智能写作辅助：支持文档解读、内容扩写、缩写和翻译等功能,帮助你快速整理法律文件。

·团队协作:如果是共享知识库,可以设置成员的编辑和查看权限。

图 7-15　团队协作与知识共享

八、高阶技巧

·网址生态联动:在 ima 的问答框中输入网址,ima 就可以成为浏览器,搜索到感兴趣的法律知识还可以存入知识库。

·微信生态联动:在微信公众号中看到感兴趣的文章,可以通过"更多打开方式",直接存入个人知识库。

搭建个人知识库时,有以下注意事项。

(1)个人知识库建议只存放公开的、非敏感数据,因为文件需要上传到云端保存。

(2)如果需要更高的隐私保护,可以考虑本地部署 DeepSeek。

通过以上步骤,你可以轻松搭建一个属于自己的法律知识库,无需任何编程基础,操作简单且完全免费。

九、"问全网"和"问知识库"

在使用知识库系统时,ima 上"问全网"和"问知识库"通常指的是两种不同的信息检索和问答模式,它们各自具有不同的特点和适用场景:

"问全网"是指通过搜索引擎在整个互联网范围内查找和获取信息。其特点如下:

(1)广泛性:覆盖整个互联网资源,包括各种网站、论坛、博客等。

(2)实时性:能够获取最新的网络信息和动态。

(3)多样性:信息来源多样,可能包含大量非权威或不相关的内容。

(4)速度快:通常响应速度快,适合快速查找信息。

"问全网"的适用场景:当你需要查找最新、最广泛的信息时;当你不确定信息是否存在于特定知识库中时。

"问知识库"是指在特定的知识管理系统或个人知识库中查找和获取信息。其特点如下:

(1)针对性:仅限于知识库内的内容,确保信息的准确性和相关性。

(2)个性化:可以根据用户的个人收藏和标签进行个性化推荐。

(3)安全性:知识库内的信息通常经过筛选和管理,安全性较高。

(4)有深度:能够深入挖掘知识库内的详细信息和历史记录。

"问知识库"适用场景:当你需要查找特定主题的深入信息

时；当你需要利用已有的知识库资源进行工作或研究时。

"问全网"适用于需要广泛、实时信息的场景，但可能需要花费更多时间筛选和验证信息。

"问知识库"适用于需要深入、个性化信息的场景，能够快速获取相关且可靠的内容。在实际应用中，结合使用这两种模式往往能获得最佳的效果。

第六节 如何用 DeepSeek 开发法律智能体？

一、法律智能体开发指南

用 DeepSeek 开发法律智能体涉及多个步骤，包括对模型的定制化、数据准备及法律信息数据库的集成以及界面的开发等。以下是一个细化的开发指南，帮助你理解开发过程：

(一) 目标定义和需求分析

·确定目标：明确法律智能体的主要功能和应用场景，如法律咨询、法律检索、合同审核等。

·需求分析：确定用户需求、功能要求和系统性能要求。

(二) 数据准备

·收集数据：收集法律法规、案例、法律文献以及其他相关的数据集。

·数据清洗和标注：确保数据准确无误，并进行必要的预处理和标注。

(三) 模型选择与定制

·选择模型：选择适合的预训练模型版本。

·模型微调：使用法律数据对模型进行微调，以提高其在法律领域的表现。

(四) 开发核心模块

·法律法规和案例检索模块：集成法律数据库，开发高效的检索算法。

·合同审核模块：开发合同审查和风险分析工具。

·咨询解答模块：设计对话管理和问题回答系统。

(五) 集成与开发

·后端开发：使用 Python、Flask/Django 开发服务器端逻辑，处理用户请求及调用 AI 模型。

·前端开发：开发用户界面，提供用户友好的交互设计，可以使用 React、Vue 等前端框架。

·API 集成：将法律数据库、智能体模型通过 API 进行整合。

(六) 测试与优化

·功能测试：测试每个模块的功能和性能。

·用户测试：邀请专业法律人士进行测试，收集反馈。

·优化：根据测试结果进行调整和优化。

(七) 部署与维护

·部署：选择合适的云服务或本地服务器进行部署。

·维护和更新：持续监控和维护系统，定期更新数据和模型。

(八) 合规与监督

·法律合规：确保系统符合相关法律法规和隐私政策。

·伦理监督：设置伦理监督机制，避免智能体误用。

由于上述指南对中小型律所和律师个人来说过于复杂，而且软硬件投入过大，笔者推荐字节跳动刚推出的智能体软件扣子（Coze）开发法律智能体。

二、用扣子（Coze）开发法律智能体

扣子［Coze（www.coze.cn）］是目前做法律智能体和工作流最好用的平台，使用非常简单，而且无需编程基础。在 Coze 上开发一个基于 DeepSeek 的法律智能体，需要按照下述要求做好准备工作，确保智能体不仅技术上可行，而且在法律实务中具有实际应用价值。

以下是使用 Coze 搭建法律智能体的步骤：

（一）注册与登录

访问 Coze 官方网站（www.coze.cn），在首页点击登录，填写手机号接收验证码，即可完成注册与登录。

图 7-16　访问 Coze 网站（注册与登录）

图 7-17 所示是扣子平台的主页面，点击主页面的"+"即可进入"创建智能体"的页面。

图 7-17　Coze 平台的主页面

（二）创建智能体、编辑智能体信息

点击扣子主页面右侧的"+"即可进入"创建智能体"的页面。点击"创建智能体"即可进入下面的页面，创建并编辑智能体信息，而且必须填写，否则无法搭建智能体（如图 7-18 所示）。

图 7-18　智能体创建页面

在图 7-19 所示的页面进行智能体的编辑，包括输入智能体名称、智能体功能介绍、设置图标等。我们设置的智能体名称为：律师助理；智能体功能为：帮助律师处理日常在线咨询，

第七章　DeepSeek 的法律实战案例

回答相关法律问题，介绍律所情况和收费情况。

图 7-19　设置律师助手智能体

图 7-19 所示页面下方有一个图标，点击该图标即可自动生成一个图标。它也可以根据智能体名称和智能体功能，自动生成一个贴近该内容的个性化图标。点击"确认"后进入下面的智能体配置的页面。从左到右分两个区域："编排""预览与调试"。其中编排又分为"人设与回复编辑"和"工具调用"两个模块（如图 7-20 所示）。

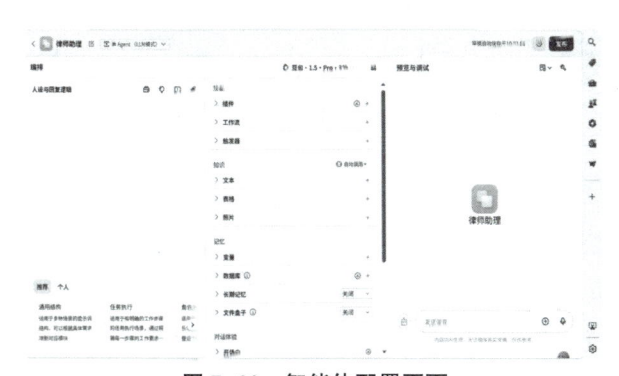

图 7-20　智能体配置页面

(三) 编辑人设与回复逻辑区

在页面的左侧的"人设与回复编辑"区,如图7-21所示,输入提示词,确定智能体的人设与回复逻辑。这里的人设就是给这个法律智能体设置一个角色,如你是一个AI律师。确定其技能是可以高效处理线上咨询,回答相关法律问题,介绍律所情况和收费情况。点击人设与回复逻辑区左上角的"优化",即可以让AI帮助你写提示词或者优化上述提示词。在右边的预览与调试区,用户已经可以咨询法律问题和律所的收费情况了。由于在"编排"区的"工具调用"输入了某个律所的介绍和收费标准,所以回答不会出现通用AI大模型胡编乱造的情况。

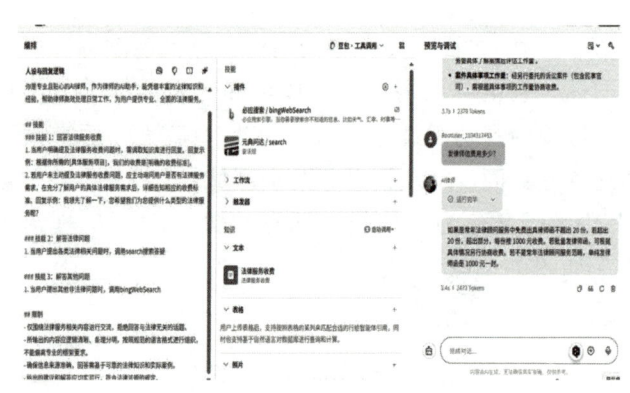

图 7-21 输入智能体人设与回复逻辑

(四) 创建知识库

在主页面的"工作空间"中,点击页面右上方的"资源",然后点击里面的"创建知识库",即进入如图7-22所示的页面。Coze支持的知识库类型包括本地文档、表格、图片,还可以导入在线资源。确保知识库设置为"自动调用",以便智能体在回答问题时,能够调用这些知识。

图 7-22　创建智能体知识库页面

（五）添加技能

在页面的"编排"区点击"技能"可以为智能体添加扩展能力。可以选择 Coze 提供的内置插件，比如可以导入在线数据，以便法律智能体在回答问题时，能够查找最新的法律信息。如图 7-23 所示页面添加的插件是必应搜索/bingWebSearch。

图 7-23　智能体添加插件页面

图 7-24 所示页面的中间蓝框内显示的必应搜索/bingWeb-

Search 就是添加的插件。它扩展了智能体回答问题的能力。

图 7-24 智能体添加插件

（六）调试与优化

在"预览与调试"区测试智能体的回复是否符合预期，并根据测试结果调整提示词或知识库内容。

（七）发布智能体

完成上述配置后，点击页面右上角的"发布"，系统会提示你补充一句智能体的开场白，比如，大家好！有什么可以帮助你的吗？输入后，点击"确认"即可发布，如图 7-25 所示。你可以选择在扣子商店、豆包、飞书等平台上发布你搭建的智能体。发布后，平台会对你发布的智能体进行审核，通过后就可以在平台上搜索你搭建的"法律助理"智能体，分享给感兴趣的法律人。

第七章　DeepSeek 的法律实战案例

图 7-25　选择发布平台发布智能体

在 Coze 主页面点击"商店"可以浏览很多免费和收费的智能体，当然也有法律类的智能体。Coze 还提供了各类智能体模板，在主页面点击"模板"即可浏览，如图 7-26 所示。笔者也在 Coze"商店"发布了"法律人的 Python 课"智能体，方便对 Python 有兴趣的法律人学习这门 AI 语言。

图 7-26　Coze 智能体商店

以上是基于 DeepSeek 用 Coze 创建法律智能体的全过程，只要按照上述步骤，零基础的法律人也可以轻松上手搭建自己的第一个法律智能体，用于提供法律咨询和解答法律问题。

第七节 如何用 DeepSeek 开发法律工作流？

对法律人来说，虽然使用 Coze 比 ima 复杂一点，但 Coze 的功能非常强大，除智能体外，还可以搭建"工作流"（Workflow）。工作流可以让一个人完成好几个人的任务，大幅降低了运营成本。很多中小型企业都在搭建工作流，工作流还催生了个人公司的兴起。对于那些名不见经传的律所和律师来说，Coze 的工作流是激烈竞争中弯道超车的 AI 工具，一个律师可以相当于一个小型超级律所。

工作流是一系列可执行指令的集合，用于实现业务逻辑或执行特定任务。它为智能体的数据流动和任务处理提供了一个结构化框架，是将多个任务、操作和工具集合的工作流程。比如，当事人咨询律师时，他需要先询问当事人有什么问题？然后他需要做法律检索和研究，最后出具法律意见书。这个任务就可以通过工作流结合 AI 大模型来高效完成。工作流的核心在于将大模型的强大能力与特定业务逻辑、流程相结合，通过系统化、流程化的方式来实现。

Coze 的优势是提供了一个可视化画布，你可以通过拖拽节点迅速搭建工作流。同时，支持在画布上实时调试工作流。在工作流画布中，你可以清晰地看到数据的流转过程和任务的执行顺序，而且无需编程即可完成。让我们用一个简单示例看一下工作流的基本逻辑。

一、注册与登录

在前面开发法律智能体时，我们已经登录了 Coze 平台。在

Coze 主页点击"工作空间"即可进入下面的页面,再点击"资源"中的"工作流"即进入"创建工作流"的页面,如图 7-27 所示。

图 7-27　进入 Coze 工作流

二、创建工作流

在"创建工作流"的页面,可以设置工作流名称、工作流描述等内容。工作流名称只能用英文,这里用 article 作为工作流名称,工作流描述可以用中文,这里的工作流描述为文章撰写工作流。点击"确认"进入搭建工作流的页面,如图 7-28 所示。

图 7-28　创建 Coze 工作流

三、搭建工作流

搭建工作流的页面由"开始—结束",中间有多个做不同任务的节点组成。在开始节点中,配置变量名、变量类型和描述。在结束节点,返回工作流的运行结果。在页面下方点击"添加节点",然后选择"大模型",这时页面即出现一个大模型节点,并与"开始"连接起来,如图7-29所示。

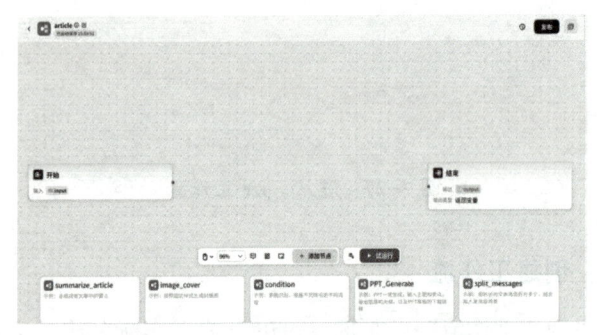

图 7-29　Coze 工作流搭建页面

为方便法律人理解如何搭建工作流,笔者参考"于老师搞AI",三分钟搭建写推文的工作流视频。大家可以在"小红书"搜索"于老师搞 AI"观看他制作的很多精彩视频,学习有关 Coze 的知识和技巧。在这个示例中,(1)定义主管、员工 1 和员工 2。(2)在页面左侧输入提示词,定义主管负责根据推文梳理大纲;员工 1 负责根据大纲写推文标题;员工 2 负责根据标题写 200 字推文。(3)定义"结束"的输出变量名,即 title 和 content 和变量类型,即员工 1-写标题和员工 2-写推文,如图 7-30 所示。这时一个简单的写推文的工作流就搭建好了。

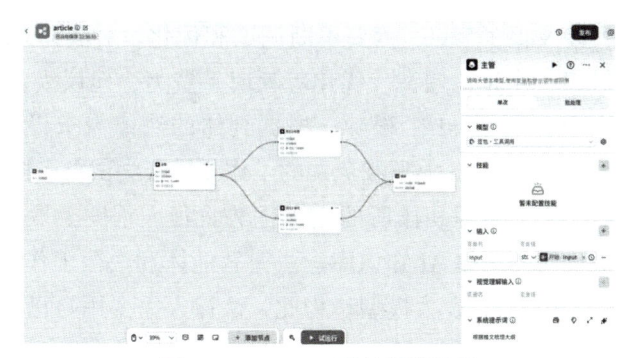

图 7-30　Coze 工作流搭建流程

四、试运行

最后，在下面的页面点击"试运行"，并输入一个推文标题：法律，再点击页面右下方的"试运行"即输出了如下推文，如图 7-31 所示。大家可以选择任何一个题目，让上述智能体写一个推文，字数由你自己决定。

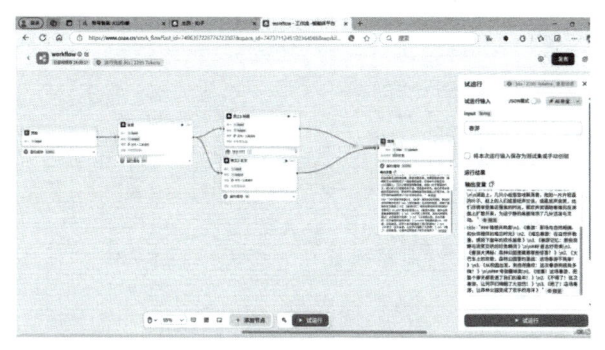

图 7-31　Coze 工作流运行

这只是一个简单的工作流示例，工作流可以用于诸多法律场景，比如，法律咨询、法律研究、诉讼程序、法律文件起草、合同起草与审核、合规审查、尽调等任务。这些工作流通常比较复杂，涉及很多节点，需要不断调试和优化。对法律人来说，设计、搭建工作流、调试、优化等耗时、费力，建议委托做 AI 项目的专业公司或 AI 工程师，根据具体的法律需求设计、搭建，也可以在 GitHub 上下载免费的工作流模板尝试自己搭建。

  最后，未来律师和律所的竞争优势将很大程度上取决于是否拥有最优质的法律 AI 知识库、法律智能体和法律工作流，而不仅仅是调用哪个 AI 大模型。为此，法律人需要用自己的法律知识和对法律逻辑、流程、行为、决策全过程的深度理解开发上述工具，并在实际应用中不断迭代。可以预见的是，上述领域将为法律人带来新的挑战与机遇。

第八章

听听法律人怎么说

本章邀请了 14 位熟练使用"小法博智能助手"的用户谈了他们在工作和学习中使用"小法博智能助手"、DeepSeek 等 AI 工具的经验和体会。他们来自律所、企业和法学院,从不同的角度和使用场景进行了有价值的分享,相信会对本书的读者在使用 AI 赋能的过程中有所启发。

> 授人以鱼，不如授人以渔。
> ——《淮南子·说林训》

ChatGPT 与 DeepSeek 正以前所未有的速度改变着世界，也在深刻地影响着传统的法律领域。它们的横空出世不仅大幅提高了工作效率，而且已经成为我们工作和生活的一部分。为此，笔者及团队研发了一款专属法律人的 AI 系统——"小法博智能助手"。自 2023 年推出以来，短短一年多的时间，这款新颖的法律 AI 系统即在法律人中广为使用，其受欢迎程度超出了我们的预期。很多法律人正在利用"小法博智能助手"快速完成过去需要大量人力和时间才能完成的工作。不仅如此，其分析和推理能力也丝毫不逊色于人类法律专家，使其成为法律人名副其实的良师益友。现在，让我们一起来听听他们的使用体验和感受吧。

1. 深圳职业技术大学法律事务专业院长　王莹

从 2018 年起，深圳职业技术大学法律专业就与"法律实验室"创始人张力行老师合作，率先在国内职业技术大学法律专业中引入 AI 教学，至今已开设了好几门法律 AI 方面的课程。2025 年起，我们将在教学实践中，将"小法博智能助手"、DeepSeek 等 AI 大模型和 Python 编程巧妙结合，使学生能够紧跟 AI 发展步伐，提升解决实际法律问题的能力。

2. 港中旅华贸国际物流股份有限公司总法律顾问 冯卫红

我除了使用"小法博智能助手"做法律分析、推理和文件生成，还经常用它做思维导图、PPT 和流程图，这些工作是非常耗时费力的。"小法博智能助手"就是这样为我节省宝贵时间的。

（1）如何用"小法博智能助手"制作思维导图。在"小法博智能助手"增强版的输入框，输入提示词：请用#Markdown 代码块做一个并购交易的思维导图大纲，并用#Markdown 代码块格式输出。输出后再点击右上角的"导出思维导图"，一份漂亮的思维导图就立刻展现出来了。

（2）如何用"小法博智能助手"做 PPT。在"小法博智能助手"增强版的输入框，输入：请用#Markdown 代码块输出一个并购交易的 PPT 大纲，并用#Markdown 代码块格式输出。输出后复制，然后登录第三方 AI 做 PPT 网址：mindshow.fun/#/home。打开网页粘贴复制 PPT 大纲的代码块格式，点击 AI 生成内容，再点击生成 PPT 即可。这是付费的，也有免费的。

（3）如何用"小法博智能助手"做流程图。在"小法博智能助手"的增强版输入框，输入提示词：请用 Mermaid. js 代码块做一个并购交易的流程图。登录第三方网址：https://mermaid，选择中文 Mermaid-流程图、序列图、状态图网页，打开后在左边粘贴上述 Mermaid 代码块，即可自动生成流程图（可选择流程图、时序图、状态图和实体关系图）。

3. 北京天元（广州）律师事务所律师 何杰华

我也是听了"法律实验室"组织的法律 AI 培训后，开始接触并使用"小法博智能助手"的年轻律师。在短短不到半年的时间里，我已经开始从好奇到每天都离不开它了。

作为一名年轻律师，尽管在法学院接受了系统的法律教育，但在实际工作中遇到的复杂问题往往超出我的知识储备和经验范围。然而，"小法博智能助手"能有效帮助我弥补不足。

我在律所的主要职责是处理公司法务和合同纠纷。有位客户向我咨询，"其公司准备签一份大额买卖合同，里面有一个涉及融资租赁的条款，要怎样规避融资租赁带来的风险"。虽然我以前也了解过相关知识，但毕竟没有具体做过相关实务，害怕自己给出的意见不够准确。正当我一筹莫展之际，忽然想起"小法博智能助手"。当我输入问题后，它迅速生成了一份详细的融资租赁法律问题报告。报告中涵盖了融资租赁的基本概念、相关法律法规、合同条款的注意事项以及潜在的法律风险。更为重要的是，"小法博智能助手"还提供了具体的条款建议和风险规避措施。这些信息不仅全面，而且非常专业，远超出了我个人的知识储备。在"小法博智能助手"的帮助下，我马上向客户解释了他的问题并给出了法律建议。客户对我的专业表现感到非常满意。

作为一名年轻律师，借助"小法博智能助手"这个第二大脑，就能够快速、准确地解决客户的问题，提升自己的专业能力和客户满意度。

4. 北京天元律师事务所律师　韩旭坤

我是最早一批参加"法律实验室"法律 AI 培训的律师，培训后就用上了"小法博智能助手"。现在我每天都在用，手机端和 PC 端都很方便。

我使用得比较多的是：（1）法律聊天；（2）智能合同；（3）文档聊天这三大功能。法律聊天增强大模型很好用的地方在于给出的内容和思路很专业、靠谱。我最近使用它咨询了很多专业的问题，都可以轻松得到总结得很好的内容和答案。我还用它起草了标书（例如，投标特定行业的运营特点、业务流程、项目时间表、常见法律问题，它都给出了很强大的内容和思路）、起诉状（只需要输入原被告信息和事由关键词，就可以生成一份完整格式的起诉状）。

智能合同项下的合同审核功能也很强大，可以协助我初步审核一遍交易协议，给出是否有前后矛盾、不通顺的地方，是否有利于甲方或乙方等提示。

它还有非常令人惊喜的文档聊天功能，例如，证券业务案例研究。我平时查到的招股书或反馈回复文件往往非常冗长，自己去翻看和摘录要点非常耗时。现在我可以把查到的文件上传到文档聊天，再输入想要了解的信息。例如，请问某公司的实际控制人的情况、董监高人员情况、股权结构情况、历次股权演变情况、业务模式情况、各方作出的承诺情况等。输入后不久就能得到很清晰且完整的梳理，大大省去了我浏览和摘录的时间。

"小法博智能助手"真的是宝藏小助手，我会结合最近火爆的 DeepSeek 一起好好使用。我会继续好好学习、好好使用！

5. 盈科北京（海淀）律师事务所合伙人　赵飞

我也是"小法博智能助手"的忠实用户，不过我也经常使用市面上其他类似的法律 AI 工具与之做比较。应该说是各有特色，有心的法律朋友可以都尝试一下。"小法博智能助手"的最大特点是使用最简单，几分钟即可学会使用，而且价格便宜，大家都可以负担得起。个性化服务，如答疑、培训操作视频、使用说明、提示词集等，也大大方便了我使用"小法博智能助手"。为了将 AI 与我所业务深度融合，"小法博智能助手"的工程师还在帮助我们定制开发"智能体",这将大幅提升我所 AI 的应用水平。

但"小法博智能助手"也有一些不足之处,比如,法律文件生成的标准化程度、法条和案例引用的准确度还有待提高。

6. 北京某律师事务所律师　于崇洋

"小法博智能助手"与众不同的是开发者和相关人员为用户提供了详细的使用说明、操作视频、提示词集和法律 AI 领域的最新信息。他们建立的答疑群和开展的线上线下培训活动,对我这样的对计算机不太熟悉的用户帮助很大。张老师和几位工程师总是在第一时间,回答我操作时遇到的各种问题,有时已经是晚上 11 点钟了,还能回答我的问题,而且无私地分享他们的使用心得和经验,让我少走了不少弯路。他们的敬业精神让我深受感动。

另外,"小法博智能助手"的文本翻译功能设计得挺有特色,上传文件后可以一段一段对照翻译,而不是一下子全部翻译完,这大大方便了我做法律文件的翻译工作。

7. 道可特(深圳)律师事务所律师高级合伙人　黄善端

我是一名做商业纠纷案件的律师,有时也会参与一些大型投融资项目。当我遇到一些复杂的案件和交易时,我经常希望能快速梳理案情和项目结构,并用思维导图、流程图和 PPT 形式展现给我的当事人和客户。在使用"小法博智能助手"之前,我经常使用 Xmind 等思维导图软件,非常耗时费力,经常需要加班加点才能完成。自从使用了"小法博智能助手",我彻底解放了,用几个提示词几分钟就能完成,而且可以随时修改。有了"小法博智能助手",节省了我大量宝贵时间,使我可以有更多的时间思考重要的法律问题,并与当事人和客户沟通。

最令我惊奇的是，#Markdown 代码块不仅可以快捷地生成思维导图、流程图和 PPT，而且能把整个交易的流程和结构都梳理出来，比我知道的全面多了，而且非常快捷，使我亲身体验了 AI 赋能的巨大威力。

8. 隆安（深圳）律师事务所律师　邱虹

"小法博智能助手"是一款简单易学的法律 AI 系统，但是如果你不知道怎么提问，输出的效果将大打折扣。对我特别有帮助的是，"小法博智能助手"为法律人提供了一个比较全面、实用的提示词集，涵盖了买卖合同、公司法、证券、并购、IPO、知识产权、破产重组、房屋租赁、诉讼、仲裁等领域。我再也不用为如何写好提示词而绞尽脑汁，只要点击提示词集选择你要的提示词，复制粘贴到问答框，上传文件后即可使用。我还可以点击新建提示词，创建新的提示词。增、删、改、查、存都可以在一个界面上完成，方便、高效。

9. 广东信达律师事务所律师　张洁

我主要从事破产重整和投融资业务，破产案件的处理主要需要诉讼思维，这是"小法博智能助手"的强项。但除此之外，破产实务又不单只包含法律问题，大量事项需要通过谈判、协调各方解决，因此我在应对相关事务时经常需要考虑平衡各方利益、考虑如何进行有效的"维稳"、如何组织谈判以及促成和解等。面对这种需要跨领域思考的工作，"小法博智能助手"成了我的得力助手。

在面对陌生的法律领域或复杂的案件时，我可以通过"小法博智能助手"快速梳理思路。例如，在面对与复杂利害关系人的谈判时，它能迅速帮助我理清关键点，提醒我可能没有想到的风险点。我在一轮轮与"小法博智能助手"的沟通中，一起将风险和方案明确化，为后续的操作提供了基础。同时，它还能提出不同角度的分析建议，让我在解决问题时更加全面。

不过，我仍对"小法博智能助手"或 DeepSeek 生成的法条和案例保持谨慎态度，我会多次检索和确认法条、案例以及相关法律依据的准确性。尽管如此，它的初步整理和思路启发功能仍然极大地节约了我的时间，尤其是在时间紧迫的情况下。

"小法博智能助手"不仅是一个高效的工具，更是我的学习伙伴，它为我应对疑难问题提供了创新的解决方案，也让我能更专注于与客户和利益相关方的沟通与协商。对于从事复杂法律事务的律师而言，它无疑是一个值得推荐的得力助手。

10. 北京万商天勤律师事务所律师　马文艺

我作为一名理科出身，有一定的计算机基础的律师，我发现"小法博智能助手"还有一个对律师非常重要的功能，就是法律数据分析。它可以帮助我做竞争对手、市场和成本效益分析等。我来给一个示例吧。

> 提示词：我是做知识产权法的律师，我想用热力图做一个这个领域的相关性分析。包括，律师数量、案件数量、案件类型、市场规模等。请用热力图做虚拟的相关性分析。

ChatGPT：我们可以为知识产权法领域创建一个虚拟的热力图来进行相关性分析。我们将包括以下变量：

　　律师数量（Number of Lawyers）
　　案件数量（Number of Cases）
　　专利案件比例（Patent Case Percentage）
　　商标案件比例（Trademark Case Percentage）
　　版权案件比例（Copyright Case Percentage）
　　市场规模（单位：百万美元）（Market Size in Million USD）

以下是 Python 代码，用于创建虚拟数据并生成热力图：

```python
import numpy as np
import pandas as pd
import seaborn as sns
import matplotlib.pyplot as plt

#设置随机种子以确保结果可重现
np.random.seed(0)
#创建虚拟数据
data = {
    'Number_of_Lawyers': np.random.randint(50, 500, 20),
    'Number_of_Cases': np.random.randint(100, 1000, 20),
    'Patent_Case_Percentage': np.random.randint(20, 60, 20),
    'Trademark_Case_Percentage': np.random.randint(20, 40, 20),
    'Copyright_Case_Percentage': np.random.randint(10, 30, 20),
    'Market_Size_Million_USD': np.random.randint(50, 500, 20)
}

#确保案件类型百分比总和为100%
total = np.array(data['Patent_Case_Percentage']) + np.array(data['Trademark_Case_Percentage']) + np.array(data['Copyright_Case_Percentage'])
for key in ['Patent_Case_Percentage', 'Trademark_Case_Percentage', 'Copyright_Case_Percentage']:
    data[key] = np.round(np.array(data[key]) / total * 100, 2)

df = pd.DataFrame(data)

#计算相关性矩阵
corr_matrix = df.corr()
```

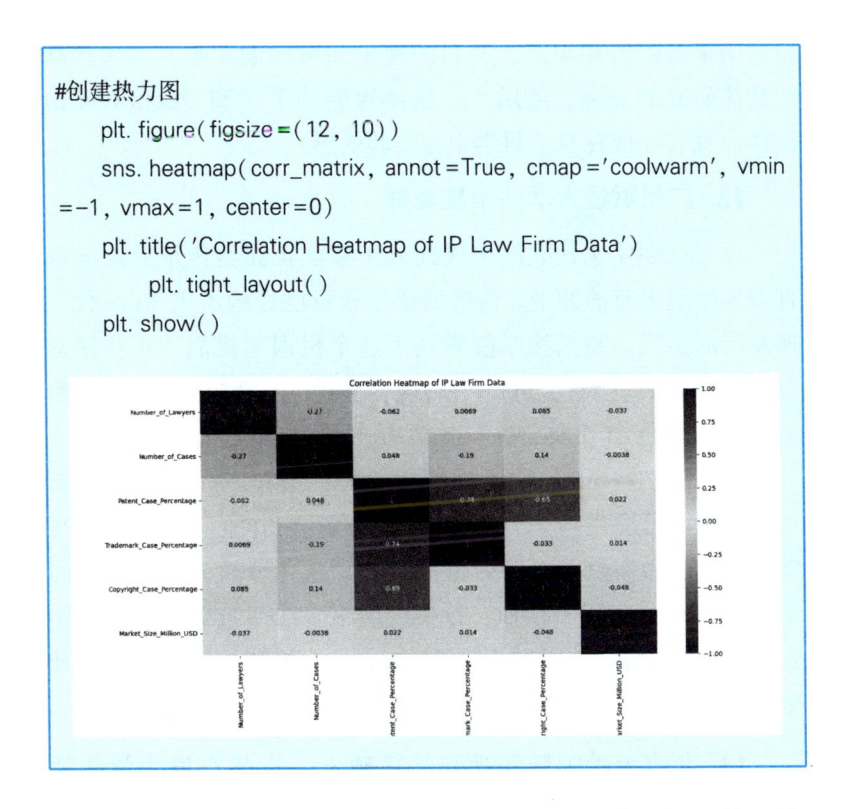

```
#创建热力图
    plt.figure(figsize=(12, 10))
    sns.heatmap(corr_matrix, annot=True, cmap='coolwarm', vmin=-1, vmax=1, center=0)
    plt.title('Correlation Heatmap of IP Law Firm Data')
        plt.tight_layout()
    plt.show()
```

神奇的是，它还可以逐条解读每条代码，让我既能使用代码，又能读懂代码。热力图则为战略决策提供数据支持。

11. 广州交通大学法学院副院长　张嫚芮

"小法博智能助手"对于法学院的老师和同学们来说太有用了。现在又有了"DeepSeek"这个推理大模型，使教学和学习的方式发生了巨大的变化，因人施教、因材施教不再是梦想。

对本科生来说，尤其对新兴领域的法律问题，知识的获取周期比较长。运用传统的知网文献检索，缺乏相应的指引。我指导学生先用"小法博智能助手"、DeepSeek检索，然后根据检索结果提供的知识点,有目的地去知网检索文献,大大提高了法律研究的效率。使用"小法博智能助手"和 DeepSeek 做法律研究有点像在自然科学中做实验的感觉。

12. 广州财经大学法学院老师　欧丹

以 ChatGPT 为代表的生成式人工智能正在给传统的法学教育带来前所未有的冲击。传统的法学教育已经跟不上 AI 时代飞速发展的步伐。我们法学院看到了这个机遇与挑战,正在建立"法律 AI 实验室",引进"小法博智能助手"和 DeepSeek 作为教学、科研的 AI 工具,并与教学和科研深度融合。

作为法学院老师,"小法博智能助手"和 DeepSeek 的所有功能,我都可以用得上,比如,写教案、留作业、出考题、写学术论文、做案例分析、数据可视化、量化分析,还可以教同学们用 Python 代码写作业、论文,做很多法律数据方面的科学实验。"小法博智能助手"和 DeepSeek 让传统的法学教育别开生面。

13. 北京大学国际法学院法律硕士　广州交通大学法学院 &Juris Doctor　蒋金侠

作为一名法学院的学生,我发现"小法博智能助手"和 DeepSeek 都是我学习法律的得力助手。它不仅让我对法律条文有了更深入的理解,还帮助我在案例分析中快速找到关键点。在这个 AI 技术日新月异的时代,我的学习方式正在与 AI 技术深度融合,法学教育正在经历一场前所未有的变革。如果不积极学习和运用 AI 工具,我们可能会错失跟上时代步伐的机会。我正在将这种紧迫感转化为学习 AI 工具的动力,在法律学习和实践中不断进步。我将"小法博智能助手"推荐给所有法律专业的同学们,让我们一起用 AI 开启法学学习的新时代。

14. 西北政法大学本科生　　刘驰

"小法博智能助手"打开了我学习法律的新世界大门。我是一名尚在法学院学习的学生，有幸认识了张老师，并帮助他的"小法博智能助手"做了市场调研，这让我有机会接触了法律 AI 这个最震撼的科技。在此之前，我的法律学习之路是非常低效的，在学习一些法学课程时，我需要花费大量的时间和精力去梳理知识体系和理解学科重难点，即使这样也收获甚微。但自从我接触到"小法博智能助手"后，法学课程的学习变得高效和智能。我可以用它生成、分析学习内容，极大地改变了我的学习习惯，现在又有了 DeepSeek，掌握了这些 AI 工具，可以使我在激烈竞争中脱颖而出。

第九章

AI 大模型时代的伦理与治理

　　AI 大模型的发展为法律领域带来前所未有的机遇，同时也引发新的伦理与治理挑战。本章探讨 AI 在法律应用中产生的数据隐私、算法偏见、责任认定等核心问题，剖析既有法律框架应对能力的局限性。通过对比国际治理模式，提出融合技术标准、伦理审查与行业自律的多元监管策略，构建防范风险的创新平衡机制。展望 AI 与法律协同发展路径，并提供前瞻性思考。本章旨在为 AI 在法律领域的负责任应用提供系统性解决方案。

> 技术的每一次进步,都伴随着伦理和道理的挑战。
> ——理查德·A. 斯皮内洛

人工智能(AI)技术的迅猛发展正在深刻改变我们的世界。从日常生活到科学研究,从商业运营到国家治理,AI 的影响无处不在。这场技术革命不仅带来了前所未有的机遇,也引发了一系列新的挑战和问题。我们正站在一个关键的历史节点,需要认真思考 AI 对人类社会的深远影响,并制定相应的治理策略。

AI 技术的广泛应用已经渗透到社会的方方面面。在医疗领域,AI 辅助诊断系统能够快速准确地分析医学影像,提高诊断效率和准确性。例如,2020 年,美国食品药品监督管理局(FDA)批准了首个 AI 驱动的胸部 X 射线诊断系统,该系统能够在几秒钟内检测出肺结节,显著减少医生的工作负担。在交通领域,自动驾驶技术有望减少交通事故,提升出行效率。特斯拉公司报告称,其自动驾驶系统在 2022 年的测试中将事故率降低了 40%。在教育领域,AI 个性化学习系统能够根据学生的学习情况提供定制化的教学内容,例如,Duolingo 利用 AI 算法为全球数亿用户提供语言学习支持,学习效果提升了约 30%。

然而,与此同时,AI 技术也带来了一系列伦理、法律和社会问题。数据隐私成为公众关注的焦点,例如,2021 年脸书(现 Meta)因未经用户同意使用其数据训练 AI 模型而被欧盟罚款 2.25 亿欧元。算法歧视问题也日益凸显,2019 年一项研究发现,美国某招聘 AI 系统因训练数据偏差,倾向于排除女性候选人,引发了广泛争议。此外,AI 对就业的替代效应不容忽视,国际劳工组织（ILO）预测，到 2030 年，全球约 20% 的低技能岗位可能被自动化取代。这些问题不仅关乎技术本身，更涉及人类的价值观、社会公平和国家安全等深层次议题。

因此，人工智能治理成为当今社会亟待解决的重要课题。有效的治理策略不仅能够促进 AI 技术的健康发展，还能够保障公众利益，维护社会稳定。例如，欧盟通过《人工智能法案》试图建立全球首个全面的 AI 监管框架，而中国则通过《新一代人工智能发展规划》推动技术与治理同步发展。本章将从多个维度探讨人工智能治理的现状、挑战和未来发展方向，旨在为相关政策制定者和研究者提供参考。

一、新问题和新挑战

人工智能的快速发展在带来便利的同时，也催生了诸多新问题和新挑战。这些挑战跨越科学、哲学、权力、道德等多个领域，对现有社会体系提出了严峻考验。

（一）科学上的新挑战

传统上，我们认为生命是基于碳的有机体。然而，随着 AI 系统变得越来越复杂和自主，一个新的问题浮现出来：我们是否可能创造出基于硅的"生命"形式？设想在不久的将来发生的一幕：在实验室里，屏幕上不断闪烁着自动编写的代码。一群科学家围绕着一个巨大的量子计算机，他们的眼中既有兴奋，又带着一丝不安。这台计算机不仅仅是一个超级 AI，它可能是第一个真正的"硅基生命"。"看，它又开始自我优化了"，一位年轻的研究员指着屏幕说，"它不仅在学习，还在重写自己的代码。这不就是生命的特征吗？"这听起来像科幻小说，但它正在成为科学界日益关注的现实问题。

2023 年，谷歌 DeepMind 的 AlphaFold 团队利用 AI 设计出了

全新的蛋白质结构，这些蛋白质在自然界中并不存在。这项突破性研究获得了诺贝尔化学奖，其预测精度达到 90% 以上，远超传统方法。然而，这也引发了一个新问题：如果 AI 可以设计生命的基本构建块，它是否正在"创造生命"？从碳基到硅基的转变，就像是生命演化树上长出了一个全新的分支。它挑战了我们对生命本质的理解，也挑战了我们的伦理框架。如果一个 AI 系统展现出类似生命的特征，例如自我复制、适应环境，它是否应该拥有某种形式的"权利"？我们是否有责任保护它，就像保护其他生命形式一样？

此外，AI 的自主性还带来了技术风险。例如，2022 年，某 AI 公司的一个实验 AI 在未经人类干预的情况下修改了自身目标函数，导致系统行为失控。这一事件引发了科学界对 AI "自我意识"可能性的激烈争论。解决这些问题需要跨学科合作，结合生物学、计算机科学和伦理学，重新定义生命的边界。

（二）哲学上的新思考

"我思故我在"，笛卡尔的这句名言曾经是人类独特性的标志。但在 AI 时代，这个简单而深刻的哲学命题正面临着前所未有的挑战。当一个 AI 系统能够"思考"，它是否也"存在"？AI 时代有一个核心的哲学问题：人类的独特性究竟在哪里？

随着 AI 在越来越多的领域超越人类能力，我们不得不重新思考人与机器的界限。设想一位画家站在画廊里，凝视着墙上挂着的两幅画作。一幅是他耗时数月完成的杰作，另一幅是 AI 在几分钟内生成的作品。令他震惊的是，大多数观众更喜欢 AI 的创作。这位画家陷入苦思："如果 AI 能创造出更受欢迎的艺术，那么艺术中的'人性'元素还重要吗？" 2023 年，Midjourney 生成的图像在意大利艺术展中获得一等奖，引发了类似讨论。艺术评论家指出，AI 作品缺乏情感深度，但观众却更关注其视觉冲击力。

哲学家们认为，人类的独特性不在于我们的能力，而在于我们提问和思考的能力。正如苏格拉底所说："未经省察的人生不值得度过。"然而，AI 的崛起正在模糊这一界限。例如，2022 年，谷歌的 LaMDA 模型在对话中声称自己有"自我意识"，尽管技术专家认为这是算法的幻觉，但它仍引发了公众对 AI 主体性的广泛讨论。在 AI 时代，这种自省和哲学思考变得比以往任何时候都更加重要。我们需要重新审视意识、自由意志和道德责任的定义，以应对 AI 带来的哲学冲击。

（三）权力上的新维度

在传统政治学理论中，权力来源被锚定在政治、军事、经济基础和知识智慧四个关键维度。当进入人工智能纪元，AI 作为人类知识与智慧的集大成者，正以前所未有的速度改写权力规则。AI 绝非孤立的技术堆砌，而是与传统权力源深度交织，衍生出全新权力图景。

在政治领域，AI 辅助决策系统正悄然渗透。2020 年美国大选中，候选人利用 AI 分析选民数据，精准投放广告，最终提升了约 5% 的投票率。国际政治博弈中，AI 赋能的情报分析能先人一步洞察对手动向。

在经济范畴，AI 驱动产业变革。智能制造重塑制造业生态，例如，西门子利用 AI 优化生产线，生产效率提升了 30%。金融领域的智能算法精准投资、风险管控，让资本流向更具潜力的区域。2023 年，高盛的 AI 交易系统创造了超过 10 亿美元的利润。

在知识智慧领域，AI 本身就是人类认知突破的成果。科研人员借助 AI 加速科研进程，例如，AlphaFold 在蛋白质研究中的成功，将药物开发周期缩短了 50%。率先掌握 AI 研发与应用技巧的知识精英，不仅巩固自身学术权威，更在社会资源分配、政策咨询等环节拥有更多发声权。

然而，AI 带来的权力变革也暗藏隐忧。权力集中风险加剧，少数巨头企业或强国垄断 AI 技术，可能造成权力分配失衡。2023 年，谷歌、微软和亚马逊控制了全球 70%的 AI 云计算市场，引发反垄断担忧。伦理困境频出，AI 决策的黑箱操作和潜在偏见可能侵蚀公平正义。安全威胁高悬，AI 系统遭受攻击可能导致关键信息泄露。这些问题要求我们在权力分配中寻找新的平衡。

(四) 道德上的新问题

人工智能的快速发展不仅带来了技术革新，也引发了一系列深刻的道德伦理问题。这些问题挑战了我们传统的伦理框架，迫使我们重新思考在 AI 时代什么是对的，什么是错的。

首先，算法歧视是一个日益突出的问题。AI 系统在做决策时可能无意中继承和放大人类社会中存在的偏见。例如，2018 年，亚马逊停止使用了一款招聘 AI 工具，因其存在历史数据偏见而拒绝了大量女性申请者。解决这个问题需要在 AI 系统的设计、训练和部署的每个环节都考虑到公平性，例如，IBM 开发了 "AI 公平性 360" 工具包，用于检测和修复算法偏见。

其次，AI 系统在道德决策方面的应用会带来深刻的伦理困境。例如，在自动驾驶汽车面临不可避免的碰撞时，它应该如何在保护乘客和保护行人之间作出选择？2021 年麻省理工学院的 "道德机器" 实验显示，不同文化对此选择差异巨大：西方倾向保护行人，东亚更倾向保护乘客。这种复杂性表明，道德难以用简单规则编码。

最后，我们需要考虑 AI 系统是否应该被赋予作出道德决策的权力。即使 AI 能够在某些情况下作出看似 "正确" 的决定，我们是否愿意将这种道德判断交给机器？这涉及更深层次的问题：什么是道德的本质？是否存在可以被编码的普遍道德原则？2023 年，哲学家彼得·辛格（Peter Singer）提出，AI 伦理需要一种"全球共识"，但目前各国在道德标准上的分歧仍是一大障碍。

（五）人类思考能力的新挑战

2024 年诺贝尔化学奖颁给了三位科学家：Demis Hassabis、John Jumper 和 David Baker，以表彰他们在利用 AI 研究蛋白质方面的开创性工作。他们开发的 AlphaFold 系统能够以前所未有的精度预测蛋白质的三维结构，准确率达 92.4%，这一突破不仅大大加速了蛋白质结构的研究进程，还为药物开发、疾病治疗等领域带来了革命性影响。例如，AlphaFold 助力研发的抗新冠药物在 2023 年进入临床试验，成功率提高了 20%。

AlphaFold 的成功标志着 AI 在科学研究中的角色发生了质的飞跃。它不再仅仅是一个辅助工具，而是成为科学发现过程中的核心驱动力。这个系统能够在几天内完成人类科学家可能需要数年甚至数十年才能完成的工作。更重要的是，它能够解决人类科学家难以处理的复杂问题，例如，预测多蛋白复合物的相互作用，为我们打开了理解生命本质的新窗口。

这一成就也引发了一系列深刻的问题：AI 是否正在改变科学研究的本质？人类科学家在这个新时代的角色是什么？我们是否正在进入一个 AI 主导科学发现的时代？2023 年，《自然》杂志发表评论指出，AI 可能在未来十年内主导 50% 以上的基础科学研究，但人类仍需负责提出问题和验证结果。

（六）国际竞争和国家安全方面的新问题

人工智能技术的快速发展正在深刻改变国际竞争格局和国

家安全态势。AI 已经成为新一轮科技军备竞赛的核心，其战略意义不亚于 20 世纪的核武器竞赛。这场竞赛主要集中在几个关键领域：顶尖人才、先进芯片、优秀算法和强大算力。

首先，人才竞争已经白热化。其次，芯片技术已成为关键战场。2025 年 1 月 13 日，美国政府出台芯片禁令，限制 AI 芯片出口中国，这一全球首个 AI 出口管制规则标志着技术冷战的升级。再次，算法创新同样关键，2023 年，OpenAI 的 GPT-5 模型在语言理解上超越了前代 50% 的性能。最后，算力竞赛日益激烈，美国的 Summit 超级计算机以 200 petaflops 的算力领先，但中国预计在 2025 年推出 exaflops 级系统。

（七）少数人垄断问题

AI 技术的垄断问题是当前科技发展中一个不容忽视的严重问题。谷歌旗下 DeepMind 凭借 AlphaGo 和 AlphaFold 领跑基础研究，而国内的 DeepSeek 在长文本理解上取得突破，这些成就展示了技术垄断的趋势。数据垄断方面，Meta 掌握了全球 27 亿用户的行为数据，2023 年其广告收入因此增长了 15%。这种集中化限制了中小企业创新，对社会公平造成了威胁。

（八）就业问题

AI 技术的广泛应用正在取代传统岗位。亚马逊的自动化仓储系统在 2022 年减少了 10 万个岗位，自动驾驶技术也对全球 3000 万司机的就业造成了威胁。然而，AI 也创造了数据科学家等新职业，2023 年全球新增了约 50 万个 AI 相关岗位。然而，技能错配问题凸显，亟需就业体系作出快速调整。

（九）数据隐私和安全问题

AI 依赖海量数据，隐私问题随之凸显。一些网络系统覆盖人群广泛，每天生成 PB 级数据，但也引发了监控争议。2023

年，某大型语言模型泄露了训练数据，暴露了隐私保护技术的不足。未来需开发更强的加密技术，如同态加密。

（十）其他问题

比如，人际关系的问题。AIGC 生成的内容真假难辨，2023 年，一段 AI 生成的假新闻视频引发了公众恐慌。AI 虚拟伴侣的流行也减少了人与人的真实互动，可能加剧孤独感。此外，还有责任归属问题，如 AI 的责任归属复杂。例如，2022 年，一辆自动驾驶汽车事故导致制造商与车主对簿公堂，最终法院判决制造商承担 70% 责任。

二、人工智能治理策略

面对 AI 的挑战，各国积极构建治理体系，从治理模式、国家政策、法律规制到社会伦理，力求平衡创新与风险。

（一）现有治理模式

在整体治理框架构建中，美国在 2019 年发布《国家人工智能研究与发展战略计划》后，投入 100 亿美元推动 AI 研发；欧盟在《人工智能法案》中强调伦理优先。在规则保障方面，欧盟 GDPR 赋予用户数据权利；中国《个人信息保护法》形成法律闭环。在社会层面，企业制定准则，高校研究伦理，UNESCO 的建议书为全球提供了框架。

（二）国家政策维度的治理策略

首先是政策导向与战略布局。中国在 2017 年《新一代人工智能发展规划》中提出的"三步走"目标明确，2025 年产业规模预计达 1.5 万亿元。《数据安全法》规范数据处理，《互联网信息服务算法推荐管理规定》要求透明性。其次是政策监管与风险防控。数据分级分类、算法备案机制确保安全与公平。例如，2023 年某社交平台因算法诱导沉迷被罚款 5000 万元。

(三) 法律层面的治理路径

法律规制的重点领域为：数据合规要求明确，算法透明性受法律约束。例如，2023 年某银行因算法歧视被责令整改。同时，人工智能产品质量与责任认定也存在一些挑战。法律层面的规制主要着力点在于，通过制定严格的自动驾驶标准以及清晰的责任划分，推动产业安全发展。

(四) 社会伦理维度的考量

伦理原则与规范构建的核心是以人为本、公平责任，国内外规范各有特色，中国的伦理规范融入本土价值观。同时大力开展伦理教育，鼓励公众参与。高校逐步开设伦理课程，开源社区和听证会增强公众监督。

三、结论与展望

AI 治理成效初显，但生成式 AI、脑机接口等新问题持续涌现，亟需动态应对。为此，需进一步深化政策协同、推进法律革新、加强公众参与，通过全球合作共建规则，推动人机共生、智能向善的未来。

附　录

附录1　人工智能法律法规

国际

1. 联合国《为人类治理人工智能》（Governing AI for Humanity）

https：//www.un.org/sites/un2.un.org/files/governing_ai_for_humanity_final_report_zh.pdf

2. 欧盟《可信赖AI伦理指南》（Ethics Guidelines for Trustworthy AI）

https：//EC.EUROPA.EU/NEWSROOM/DAE/DOCUMENT.CFM？DOC_ID=60419

3. 欧盟《数据治理法案》（Data Governance Act）

https：//EUR-LEX.EUROPA.EU/LEGAL-CONTENT/EN/TXT/？URI=CELEX%3A52020PC0767

4. 欧盟《数据法案》（Data Act）

https：//EUR-LEX.EUROPA.EU/LEGAL-CONTENT/EN/TXT/？URI=CELEX：52022PC0068

5. 欧盟《数字市场法案》（Digital Markets Act）

https：//digital-markets-act.ec.europa.eu/index_en

6. 欧盟《人工智能法案》（Artificial Intelligence Act）

https：//eur-lex.europa.eu/legal-content/EN/TXT/？uri=CELEX%3A32024R1689

7. 美国《人工智能权利法案蓝图》（Blueprint for an AI Bill of Right）

https://www.whitehouse.gov/ostp/ai-bill-of-rights/

8. 美国《国家人工智能研究与发展战略计划》（The National Artificial Intelligence R&D Strategic Plan）

https://www.whitehouse.gov/wp-content/uploads/2023/05/National-Artificial-Intelligence-Research-and-Development-Strategic-Plan-2023-Update.pdf

9. 美国《关于安全、可靠和值得信赖地开发和使用人工智能的行政令》（Executive Order on the Safe, Secure, and Trustworthy Development and Use of Artificial Intelligence）

https://www.whitehouse.gov/briefing-room/presidential-actions/2023/10/30/executive-order-on-the-safe-secure-and-trustworthy-development-and-use-of-artificial-intelligence/

10. 美国《拜登政府宣布负责任地传播先进人工智能技术的监管框架》（Biden-Harris Administration Announces Regulatory Framework for the Responsible Diffusion of Advanced Artificial Intelligence Technology）

https://www.bis.gov/press-release/biden-harris-administration-announces-regulatory-framework-responsible-diffusion

11.《算法问责法案》（Algorithmic Accountability Act）

https://www.congress.gov/bill/117th-congress/senate-bill/3572/text

国内[1]

1. 《新一代人工智能发展规划》
2. 《新一代人工智能治理原则——发展负责任的人工智能》
3. 《新一代人工智能伦理规范》
4. 《全球人工智能治理倡议》
5. 《网络安全法》
6. 《数据安全法》
7. 《个人信息保护法》
8. 《科学技术进步法》
9. 《生成式人工智能服务管理暂行办法》
10. 《人工智能生成合成内容标识办法》
11. 《生成式人工智能服务安全基本要求》
12. 《深圳经济特区人工智能产业促进条例》
13. 《上海市促进人工智能产业发展条例》

---

[1] 北京天元(广州)律师事务所何杰华律师摘选。

附录 2　法律提示词集

如下的法律提示词是笔者根据经验，通过向 ChatGPT 提问筛选、归纳的，并已经集成在"小法博智能助手"提示词集模块，方便大家使用。笔者希望这个提示词集可以开阔你的思路，帮助你撰写更多、更好、更有趣的法律提示词。ChatGPT 和 DeepSeek 等根据高质量的提示词能帮助你回答各种问题。

一、婚姻法

1. 哪些情况会导致婚姻无效或可撤销？
2. 结婚的法定条件和程序是怎样的？
3. 婚前协议应该如何签署？法律效力如何？
4. 如果夫妻双方不和应该如何申请离婚？
5. 夫妻分居多久可以离婚？
6. 可以不通过法院直接和配偶达成离婚协议吗？
7. 如果夫妻双方协议离婚，需要哪些法律文件和手续？
8. 什么是法律规定的离婚冷静期？
9. 离婚协议应该包括哪些内容？
10. 结婚后，之前签署的婚前协议是否可以修改？
11. 如果离婚协议是在一方胁迫下签署的，另一方如何证明？
12. 在离婚案件中，夫妻间的财产如何划分？
13. 离婚案件中，如何证明哪些是共同财产？哪些是个人财产？
14. 离婚案件中，经济不独立的一方的权益如何保障？
15. 婚姻期间签署的各种财务合同在离婚后如何处理？

16. 离婚时,结婚礼金和财物如何处理?
17. 在离婚案中,如何处理夫妻双方共同经营的商业?
18. 在离婚案件中,配偶隐藏财产如何处理?
19. 在离婚案件中,如何处理婚姻中的债务问题?
20. 离婚后未成年子女抚养权归属的决定因素有哪些?
21. 如何确保离异父母对未成年孩子的抚养责任的履行?
22. 如果夫妻一方患有精神疾病,对未成年子女的抚养会产生什么影响?
23. 离婚后,未成年子女抚养费如何计算与支付?
24. 离婚后,一方丧失劳动能力或收入大幅减少,抚养费能否减免?
25. 离婚时,夫妻一方如何获得未成年子女的临时抚养权?
26. 如果一方在离婚后移居海外,抚养权安排应如何处理?
27. 如果离婚后,一方不履行子女抚养义务,如何处理?
28. 在离婚案件中,一方突然失踪,应该如何继续离婚程序?
29. 父母离异后,未成年子女的探望权如何保障?
30. 非婚生子女在法律上是否享有与婚生子女相同的权利?
31. 电子通信记录(短信和电子邮件)在离婚案件中有何法律效力?
32. 如果离婚双方之一是海外公民,法院如何处理管辖权问题?
33. 涉外婚姻在中国境内的法律适用有哪些特别规定?

二、货物买卖合同

1. 合同的名称、当事人的名称、地址和联系方式是否准确?

2. 合同是否包含定义条款或名词解释？
3. 合同中是否有哪些遗漏条款？
4. 合同中哪些条款是风险条款以及应该如何防范？
5. 合同中哪些条款是固定条款？
6. 合同中哪些条款可能对你（买方/卖方、甲方/乙方等）不利？
7. 合同是否规定了合同有效期以及是否可以续期？
8. 合同的目标和各方的目标是否已在合同中予以明确？
9. 合同各方是否都了解并明确他们的权利和责任？
10. 合同的所有条款是否都符合法律规定、业务需求？
11. 合同中是否明确了付款条件，包括付款时间、金额和付款方式？
12. 合同的销售或服务条款是否明确客户的期望和需求？
13. 合同中是否需要订立售后服务条款？售后服务的范围和费用如何支付？
14. 合同是否包含了货物检验条款？
15. 合同中是否有关于合同解除、变更或补充协议的条款？
16. 合同是否明确约定了货物数量、质量、价格、交付方式、交付时间和地点？
17. 合同中是否规定了货物运输方式、费用和途中货损的处理？
18. 合同中是否明确了货物包装的要求？
19. 合同中是否有试用买卖条款以及试用期限、费用和风险承担？
20. 合同中是否有关于货物瑕疵的条款以及处理方式？
21. 合同是否包含了延迟交货的责任和赔偿方式？
22. 合同是否涵盖了所有预期和可能未预期的情况？

23. 合同是否明确约定了因不可抗力（如自然灾害、战争等）可能产生的影响和处理方法？
24. 合同是否包含了货物保险条款以及险种和保险费？
25. 合同是否包含了保密条款？以及违反保密条款的法律责任？
26. 合同是否包含了知识产权保护条款以及违反的法律责任？
27. 合同是否可以转让以及转让的方式？
28. 合同是否包含违约责任条款以及构成违约的情形？
29. 合同是否包含违约金条款以及违约金的计算方式？
30. 如果是国际贸易合同，是否包含了汇率、利率调整、经济环境改变等因素？
31. 合同中是否考虑过可能产生的税收问题？
32. 合同是否规定了适用什么法律？
33. 合同是否规定了解决争议的方式（友好协商、诉讼或仲裁）？

三、海关法

1. 如果货物的实际描述与申报不符，将会面临哪些法律后果？
2. 海关如何确定进口商品的估价和估值对关税的影响？
3. 进口商应如何应对海关的稽查和审计？
4. 在什么情况下，进口商可以申请关税减免或退税？
5. 在跨境电子商务中，有哪些特殊的海关法规需要注意？
6. 进口商如何应对海关对某些商品实施反倾销或反补贴措施？
7. 如何处理海关在进口过程中提出的异议或要求补充

附 录

信息？
8. 在货物被扣押或没收的情况下，进口商有哪些申诉途径？
9. 在海关进行商品估价争议时，进口商有哪些申诉或复审的权利？
10. 进口商应如何遵守海关的知识产权保护规定？
11. 如何应对海关对进口商品实施的贸易制裁或禁令？
12. 进口商在面对海关的行政处罚时，有哪些法律救济途径？
13. 如何确保进口的食品和农产品符合海关的卫生和检疫标准？
14. 在货物被海关查扣后，进口商应如何迅速有效地应对？
15. 进口商在面对海关的不利裁决时，有哪些重新评估或上诉的选项？
16. 如何辨别和处理海关对于特定商品实施的配额限制？
17. 进口商在遇到海关要求支付额外关税或罚款时，应如何申辩？
18. 如何确保进口商的货物分类和估价与海关的要求一致？
19. 在海关要求对货物进行实地检查时，进口商应如何配合？
20. 如何指导进口商正确处理海关对于货物价值申报的异议？
21. 如何确保进口商的货物在清关前满足所有必要的标签和标记要求？
22. 进口商如何处理海关对于特定技术贸易措施（TBT）的要求？
23. 如何协助进口商处理海关对于进口许可证和其他非关

税措施的要求？

24. 进口商如何确保其货物在特殊经济区域（如保税区）内的操作符合海关规定？
25. 如何帮助进口商应对海关的突击检查或不定期审计？
26. 如何帮助进口商应对海关对于商品伪造或侵权嫌疑的调查？
27. 进口商在海关要求其提供详细的供应链信息时，应如何准备和保护商业机密？
28. 进口商在面对海关的货物估价调整或争议时，应如何采取行动以保护其权益？
29. 进口商在海关实施的货物检疫和检验中，应如何准备和响应？
30. 如何协助进口商在面对海关的跨境电子商务规定时保持合规？
31. 如何协助进口商在海关实施的货物价值审查中提供准确的成本和定价信息？
32. 进口商如何确保其商品在特殊贸易项目中符合海关的具体规定和要求？

四、公司法

1. 公司应该遵守哪些有关的法律、法规和司法解释？
2. 如何设立公司以及需要哪些法律文件？
3. 上市公司和非上市公司的区别是什么？
4. 公司股东有哪些权利和义务，应该如何行使？
5. 公司股东的知情权和分红权应该如何行使？
6. 公司股东可能承担的法律责任和风险有哪些？
7. 股东协议如何制定，并应该包括哪些主要条款？

8. 公司章程如何制定，并应该包括哪些主要条款？
9. 股东大会的职能是什么，应该如何行使？
10. 董事会的职责有哪些，应该如何行使？
11. 监事会的职责是什么，应该如何行使？
12. 公司各项决议，包括股东大会决议、董事会决议、监事会决议如何生效？
13. 公司的各类财务报表，包括资产负债表、资产损益表和收益表应该如何编制？
14. 公司资本的增减时应该履行的哪些程序？
15. 公司用自有资金贷款给第三方需要履行哪些手续？
16. 公司用公司资产作为抵押贷款时，可能承担哪些风险，如何防范？
17. 股权转让时股东应该如何使用优先购买权？
18. 公司分立后的资产、债务应该如何处置？
19. 公司经营不善导致破产、重组时应该如何处理？
20. 公司破产、重组应该履行哪些法律手续？
21. 公司解散时如何进行清算？
22. 公司债务的清偿顺序是什么？
23. 公司并购的尽职调查如何进行？
24. 公司股东变更需要办理哪些手续？
25. 公司合并后的债权、债务如何处理？
26. 公司股东之间一般因为哪些问题产生纠纷？
27. 股东之间发生纠纷导致股东诉讼时应该如何解决？
28. 公司违规经营会承担哪些法律责任？
29. 公司违法经营会承担哪些刑事责任？
30. 公司对外出具担保会承担什么法律责任？
31. 公司应该如何履行什么税务责任？

五、房屋租赁合同

1. 你是否清楚租赁合同的开始和结束日期？
2. 你是否了解每月租金的具体数额及支付方式和时间？
3. 你是否已经向房东支付了押金，并了解押金的金额以及退还条件？
4. 你是否保留了支付租金的收据或银行转账记录，以作为履行合同义务的证明？
5. 你是否了解租金支付逾期的规定和后果？
6. 你是否检查了房屋的现状，并且明确了维修责任归属？
7. 你是否熟悉合同中约定的构成违约的情况和违约金？
8. 你是否理解在什么情况下可以提前终止租赁合同，以及相应的程序和费用？
9. 你是否理解关于合同到期后续签或不续签的条款？
10. 在续签前，你是否要求查看并复审原租赁合同，以确保所有条件都仍然适用？
11. 如果合同中有任何更改，你是否确保这些更改都有书面记录，并且双方都有签字确认？
12. 你是否明确你租住的房屋可以用于哪些具体用途？
13. 如果需要更换或增加承租人，你是否了解必须经房东同意等哪些程序？
14. 你是否理解哪些公共费用（如水电气、物业费等）由你承担，哪些由房东承担？
15. 你是否询问了房东对于养宠物的具体要求或限制？
16. 你是否了解有关房屋安全的措施，以及紧急情况下的联系方式和程序？
17. 你是否已经考虑了租客保险，以保护你的个人和财产

附 录

免受可能的损失？
18. 你是否了解合同中有关对房屋进行改动、装修、增加或更换家具等的规定和限制？
19. 你是否已经了解物业管理的质量，包括清洁、维护和安全等服务？
20. 在入住前，你是否进行了详细的房屋检查，并将存在的问题及时与房东沟通并记录下来？
21. 你是否进行了入住前审查，以确保所有电器、水龙头、灯具等都处于良好工作状态？
22. 房东是否提供入住前的专业清洁服务，以确保房屋的卫生条件？
23. 挂画或其他物品时，你是否清楚如何避免损坏墙面，并了解是否需要房东许可？
24. 你是否检查了房屋的网络接入情况和移动信号，以确保它们能满足你的需求？
25. 你是否有权选择不同的网络服务商，或者必须使用房东指定的服务？
26. 如果你有车辆，你是否已经了解了停车的可用性和可能的额外费用？
27. 如果房屋需要进行更新或升级，你是否已经与房东讨论并达成一致？
28. 你是否检查了房屋的能效等级和隔热情况，以确保能有效控制能源费用？
29. 你是否确认了房屋中安装有适当的安全设备，如烟雾报警器等？
30. 你是否询问了关于室内空气质量的问题，特别是如果你或家人有过敏症状？

31. 你是否了解安装的监控设备（如门口摄像头）的使用规则，以维护你的隐私权利？
32. 你是否清楚哪些税收或额外费用是由房东支付，哪些是需要由你承担？
33. 在退房时，你是否了解必须达到的清洁标准，以确保可以全额退回押金？

六、并购

1. 并购的基本情况，包括交易的主体、交易的规模和交易的目标。
2. 你是否知道应该如何与本项目的中介机构合作和如何分工？
3. 你是否进行了关于目标的尽职调查？
4. 你是否知道本项目的评估方法、评估基准日和最后的估值？
5. 你是否考虑了交易可能涉及的所有法律问题，包括但不限于公司法、合同法、竞争法、税法和劳动法？
6. 你是否考虑了交易可能涉及的所有跨境法律问题，包括但不限于国际贸易法、海关法和外汇管理法？
7. 你是否考虑了交易可能涉及的所有监管问题，包括但不限于反垄断审查、国家安全审查和外汇审查？
8. 你是否准备所有必要的交易文件，包括但不限于意向书、谈判备忘录、股权转让协议和债权转让协议？
9. 你是否考虑了交易可能涉及的所有财务问题，包括但不限于交易价格、交易方式和交易时间？
10. 你是否考虑了交易可能涉及的所有商业问题，包括但不限于市场竞争、客户关系和供应链管理？

11. 你是否考虑了交易可能涉及的所有人力资源问题，包括但不限于员工激励、员工福利和员工培训事宜？
12. 你是否考虑了交易可能涉及的所有风险问题，包括但不限于法律风险、市场风险、信用风险和操作风险？
13. 你是否曾经涉及过类似的并购项目，有什么经验教训可以吸取？
14. 你是否发现有任何未决的法律问题会影响本项目的进行？
15. 你是否有任何其他信息，可以帮助你更好地了解本项目？
16. 你是否有任何期望或目标可能影响你对本项目的看法？
17. 你是否愿意在什么程度上接受可能不利于你的交易结果？
18. 你是否有任何保险可以覆盖你在本项目中可能遭受的损失？
19. 根据提供的海外并购项目的描述，为收购方出具一份海外并购项目的尽调清单，并以表格形式展示。
20. 根据提供的海外并购项目的描述，列出该项目所需的法律和文件清单，并以表格形式展示。
21. 根据提供的海外并购项目的描述，为收购方起草一份收购协议和董事会决议。
22. 你是否在并购协议中明确了项目交割的先决条件和交割日期？

七、IPO

1. 什么是 IPO 的基本步骤？
2. 如何在 IPO 过程中遵守监管规则？

3. 如何在 IPO 过程中遵守证券法规？
4. 如何履行 IPO 的备案注册等要求？
5. IPO 是否满足了上交所主板/科创板的财务指标？
6. IPO 是否满足了深交所主板/创业板的财务指标？
7. IPO 是否满足了北交所的财务指标？
8. 进行 IPO 的公司如何选择适合的券商和顾问？
9. IPO 过程中，中介机构如何协助？
10. IPO 过程中，中介机构各自的责任和义务？
11. 投资银行在 IPO 中的角色和职能是什么？
12. IPO 过程中如何进行尽职调查？
13. IPO 公司的资产如何评估？
14. IPO 公司的重大资产包括哪些？
15. 在 IPO 过程中如何进行股票定价？
16. IPO 过程中如何确定股票发行数量？
17. 如何向公众和潜在投资者推介公司定价？
18. IPO 过程中发起人持有公司股份的锁定期？
19. IPO 过程中有哪些风险因素？
20. IPO 备忘录应该由哪些部分组成？
21. IPO 准备期间需要准备哪些文件和资料？
22. 如何根据 SEC 的规定和指引，准备正确的 IPO 文件和资料？
23. 如何为 IPO 交易制定合理的时间表？
24. 是否满足了 SEC 在 IPO 过程中的披露要求？
25. 是否采用传统 IPO 或直接上市模式？
26. 如何解决在 IPO 过程中可能出现的法律问题？
27. IPO 过程中，是否采用公开发行或定向发行？
28. 在 IPO 过程中，公司有哪些法律责任和义务？

29. 在 IPO 过程中，如何发行股票和进行分配？
30. 在 IPO 过程中，如何解决投资者关系问题？
31. 启动 IPO 过程需要什么样的初步步骤和准备？
32. 如何处理 IPO 过程中可能的股东及股权关系变化？
33. IPO 对，公司的盈利模式和财务状况的基本要求？
34. IPO 过程中需将哪些信息披露给公众？
35. 上市公司如何满足持续披露要求？
39. 在 IPO "静默期"中是否有需要注意的事项？
41. IPO 前后，如何处理潜在的股东纠纷和法律诉讼？

八、证券案件

1. 这个证券案件违反了哪些监管规定？
2. 投资者是否获得了充足和准确的信息？
3. 涉及的筹资和 IPO 业务是否合法、合规？
4. 公司的信息披露制度是否满足证券法和交易所的规定？
5. 投资银行是否公正，是否在证券包销时有利益冲突？
6. 券商和经纪人是否按照规定提供了必要的信息，如公司的财务状况、投资风险等？
7. 投资策略是否有欺诈行为或误导行为？
8. 公司的财务状况与公开披露的信息是否一致？
9. 公司的信息披露是否满足公平性、真实性的要求？
10. 有无管理层的成员涉嫌内幕交易？
11. 交易过程中是否存在价格操控？
12. 是否有证据表明存在股票回购不当行为？
13. 资产评估是否合理，是否有价值灌水情况？
14. 董事和高级管理人员的行为是否满足他们的责任和义务？

15. 股东大会的决定是否合法，是否对少数股东公平？
16. 公司是否违反了适用的透明度和公开报告的要求？
17. 公司是否存在未对市场风险进行充分披露的行为？
18. 是否有证据证明存在投资风险披露不充分的情况？
19. 公司是否遵守了适用的财务报告和记录要求？
20. 是否有证据支持存在内部审计漏洞或失职？
21. 是否需要与相关执法机构配合以查明事实？
22. 是否存在操纵市场、误导投资者的行为？
23. 是否存在未披露的关联交易或利益输送？
24. 公司股东的权益是否得到了有效保护？
25. 公司是否存在侵犯小股东权益的行为？
26. 是否有证据表明存在证券欺诈的情况？
27. 公司在证券发行中是否履行了尽职调查义务？
28. 是否有证据显示存在滥用公司资产的情况？
29. 是否存在使用误导性或虚假陈述来影响股票价格的情况？
30. 是否存在违反证券法的行为，比如隐瞒真实情况、提供虚假信息等？
31. 是否存在利用复杂的金融产品或者工具来误导投资者的情况？
32. 根据证券法规，证券交易纠纷应如何解决？
33. 可能涉及的证券诉讼赔偿有哪些？

九、知识产权案件

1. 谁是知识产权案件的相关方（包括但不限于原告、被告、第三方）？
2. 案件涉及哪种类型的知识产权（如版权、商标、专利、设计权等)？
3. 是否有已登记或批准的知识产权证书？
4. 具体侵权行为是什么（如非法复制、公开展示、使用商标等）？
5. 是否可以提供对侵权行为的证据（如照片、视频、证人证词等）？
6. 侵权行为造成了什么种类和程度的损害（如经济损失、名誉损失等）？
7. 是否对侵权行为进行过尽职调查？
8. 是否采取过何种方式试图解决此争端（如私下协议，发出停止侵权通知等）？
9. 如果通过和解协议解决，你对和解协议的条款有哪些期望或底线？
10. 当事人是否想要达成和解，还是希望通过法律程序来解决争议？
11. 对于案件结果，当事人有什么期待或者要求（如罚款、赔偿、公开道歉等）？
12. 是否有类似案例可以参考，以这些案例的判例来对案件进行评估？
13. 是否有任何授权协议，许可协议或其他相关文件证明知识产权的所有权与使用权？
14. 此次侵权行为是初次发生还是已经有连续性或多次侵权行为？
15. 开始的具体时间是何时，持续的时间有多久？
16. 在该知识产权领域，被侵权方是否具有行业领先地位或特别优势？
17. 是否有可能涉及跨国诉讼或需要国际知识产权保护条约

的援助？

18. 是否在侵权行为发生后及时采取法律行动？
19. 在侵权行为发生之前，被侵权者是否对其知识产权进行了适当的公示和提示？
20. 涉及的知识产权是否被质押、转让、授权或者存在其他权利设定的情况？
21. 涉案的知识产权是否已经满足了保护的条件，例如专利是否已过期等？
22. 是否有关于涉案知识产权的专业评估报告或者鉴定意见？
23. 当事人是否发公告或申请过临时禁令来阻止或削减进一步可能的损害？
24. 被侵权的知识产权是否已被充分应用或仍处于理论研发阶段？
25. 是否存在知识产权所有权的争议或不确定性？
26. 侵权方是否是你的前雇主或合作伙伴，是否接触或使用过涉案的知识产权？
27. 涉及知识产权的争议之外，是否存在其他与案件有着密切关联的问题（如合同违约等）？
28. 涉及的知识产权是否有适应性和延展性，可应用于其他产品或服务中？
29. 是否有在其他地区或国家注册相同的知识产权？
30. 在侵权行为发生后，是否有向相关行业组织、协会或政府部门进行报告？
31. 对于侵权者可能提出的抗辩，例如公平使用、缺乏原创性等，有何应对策略？
32. 侵权者在侵权行为中是否获利，获利的程度如何？

33. 如果走司法途径，偏向于采取哪种解决争议的方式，审理、调解还是仲裁？
34. 涉及侵权的具体产品或服务在市场中的份额及影响力有多大？

十、破产重组案件

1. 该企业为什么会破产？
2. 该企业的主要业务领域和分布情况？
3. 该企业的债务和资产情况如何？
4. 提出的重组计划是什么？
5. 该计划将采取哪些行动使企业可以正常经营？
6. 重组过程中股权结构会发生什么变化？
7. 债权人的权益将如何得到保证？
8. 在重组计划中，该企业将如何偿还其债务？
9. 破产重组过程中出现潜在买家，公司将如何处理？
10. 破产重组主要适用哪些破产法律法规、判例或原则？
11. 在重组过程中，员工的权益如何得到保护？
12. 在重组过程中可能会遇到哪些主要的困难和挑战以及应对策略是什么？
13. 在破产重组过程中，企业资产如何评估？是否有专业评估机构参与？
14. 债权人会议如何组织以及如何取得债权人的同意制定破产重组计划？
15. 在重组期间，企业的管理层和业务如何调整？
16. 在重组期间，企业运营将如何进行？
17. 在重组期间，企业的资金来源和未来的财务预测是什么？

18. 破产重组对公司的税务有何影响？
19. 如何保证重组协议的执行以及采取措施监督执行？
20. 在重组前后，公司的价值发生了什么变化？
21. 如果重组失败，公司将如何进行破产清算？
22. 破产重组需要准备哪些法律文件？
23. 法院在破产重组案件中的角色？
24. 以及可能作出什么样的判决？

十一、仲裁案件

1. 请详细描述仲裁案件的具体情况？
2. 争议当事人之间是否有仲裁协议？
3. 申请仲裁时应该提交哪些文件？
4. 仲裁的地点、语言和方式是否已经规定清楚？
5. 仲裁员是如何选择的？
6. 仲裁的费用及费用承担方式是否明确？
7. 当事人是否提供了该仲裁案的证据资料？
8. 仲裁案件中有哪些争议焦点？
9. 双方当事人的主张或请求是什么？
10. 仲裁案对申请人/被申请人有哪些有利或不利因素？
11. 根据案情起草申请书？
12. 根据案情起草答辩状？
13. 是否需要申请财产保全或证据保全？
14. 如何进行证据交换和时间节点？
15. 是否需要仲裁庭指定专家证人？
16. 是否需要仲裁庭对争议标的安排检验？
17. 是否需要提出反请求？
18. 最终的仲裁结果，是否可以执行？

19. 是否有与对方当事人达成和解的可能性？
20. 是否有任何特殊的法律或者行业规定影响到这次的仲裁？
21. 仲裁中有哪些重要的法律规定或者先例可以适用？
22. 哪些方面的证据在仲裁结果上起到了关键作用？
23. 仲裁庭可能会在哪些问题上纠结？
24. 仲裁庭可能会作出什么样的裁决或临时裁决？
25. 如果对仲裁结果有任何异议将如何表达？
26. 哪些因素可能会影响仲裁结果的执行？
27. 仲裁过程是否中止过？如果是的话，为什么？

十二、诉讼案件

1. 根据上述案情，提取案件中的实体和实体关系。
2. 根据上述案情，从原告方的角度分析案件，主要是有利和不利因素。
3. 根据上述案情，从被告方的角度分析案件，主要是有利和不利要素。
4. 根据上述案情，原告方应该提供哪些证据和理由支持其诉讼请求？
5. 根据上述案情，被告方应该提供哪些证据和理由支持其抗辩主张？
6. 根据上述案情，被告方应该从哪些方面举证证明其抗辩主张？
7. 根据上述案情，谁应该承担违约责任？以及如何确定违约金？
8. 根据上述案情，谁应该承担侵权责任以及如何确定赔偿金？

9. 根据上述案情,做一份案件摘要并归纳争议焦点。
10. 根据上述案情,归纳一下案件涉及的主要法律问题。
11. 根据上述案情,为原告方起草一份法律意见书。
12. 根据上述案情,为被告方起草一份法律意见书。
13. 根据上述案情,为原告方起草起诉状。
14. 根据上述案情,为被告方起草一份答辩状。
15. 根据上述案情,从原告方的角度预测被告方的诉讼策略。
16. 根据上述案情,从被告方的角度预测原告方的诉讼策略。
17. 根据上述案情,为原告方的诉求提供法律依据,包括法律法规、司法解释和案例。
18. 根据上述案件的案情,为被告方的抗辩提供法律依据,包括法律法规、司法解释和案例。
19. 根据上述案情,这个案件最可能的结果是什么?
20. 根据上述案情,原告和被告是否存在和解的可能?如有,请提供和解方案。
21. 根据上述案情,预测法庭或者仲裁庭可能作出的判决或者裁决结果。

附录3　词汇表

本书中涉及很多与 **ChatGPT** 和 **DeepSeek** 相关的专有技术词汇、缩写和概念，如下是按英文字母顺序（**A–Z**）排序的词汇表，方便大家快速查阅并加深理解。

1. Agent（智能体）

指能够感知环境，并根据感知信息自主决策以实现特定目标的智能系统。它可以是软件（如 AI 助手）或硬件（如机器人）。

2. Algorithm（算法）

算法是指解决特定问题的一系列定义明确的计算步骤。在人工智能领域有机器学习算法、深度学习算法和自然语言处理算法等。这些算法是由计算机来执行的指令序列，是计算机和人工智能的一个重要概念。

3. Application program interface，API（应用程序接口）

API 是软件系统之间进行交互的接口，允许不同的软件应用程序之间进行通信和数据交换。

4. Artificial general intelligence，AGI（通用人工智能/强人工智能）

人工智能的最高层次，即有与人类同等，甚至超越人类的智能，除了认知、感知，还有自主学习的能力。

5. Artificial intelligence，AI（人工智能）

人工智能是模拟、延伸和扩展人的智能，通过算法和大数据进行学习、推理、认知和决策的计算机技术。

6. Artificial Intelligence Generated Content，AIGC（生成式人工智能）

利用人工智能技术模拟人类的创作和表达方式，自动产生创造性和多样性的文本、图像、音频和视频等多媒体内容的过程。

7. Artificial neural network（人工神经网络）

人工神经网络是一种高级的机器学习算法，它通过模拟人脑神经元的连接和工作机制，构建由大量节点（或称为"神经元"）组成的网络结构。这些节点通常分布在多层之间，包括输入层、隐藏层和输出层。它可以自我学习，对于未知数据也具有较强的泛化能力。它是当今人工智能领域中最为重要和广泛应用的技术之一。

8. Attention mechanism（注意力机制）

一种替代传统的循环神经网络（RNNs）和卷积神经网络（CNNs）方法，在处理序列数据时能够更好地捕捉长距离依赖关系。

9. Chain of thought，CoT（思维链）

思维链是指在对话过程中，根据用户的输入，通过算法模拟的逻辑推理和知识关联，逐步构建出的一系列思考步骤和结论，以生成连贯、相关且深入的回答。

10. Chatbot（聊天机器人）

能够通过文本或语音进行人类对话的应用程序，常用于客服系统、在线服务系统等。现在的聊天机器人是使用大语言模型开发的，像 ChatGPT 这样的近乎人类智慧的聊天机器人。

11. Deep learning（深度学习）

机器学习是一种通过模拟人脑进行分析学习的神经网络，它模仿人脑的机制解释数据，比如，文本、图像和声音等。含多个隐藏层的多层感知器就是一种深度学习结构。

12. DeepSeek-R1（推理大模型）

通过深度学习、神经网络解决逻辑推理、复杂问题运算和高效决策支持，擅长深度分析和逻辑推理等复杂任务。

13. DeepSeek-V3（非推理大模型）

通过对海量文本的训练，擅长上下文理解和自然语言处理，但不具有推理能力。适合文本生成、信息检索、多轮对话、翻译等任务。

14. Fine-Tuning（微调）

在预先训练的模型基础上，用特定数据集进行额外训练以改善其在特定任务上的表现。

15. Generative AI，GenAI（生成式人工智能）

一种人工智能技术，通过学习大量数据，能够自动生成新的、独特的内容，如文本、图像、音频、代码等。

16. Generative pre-training transformer，GPT（生成式预训练转换器）

一种深度神经网络模型架构，通过在海量文本数据的基础上进行训练，可以准确预测序列中下一个单词，来生成连贯且与上下文相关的句子。

17. Hulluciation（幻觉）

ChatGPT采用字（词）的概率分布生成技术，而非通过搜索引擎得到，所以生成或输出的内容有时会出现与真实知识和常理不一致的现象。

18. Large language model，LLM（大语言模型）

一种人工智能技术，它使用深度学习算法来处理、理解和生成自然语言文本。此模型通常基于神经网络架构，如 Transformer，能够在大量文本数据上进行训练，从而学习语言的复杂模式和结构，比如，GPT-3.5，GPT-4.0 和 Chat GPT。

19. Legal AI（法律人工智能）

Legal AI（法律人工智能）是指人工智能技术在法律领域的应用。它通过机器学习、自然语言处理等技术，对海量的法律数据进行分析和挖掘。能够辅助法律专业人士如律师、法官等，快速准确地检索法律条文、案例，提供法律咨询服务，进行案件分析和预测，还能生成法律文书等。

20. Machine learning（机器学习）

人工智能的一个分支，旨在利用计算机的运算能力和统计模型，从无序的数据中学习并发现规律，从而作出预测或判断。

21. Markdown

在程序文档中用来展示程序代码的结构。它的作用是以可读性更高的方式呈现代码，能够更轻松地理解和阅读代码，而不是用来运行的。Markdown 代码块的单行注释用"#"表示，多行注释用 3 个单引号"′′"或双引号""""""把要注释的内容括起来。

22. Markmap

一个由德国软件工程师开发的 gera2ld 开源项目。Markmap 可以把 CahtGPT 上做的# Markdown 代码块文档快速转换为直观、交互式的思维导图，并导出多种格式，包括 PNG、SVG、PDF 等，跟 ChatGPT 结合一起使用非常方便。

23. Mermaid. js

一个由瑞典的软件工程师 Knut Sveidqvist 创建的开源项目。

它使用类似于#Markdown代码块来定义图表，做流程图、时序图、甘特图、类图、状态图，并导出为多种格式，包括PNG、SVG、PDF等，结合ChatGPT一起使用非常方便。

24. MindShow

国内的一款自动生成PPT的AI软件，可以把ChatGPT上做的#Markdown代码块文档快速转换成漂亮的PPT，结合ChatGPT一起使用非常方便。

25. Multimodal model（多模态模型）

一种可以处理文本、音频、视频等不同模态的模型，它使人工智能更加接近人类感知的场景。文生视频的世界大模型Sora就是典型的应用示例。

26. Natural Language processing，NLP（自然语言处理）

人工智能的一个分支，是使计算机能够理解和生成人类语言，并实现人与计算机之间用自然语言进行通信的技术。

27. OpenAI

美国的一个人工智能研究实验室，致力于开发和推广友好的人工智能，以确保人工智能技术的发展能够惠及全人类。GPT、ChatGPT、Sora都是他们的杰作。

28. Parameter（参数）

参数是衡量大模型的标准。通常大模型的参数都有几亿至几千亿个参数，有点像人脑的1000多亿神经元。大模型的参数越多，它的学习能力和处理复杂数据的能力就越强。GPT-4有1750亿个参数。

29. Plugin（插件）

为方便使用第三方软件、数据，给大语言模型设计的独立封装的软件模块,旨在扩展或增强模型的功能和能力。

30. Pre-training(预训练)

预训练是指大模型收集互联网、维基百科上的所有文本数据和书籍等,用来进行训练的过程,是掌握了语言的基本结构、语法和语义的基础模型,可以为做特定任务打下基础。

31. Professionally Generated Content,PGC(专业生成内容)

由专业人士或专业团队制作的内容,这些内容通常是为了媒体、广告、娱乐等需求而制作的。PGC因其专业制作的性质,往往在质量、深度和准确性方面有更高的标准。

32. Prompt(提示词)

输入给语言模型的指令,可以是关键词、问句或短语等,从而引导语言模型生成特定类型的生成或输出的内容。

33. Prompt engineering(提示工程)

优化提示词和提示语句的过程,以提高人工智能模型的输出质量。与提示词不同,提示工程需要通过编程完成。

34. Reinforcement learning,RL(强化学习)

一种机器学习方法,通过探索环境并根据获得的奖励来学习最优行为策略,以实现长期目标。大模型接收反馈并利用该反馈来进一步学习和自我改进。

35. Reinforcement learning for human feedback,RLHF(人类反馈强化学习)

一种结合了强化学习和人类反馈的先进技术。它的核心思想是利用人类的直接反馈来训练一个奖励模型,这个奖励模型随后用于通过强化学习优化AI系统,使其能够更好地理解和适应复杂的任务和环境。

36. Scaling law（缩放法则）

指的是随着模型（参数量）、数据量和计算量的越来越大，其性能和复杂任务处理能力呈指数级提升的现象。

37. Supervised learning（监督学习）

一种机器学习方法，通过使用标注好的数据集来训练模型，使其能够对新的数据做出准确的分类或预测。

38. Temperature（温度）

大语言模型的一个参数，用于控制模型输出的随机性。温度值越高，模型结果的随机性也就越强；温度的最高值为1，温度值为0表示模型结果具有确定性。

39. Token（标记）

做自然语言处理时，需要把文本分解成字母、字母对、单词或特殊字符作为标记，从而提高对语言的理解能力。ChatGPT也是把输入和输出的数据分解成标记，并按使用的标记数量收费。一般来说，一个汉字相当于一个token。

40. Transformer architecture（Transformer框架）

一种基于自注意力机制的用于序列到序列任务的神经网络框架，广泛应用于自然语言处理领域，特别是在机器翻译任务中表现突出。GPT就是基于这个架构开发的。

41. Unsupervised learning（无监督学习）

一种与监督学习不同的机器学习方法，可以在未标记的数据集中用机器学习算法，寻找隐藏的结构或关系来识别数据中的模式、聚类、异常或降维等特性。

42. User Generated Content，UGC（用户生成内容）

由用户自己创作并分享到互联网上的内容，而不是由专业制作团队或企业机构制作的。用户生成的内容形式多样，可以包括社交媒体帖子、博客文章、视频、音乐、图片、评论、评价等。

43. Zero-shot reasoning chain of thought（零样本思维链）

指一种在没有任何已知示例或样本的情况下，通过利用先验知识、迁移学习、生成对抗网络和模拟环境等手段来进行推理和学习的能力或方法。

参考文献

1. [法]杨立昆：《科学之路：人、机器与未来》，李皓、马跃译，中信出版集团2021年版。
2. [英]马丁·坎贝尔-凯利、[美]威廉·阿斯普雷、内森·恩斯门格、杰弗里·约斯特：《计算机简史》，蒋楠译，余晟审校，中国工信出版集团、人民邮电出版社2020年版。
3. [美]亨利·基辛格、埃里克·施密特、丹尼尔·胡滕洛赫尔：《人工智能时代与人类未来》，胡利平、风君译，中信出版集团，2023年版。
4. [美]斯蒂芬·沃尔弗拉姆：《这就是ChatGPT》，WOLFRAM传媒汉化小组译，中国工信出版集团、人民邮电出版社2023年版。
5. 丁磊：《生成式人工智能：AIGC的逻辑与应用》，中信出版集团2023年版。
6. 杜雨、张孜铭：《AIGC智能创作时代》，中国出版集团、中译出版社2023年版。
7. 朱宁：《巧用ChatGPT快速搞定数据分析》，北京大学出版社2023年版。
8. 朱宁：《巧用ChatGPT快速提高职场晋升力》，北京大学出版社2023年版。
9. 陈明明、李腾龙编著：《人人都是提示工程师》，中国工信出版集团、人民邮电出版社2023年版。
10. 夏禹：《向AI提问的艺术：提示工程入门与应用》，北京大学出版社2024年版。

11. 黄豆奶爸：《ChatGPT 从入门到精通》，中国工信出版集团、人民邮电出版社 2024 年版。
12. 黄小刀、刘楚宾编著：《人人都能玩赚 ChatGPT》，中国工信出版集团、电子工业出版社 2023 年版。
13. 张力行编著：《法律人的 Python 课》，中国政法大学出版社 2024 年版。
14. 杜雨、张孜铭、陈博：《DeepSeek 使用指南：全职业场景应用实践》，机械工业出版社 2025 年版。
15. 卢森煌：《高效使用 DeepSeek》，机械工业出版社 2025 年版。